탈대일본주의

DATSU DAINIHONSHUGI "SEIJUKU NO JIDAI" NO KUNI NO KATACHI
by HATOYAMA Yukio

© HATOYAMA Yukio 2017
All rights reserved.

Originally published in Japan by HEIBONSHA LIMITED, PUBLISHERS, Tokyo
Korean translation rights arranged with HEIBONSHA LIMITED, PUBLISHERS, Japan
through Eric Yang Agency, Inc., Korea

탈 대일본주의

'성숙의 시대'를 위한
국가의 모습

하토야마 유키오 지음 · 김화영 옮김

중앙books

· 노재헌(한중문화센터 원장) ·

　대한민국 국민으로서 우리가 일본과 일본인에 대해 느끼는 생각과 감정은 매우 복잡하다. 과거사를 돌아봐도 그렇고, 미래를 예상해도 그렇다. 과연 우리는 일본과의 과거 문제를 어떻게 정리하고 극복하여 미래에 그들과 어떤 관계를 이루며 살아야 할 것인가?

　대한민국이 처한 상황은 한·일 양국만의 관계로 끝나지 않는다. 해방 후 몇십 년 동안 이어진 미국과의 동맹관계와 신흥 대국으로 부상하고 있는 중국과의 관계 변화가 동북아시아의 지역 정치에 더욱 복잡성을 더하고 있다. 특히 트럼프 미국 대통령 취임 이후 미국의 자국 우선 정책과 사드 이후 중국과의 소원함이 앞날에 대한 불안감을 더하고 있다.

　대한민국은 제2차 세계대전 후 잿더미에서 산업화와 민주화를 모두 이룩한 유일한 나라라는 자부심을 가지고 있다. 하지만 이러한 미래의 불확실한 국제 질서가 가져오는 불안감과 가치관의 혼돈 속에서 국가의 장래에 대한 해답을 절실히 찾아야 하는 시점이다.

이러한 때에 하토야마 유키오 전 일본 총리의 철학과 비전을 소개하게 된 것은 너무나 시의적절하게 느껴진다.

하토야마 총리는 재임 시절 한국인에게 그다지 많이 알려지지 않았다. 나 또한 '우주인(일본에서 불리는 별명)'처럼 일본 최고의 명문가 출신임에도 불구하고 일본 정치 주류에서 벗어난 주장을 하고, 미국에 맞서 총리직을 단명한 정치인으로 알고 있었다. 특히 그가 주창한 동아시아 공동체 제안 또한 현실성에 의문을 가지기도 했다.

하지만 총리 퇴임 이후 10년 가까운 시간 동안 아시아와 세계 정세의 급격한 변화 속에 한국·중국·일본의 관계와 역할이 더욱 복잡하고 중요해지는 상황에서 그의 철학과 비전은 다시 주목받게 되었다. 특히 몇 년 전부터 서대문형무소를 찾아가고 원폭 피해자들에게 무릎을 꿇으며 일본의 과거 잘못에 대한 반성의 짐을 혼자 짊어지듯 우리 한국인에게 다가온 하토야마 전 총리는 일본의 주류 정치의 편안함을 거부한 채 새로운 일본의 앞날과 동아시아의 비전을 제시하고 있다. 그의 책임 있는 역사의식, 미래에 대한 통찰, 그리고 이를 실현하는 용기는 동아시아에 절실한 리더십이 아닐까.

최근에 하토야마 전 총리와 함께 중국과 일본에서 여러 활동에 참여하면서 한·중·일을 아울러 동아시아의 평화와 공존·공영을 위한 그의 노력에 존경심을 가지게 되었다. 그리고 그의 진정성에 조금이나마 힘을 보태고 싶은 생각을 하였다. 이에 그의 철학이 집대성된 저서 『탈대일본주의』를 통해 한·일 관계라는 단면성을 넘어 새로운 동북아시아의 역할을 한·중·일이 함께 노력해 가는 계기가 되었으면 하는 기대와 희망을 가지고 이번 한국어판 출판을 제안하게 되었다.

　하토야마 전 총리는 최근 중국에서 활발한 활동을 하고 있다. 일대일로 이니셔티브에도 적극적으로 참여하고 있다. 자칫하면 그의 행보가 반미 친중으로 비쳐질 수도 있다. 하지만 그가 이 책에서 밝혔듯이 하토야마 전 총리는 반미도 친중도 아니다. 그는 새롭게 형성되는 국제질서 속에서 적어도 한국·중국·일본을 동아시아라는 지역주의를 통해 연합하려고 한다. 그리고 중국이 새로운 대국주의의 길로 접어들지 않도록 조율하는 역할을 하려 한다고 생각한다.

　동북아시아 미래의 국제질서 모델로 팍스 아시아나를 제안하는 일본 정치사상가의 의견에 우리 대한민국은 충분히 귀 기울여야 할 가치가 있다. 아울러 그가 주창하는 우애를 기반으로 한 동아시아 공동체 건설이라는 명제에 마음을 열고 논의와 노력을 함께하는 한국인들이 많아지기를 희망한다.

· 홍석현(중앙홀딩스 회장) ·

이 책의 저자 하토야마 유키오(鳩山友紀夫) 전 총리는 일본 최고 명문가 출신이다. 증조부는 중의원 의장을 지낸 가즈오(和夫), 조부는 총리였던 이치로(一郎), 부친은 외무상 출신인 이이치로(威一郎), 동생은 법무상을 지낸 구니오(邦夫)다. 외조부 이시바시 쇼지로(石橋 正二郎)는 세계적인 타이어 제조회사 브리지스톤의 창업자다.

유키오·구니오 형제와 나는 오랫동안 친분을 이어오고 있다. 하토야마 유키오 전 총리와는 미국 스탠퍼드대학에서 같이 공부했고, 국적을 초월해 마음이 통하고 존경하는 오랜 벗이다.

내가 형제의 초청으로 도쿄 분쿄구에 있는 하토야마 회관에서 저녁 접대를 받은 지도 벌써 20여 년이 되었다. 하토야마 회관은 증조부가 정착했던 곳으로 그의 장남 하토야마 이치로 전 총리가 잘 가꾼 저택이다. 오랜 세월이 지났지만 지금도 하토야마 가문과 일본의 역사가 잘

보존되어 있다. 유키오·구니오 형제의 조부 이치로가 총리에 취임해 일본을 재건할 때 이 회관은 일본 정치의 일번지 역할을 했다. 자민당 중진들이 중요한 의사 결정을 내려야 할 때 이곳에 모였다.

내가 하토야마 회관을 방문했을 때는 건물이 지금의 모습으로 완성된 직후였다. 그때 처음 프랑스어 우애(fraternite)라는 정치 개념을 접하게 되었다. 우애는 프랑스 혁명의 슬로건이었던 '자유·평등·우애(박애)'에서 인용했다. 이치로는 일본이 무모하게 일으켰던 태평양 전쟁 이후 우애를 일본에 필요한 정치사상으로 받아들였다. 그리고 할아버지의 사상을 손자가 물려받아 이어가고 있다.

유키오·구니오 형제는 각각 민주당과 자민당으로 정파를 달리했지만 우애의 이념을 전파하는 데는 언제나 뜻을 모았다. 형제는 2008년 하토야마 우애숙(塾)을 함께 만들어 예비 정치인들을 교육시키기도 했다.

이번에 하토야마 전 총리가 펴낸 이 책에서도 우애는 핵심 개념으로 제시되고 있다. 우애는 자유와 평등이라는 서로 갈등하는 개념을 조화하여 상생시키는 윤활제 역할을 한다고 생각한다. 이치로가 우애를 전후 일본의 정치사상으로 채택한 배경이 그렇다. 국가마다 국익을 앞세우고 권리를 주장하다 보면 결국 충돌을 피하기 어렵다. 이치로는 이럴 때 필요한 것이 서로 차이를 인정하고 배려하면서도 자유와 평등의 균형을 촉진하는 우애(박애) 정신이라고 생각했다.

세계에서 가장 역동적인 한·중·일 동북아시아의 긴장과 갈등을 보면서 우애를 통한 대일본주의의 탈피가 얼마나 절실히 요구되는지 모른다. 같은 맥락에서 우애를 통해 대중국주의의 탈피가 이루어진다면 동북아의 평화와 공동 번영, 나아가 세계 평화에 기여할 것이다.

저자는 조부의 사상을 계승·발전시켜 현실에 접목하는 노력을 하고 있다. 일본의 우경화, 중국의 패권 추구를 보며 우려를 금치 못하고 있는 시점에서 저자와 뜻을 함께하는 지도자들이 나서야 할 때라고 생각한다. 흔히 침묵은 금이라고 하지만 지금과 같은 시기에는 체념과 묵인이 된다. 책임 있는 지도자와 지성인의 성찰적, 통합적 역할을 숙고하게 된다.

저자는 언행(言行)이 정확하게 일치하는 정치인이다. 2015년 8월 일제의 조선 침략 상흔이 새겨져 있는 서울 현저동 서대문형무소역사관을 찾아 무릎을 꿇었다. 지난해 10월에는 경상남도 합천 원폭피해자복지회관을 방문해 사과와 위로의 말을 전했다. '가해자는 피해자가 용서할 때까지 사과해야 한다'는 소신을 실천하고 있다.

저자는 이 책에서 "군사력과 무력에 의존해서는 진정한 평화가 달성되지 않는다"면서 "일본이 대일본주의에서 벗어나 미들파워 국가의 규범을 만든다면 다른 나라들로부터 존경받는 국가가 될 것이다"라고 강조했다. 동시에 한국·중국·호주·필리핀 등과 함께 지역 통합을 통해 다국간 안전보장의 틀을 만들자는 원대한 제안을 하고 있다. 하토야마 전 총리의 강력한 화두인 탈(脫)대일본주의와 동아시아 공동체 구상은 최악의 격랑에 휩쓸린 한·일 관계를 풀어나가는 데도 큰 울림을 주고 있다.

· 이홍구(전 국무총리) ·

한국과 일본의 관계가 파국의 가능성이 엿보이는 위기에 직면하고 있다. 왜 이처럼 이웃 나라와의 관계가 어려워졌는가.

첫째는, 수천 년에 걸친 양국관계에 대한 일본인과 한국인의 역사 인식과 두 나라가 함께 처하고 있는 현실 인식 사이의 괴리가 심각하기 때문이다. 둘째는, 두 나라의 국민들과 정부 및 엘리트 지도층 사이의 괴리를 서로 이해하지 못하는 데서 비롯되는 오해와 불신의 누적이다.

교토대 나카니시 히로시 교수는 한·일 양국 국민은 양국관계에 대한 단일화된 입장이 상대국에 존재한다는 잘못된 인식을 갖고 있다고 지적했다. 일본이나 한국과 같은 다원화 사회에선 여러 갈래의 입장이 공존하고 있음을 간과하고 단순화하는 데서 많은 오해가 비롯된다는 것이다. 예컨대 대다수의 한국인은 아베 총리나 자민당의 입장이 곧 일본인 전체의 한국 인식이라고 단순화할 수 있고, 역으로 일본인들은 한국 정부의 입장이 곧 한국인 전부의 인식이라고 단순화하는 오류를 범할 수 있다는 것이다. 이러한 상황에서는 상호 이해보다는 오해가 일상화될 수밖에 없다.

하토야마 유키오 전 총리가 2년 전에 출간한 『탈대일본주의』라는 저서는 대다수 일본인의 의견을 대표한다고 자처하기보다는 오히려 소수이지만 아베 정부가 이끄는 주류와 입장을 달리하며 한·일 관계의 미래에 대한 대안을 제시한 중요한 작품이라고 평가된다. 특히 한·일 관계가 어려운 고비에 묶여 있는 이 시점에 양국이 함께 나아갈 수 있는 구체적 대안을 제시한 이 책의 한국어판 출간은 의의가 여간 큰 것이 아니다.

하토야마 전 총리는 한국인에게도 이미 상당히 알려진 인물이다. 제2차 세계대전 종전과 한국의 해방 70주년을 맞던 지난 2015년 8월 서울에서 개최된 '동아시아평화회의'에 참석하였던 하토야마 전 총리는 식민지 시대에 많은 독립운동가들이 수감되었던 서대문형무소를 찾아 그들의 영전에 무릎을 꿇음으로써 한국인들에게 새로운 한·일 관계에 대한 희망의 싹을 심어주었다. 지난 3월 말에는 서울에서 열린 '3·1 독립운동 100주년 특별 토론회'에 도쿄대 와다 하루키 교수와 함께 참석하여 '경술년 한일합방은 원천무효'라는 입장을 천명하며 새로운 동아시아 공동체의 출범을 역설한 바 있다. 『탈대일본주의』 한국어판 출간이 한·일 관계의 새 출발로 향한, 그리하여 양국관계의 위기를 극복하는 데 기여하기를 기대하게 된다.

하토야마 전 총리는 일본의 대표적인 진보적 자유주의자다. 도쿄대와 스탠퍼드대에서 공학을 전공한 그가 진보적 자유주의를 현실정치에서 구현하고자 노력한 것은 바로 20세기 일본과 세계의 요동친 정치사를 배경으로 이해되어야 한다. 19세기와 20세기는 강대국 중심의 제국주의 시대였다. 동아시아에서는 조선을 식민지화했던 '대일본제국'이 그 시대를 실증하였다. 제2차 세계대전 패전 후 세대인 하토야마는 약육강식의 제국주의에 대하여, 그리고 그 연장선상에서 이데올로기 시대가 보여주고 있는 강대국 패권 경쟁에 대한 극심한 혐오감을 내면화하고 있는 듯 보인다. 이에 더해 일찍부터 그는 전체주의에 대한 강력한 거부감을 체질화하였다. 그의 조부 하토야마 이치로 전 총리는 오스트리아 외교 가문 출신의 쿠덴호프 칼레르기의 1935년 저서 『전체주의 국가 대 인간』을 정독하며 히틀러와 스탈린의 위험성을 인식하고 일본의 군부 독재화에 반대하여 도조 내각에 의해 정계에서 추방됐고 종전 직후 1946년에는 『자유와 인간』이란 저서를 출간했다. 국가는 수단이지 목적이 아니며, 인간은 목적이지 수단이 아니라는 것이 조부로부터 이어받은 하토야마 유키오의 정치철학이다.

하토야마는 21세기 일본에서 거의 상식화된 일본 외교 정책의 대전제에 대하여도 입장을 달리하고 있다. 한때 '경제대국'으로 인정됐던 여세를 몰아 '정치대국'으로 도약하겠다는 일본인의 희망을 허망한 꿈이라고 경계하고 있다. 빠른 속도의 인구 감소와 고령화 등 객관적 조건과 더불어 왕년에 경험한 대일본제국 파탄의 교훈을 토대로 자유와 인간을 존중하는 중규모 국가를 착실히 만들어가자는 것이 그의 대안이다. 이를 위해 '자립'과 '공생'을 원칙으로 하는 동아시아 공동체를 만들어 가는 데 일본이 중추적 역할을 맡아야 된다는 것이다. 미국과 중국의 패권 경쟁이 심화되는 지금의 국제정치 구도에서 미국과의 동맹 구도에 의존하여 중국을 억제하는 방향에만 집착하기보다는 동아시아 지역 안보 및 경제 발전을 위한 공동체 구성에 보다 적극적인 노력을 기울이자는 하토야마의 구상은 이웃 나라인 한국도 관심을 갖게 하는 주제다. 다만 아직도 마르크스·레닌주의 정당임을 천명한 중국 공산당이 통치하는 중국과 핵강국의 꿈을 포기하지 못하는 북한이 어떻게 공동의 발전 방향을 모색할 것인가에 대한 과제는 일본과 한국이 함께 직면한 어려운 현실적 숙제로 가볍게 넘겨버릴 수 없다.

한국과 일본이 얼마나 가까운 나라인가는 재론의 여지가 없다. '가깝기 때문에 같이 가기가 더 어렵다'는 일견 모순된 진단을 그대로 방치할 수 없음을 강대국보다는 인간 중심의 일류국가를 지향하는 일본과 한국이 함께 보여주어야 할 시간이 온 것 같다. 하토야마 유키오의 비전과 호소를 긍정적으로 생각하여 보기로 하자.

· 하토야마 유키오(鳩山友紀夫) ·

나는 2년 전 『탈대일본주의』를 저술했다. 일본 정부가 미국의 비호 아래 군사대국화를 꿈꾸며, 헌법으로 금지되어 있음에도 불구하고 전쟁에 참가할 수 있는 나라가 되어 미국이 시키는 대로 전쟁에 협력하는 것이 아닐까 염려되어 쓴 책이다. 과거 일본은 세계열강에 뒤처지면 안 된다는 식민지주의에 취해 한반도를 침략했다. 이것이 대일본주의다. 그 결과 한반도는 분단되어 오늘날에 이르고 있다. 그러나 지난 2년간 한반도는 평화를 향해 활발히 움직이기 시작했다. 일본은 과거를 그리워하며 대일본주의를 주장할 때가 아니다. 그런데 일본은 새로운 의미에서 다시 대일본주의를 지향하고 있는 것 같다. 이번 기회에 부족하지만 『탈대일본주의』 한국어판이 출간되게 된 것을 매우 감사히 생각한다.

'3·1 독립운동'이 올해로 100주년을 맞이했다. 앞으로의 100년을 과거의 연장선상으로 맞이할 것인가, 아니면 과거에서 해방된 새로운 100년으로 받아들일 것인가, 그러기 위해서 지금 우리는 무엇을 해야 할 것인가를 심각하게 고려해야 한다. 이것은 미래를 위해 의미 있는 일이다. 문재인 대통령은 '3·1 독립운동' 100주년 기념식에서 "역사가 바로 서는 것이야말로 중요한 일이며 친일 잔재 청산이 우리의 과제다"라고 언급하였다. 또한 "이웃 나라와의 외교에서 갈등 요인을 만들자는 것이 아니다. 친일 잔재 청산과 외교도 미래지향적으로 이뤄져야 하며 힘을 모아 피해자들의 고통을 실질적으로 치유할 때, 한국과 일본은 진정으로 마음이 통하는 친구가 될 수 있다"고 호소했다. 피해자들이란 최근 현안으로 떠오르는 강제징용 피해자와 위안부를 염두에 둔 발언이지만, 이 문제들에 관해 직접 언급한 것은 아니었다. 한·일 간 외교 마찰이 심화되는 것은 최대한 피하겠다는 대통령의 마음을 연설에서 느낄 수 있었다. 이 연설에 대해 일본 정부 측이 어떻게 대응하는지에 따라 앞으로 한·일 관계의 방향성이 결정된다고 해도 과언이 아닐 것이다.

대일본주의에 대한 일본 스스로의 평가

과거 일본은 탈아입구(脫亞入歐, 아시아를 벗어나 유럽으로 들어감)라는 당시 사회 분위기에 눌려 식산흥업(殖産興業, 생산을 늘리고 산업을 일으킴), 부국강병의 구호 아래 크고 강한 국가를 만들고자 식민지 쟁탈전에 가세했다. 그 결과 만주사변에서 태평양 전쟁까지 전쟁이 계속 이어졌으며 일본이 역사적 패배를 맞이하며 종결되었다. 문제는 일본이 대일본주의에 따라 일련의 행동을 취한 것에 대해 일본 스스로의 자체적인 평가·검토가 나오지 않고 있다는 점이다. 일본은 도쿄재판의 결과를 받아들이긴 했으나, 그것은 유엔 측에서 행한 재판이었다. 따라서 식민지화나 전쟁으로 생긴 고통과 비극을 맞은 사람들에 대한 진심 어린 사죄가 이루어진 것은 아니다.

대일본주의를 수행한 것은 정부였으나 당시 최고 책임자는 천황이었다. 그런 의미에서 보면, 과거 문희상 국회의장이 "위안부 문제 해결에는 천황의 사죄가 필요"하다고 한 말은 최고 책임자가 사죄를 하면 문제가 해결된다는 의미로 한국 입장에서는 당연히 이해할 수 있는 발언이었다. 다만 일본인 대부분이 천황을 숭상하고 있으며, 현재 헌법하의 천황은 국정에 관한 권리나 능력을 가지고 있지 않아 어디까지나 상징적인 존재일 뿐이다. 게다가 위안부 문제는 이미 해결된 것이라고 생각하기 때문에 일본 국민들이 "문희상 의장이 위안부 문제로 천황의 사죄를 요구하는 것은 이해하기 힘들다"라고 생각하는 것 역시 이상한일은 아니다. 그렇다면 천황은 사죄하지 않았던 것일까. 올해 4월에 생전(生前) 퇴위를 맞이한 헤이세이 천황은 1990년 5월, 한국의 노태우대통령이 일본을 방문했을 때 궁중 만찬회 자리에서 다음과 같이 사죄의 마음을 전했다.

"한반도와 일본의 길고도 풍요로운 교류 역사를 되돌아봤을 때, 쇼와 (昭和) 천황께서 '금세기의 한 시기에 양국 사이에 불행한 과거가 존재 했던 점에 대해 대단히 유감으로 생각하며, 다시 이런 일이 반복되어 서는 안 된다'고 하셨던 말씀을 상기합니다. 일본으로 인해 초래된 불 행했던 시기에 한국 분들이 느꼈을 고통을 생각하면 저는 통석(痛惜)의 염(念)을 금할 수 없습니다."

그리고 이듬해 천황이 직접 "간무(桓武) 천황의 생모가 백제 무령왕 의 자손이라는 내용이 『속일본기(續日本紀)』에 기록되어 있는 만큼 저 는 한국과의 유대감을 느낍니다"라고 말했다. 원래는 금기로 여겨진 발언을 한 것이다. 헤이세이 천황이 자신의 태생에 관련된 사항까지 언 급한 것은 천황 자신이 얼마나 당시의 불안한 한·일 관계를 걱정하고 있는지, 원활한 교류가 이뤄지던 옛날의 한·일 관계로 돌아가고 싶어 하는지에 대한 의사 표현이었다고 믿는다.

이어 1994년 3월, 김영삼 대통령이 일본을 방문했을 때에도 헤이세 이 천황은 같은 취지의 생각을 전했다. 천황은 가장 먼저, 가장 진지하 게 그리고 가장 명확하게 한국 국민들께 사죄의 마음을 표명한 것이다. 이제 헤이세이 천황은 생전 퇴위를 하게 되었고, 레이와(令和) 황태자 가 천황이 되었다. 새로운 천황도 헤이세이 천황으로부터 많은 것을 배 워 이어받았으므로 한국 국민들에게 견디기 힘든 고통을 준 것에 대해 깊은 슬픔의 마음을 표명할 것으로 생각된다.

내가 총리일 때 당시 이명박 대통령으로부터 천황의 방한을 희망한다는 메시지를 받고 그 내용을 천황에게 전달했으나 아쉽게도 천황의 방한은 성사되지 못했다. 새로운 천황이 한국 국민의 환영 속에서 방한할 기회가 생기길 간절히 바란다. 한국 국민들은 천황에 대해 다소 복잡한 마음을 가지고 있을 것이라 생각한다. 결코 간단한 문제는 아니다. 그러나 만약 기회가 생겨서 새 천황이 헤이세이 천황과 같은 심정으로 한국 국민들과 만나게 된다면 한·일 관계는 더 큰 진전을 이룰 수 있다고 확신한다. 혹은 퇴위한 헤이세이 천황이 방한하더라도 마찬가지로 한·일 관계에 큰 개선이 있을 것이다.

무라야마 담화 재평가의 필요성
/

과거사에 대한 일본의 공식적인 자체 검토와 반성은 천황보다도 국민의 의사를 대변하는 일본 정부가 해야 마땅하다. 물론 그런 시도가 없었던 것은 아니다.

1995년, 즉 일본의 패전 50주년 기념일을 맞아 무라야마 담화가 발표되었다. 무라야마 도미이치(村山富市) 총리는 "우리는 과거의 잘못을 두 번 다시 반복하지 않도록 전쟁의 비참함을 젊은 세대에게 알리고 전해야 한다"고 말하며, 평화의 존엄함과 감사함을 잊기 쉬운 세대와 사회 상황에 대해 경종을 울렸다. 그리고 "우리는 얼마 되지 않은 과거 한 시기에 국가 정책을 잘못 수행하여 전쟁의 길을 걷게 되었으며, 이로 인해 국민을 존망의 위기에 빠뜨렸다. 그리고 식민지 지배와 침략으로 많은 국가, 특히 아시아 여러 국가와 국민에게 막대한 손실과 고통을 주었다. 나는 더 이상 미래에 이런 과오가 일어나지 않길 바라는 마음으로, 의심의 여지도 없는 이와 같은 역사 사실을 겸허히 받아들이고 이에 대해 다시 한번 통절한 반성과 진심 어린 사과의 마음을 표한다. 또한 이런 역사로 인한 국내외 모든 희생자에게 깊은 애도의 뜻을 전한다"라면서 식민지 지배와 침략으로 많은 아시아 사람들에게 고통을 입힌 일에 대해 명확하게 반성과 사죄의 뜻을 전했다. 그리고 깊이 반성하는 마음으로 독선적인 내셔널리즘을 배제하고 평화의 이념과 민주주의를 널리 확산시켜야 한다고 끝맺었다.

무라야마 담화는 천황의 마음을 한층 더 구체적으로 표현했으며, 일본이 나아가야 할 길을 제시했다는 점에서 평가받아야 한다. 무라야마 담화는 다음 정권으로 계속 이어져 오고 있지만, 일본 의회에서도 인정한 일본의 공통된 의견이냐고 묻는다면 반드시 그렇다고 할 수는 없다.

그 무렵 일본은 훗날 '잃어버린 20년'이라는 경제적 침체에 이미 접어들고 있었다. 패전 후 일본은 반성의 뜻으로 평화 헌법을 제정함으로써 국권(國權)의 발동인 전쟁과 무력에 의한 위협, 그리고 국제 분쟁을 해결하려는 수단으로 무력행사를 절대 사용하지 않을 것을 약속하고 영구적으로 포기할 것을 선언했다. 그리고 육·해·공군과 그 외의 전력을 보유하지 않을 것을 헌법 9조에서 맹세했다. 그 결과, 일본은 경제를 중심으로 비약적인 발전을 이뤘으며, 기적적인 전후(戰後) 부흥을 성취

했다. 뿐만 아니라 미국에 버금가는 세계 2위의 경제대국으로 성장했다. 그러나 기쁨도 잠시, 경제에 거품이 일어나기 시작했고 그에 대한 대책에 실패하면서 이후 계속된 경제 불황으로 국민들은 자신감을 상실해갔다. 그 사이 중국을 필두로 주변 국가들이 급속한 경제 발전을 이뤄가면서 일본 국민들은 한국과 중국 사람들에 대한 관용을 점차 잃게 되었다. 일부 일본인들이 혐한(嫌韓), 혐중(嫌中) 감정을 증폭시킨 배경이 여기에 있다. 독선적이고 편협한 내셔널리즘이 확산되는 바탕을 만든 셈이다.

한때 국민들의 불만이 정·관·재계 유착에 물든 자민당 정권으로 쏠렸다. 2009년 총선거에서 민주당은 압승을 거뒀고 선거를 통한 정권교체가 실현되면서 하토야마 정권이 탄생했다. 하토야마 정권은 일본 외교의 중심축을 옮겨 대미(對美) 의존보다는 미·일 안보를 기본으로 삼되 아시아를 보다 중시하는 방향으로 이끌고자 했기에 한·일과 중·일 관계 모두 대체적으로 양호했었다고 생각한다.

그러나 이후 다시 아베의 자민당 정권이 복귀하자, 아베 총리는 무라야마 담화 재검토 의향을 내비쳤다. 뿐만 아니라 종군위안부 문제에 관한 고노(河野) 담화의 검증 발언이나 야스쿠니 신사 참배 등이 이어져 한·일 관계는 오랫동안 정상회담이 열리지 않는 최악의 상황을 맞이했다. 이후 총리는 더 이상 야스쿠니 신사를 참배하지 않았으며, 위안부 문제에서도 양국 정부 간 합의가 이루어지는 등 일시적으로 최악의 상황에서 벗어난 것처럼 보였다. 그러나 최근 강제징용 피해자 문제나 한국 해군 레이더 조사(照射) 사건이 일어나면서 한·일 관계는 다시 비정상적인 상황이 되고 있다.

위안부·강제징용 문제에 대한 고찰
/

위안부 문제와 관련해서는 2015년 미국의 요청 등으로 한·일 외교장관 회담이 성사되었고 그 결과 합의가 이뤄졌다. 나는 이 합의 내용을 읽는 순간, 이것으로 최종 타결이 이뤄지지 않을 것 같은 불안한 마음이 들었다. 이 합의로 총리의 사죄와 일본 정부의 10억 엔 출연이 결정되었다. 그러나 이 합의 중 '최종적이고도 불가역적 해결'이라는 내용을 보면 일본이 한국보다 상위의 입장에서 이제 사과를 했으므로 다시는 사과하지 않겠다는 태도로 받아들여질 수 있었다. 혹시 한국 국민들의 감정을 자극하지는 않을까 매우 걱정스러웠다. 나의 예상대로 그 불안감은 들어맞았다. 당시 나는 일본 철학자인 우치다 다쓰루(内田樹) 선생의 말씀이 가슴에 와닿았다.

"우리는 지금도 여전히 과거 전쟁 당시 종군위안부 제도에 대해 한국으로부터 냉혐한 비판과 함께 사죄 요구를 받고 있다. '한·일조약으로 이미 법적으로 해결된 문제다' 또는 '한국에 충분한 경제적 보상을 끝낸 상황에서 언제까지 같은 사항으로 문제 삼을 것이냐'며 짜증 섞인 말을 하는 사람들이 있는데, 패전 국가는 전쟁의 피해에 관해 사실상

'무한 책임'을 지고 살아가야 한다. 정해진 배상을 했으니 이제 모든 책임은 다했다는 말을 패전국 측에서는 절대 할 수 없다. 전승국이든 점령을 받았던 국가든 그쪽에서 먼저 '이제 더 이상 책임 추궁은 하지 않겠다'라는 말이 나올 때까지 계속 책임을 짊어지고 가야 한다."

나는 이 생각이 옳다고 생각한다. 이런 마음을 일본 위정자들이 갖게 될 때 위안부 문제는 해결될 것이다.

다음으로 강제징용 피해자 문제에 관해 말해보겠다. 한국 대법원이 강제징용 피해자들에 대해 일본 기업의 배상 판결을 내린 것에 대해 고노 외상 등이 계속해서 비난의 발언을 퍼붓고 있다. 그러나 거슬러 올라가면 1991년에 야나이(柳井) 조약국장은 "개인 청구권 자체를 국내 법적 의미에서 소멸시킨 것은 아니다"라고 답변한 적이 있다. 한·일 청구권 협정으로 완전하고도 최종적으로 해결된 것은 아니다. 따라서 한·일 양국 정부는 강제징용 피해자 분들의 존엄성과 명예를 회복시키기 위해 냉철하게 대화하는 것이 매우 중요하다고 생각한다. 그리고 한국 해군 레이더 조사 문제는 지난해 말 동해(일본해)에서 한국 해군의 구축함이 해상 자위대의 P1 초계기를 겨냥해 화기 관제(火器管制) 레이더로 조준한 것에 대해 일본 정부와 국민들이 위험한 행위라며 항의를 한 것에서 발단되었다. 아는 바와 같이 한국의 함정(艦艇)은 조난당한 북한 어선을 구조하고 있던 중이었으며, 한국군이 자위대 비행기를 공격할 의도가 있었다고는 생각하지 않는다. 항공 막료장을 지낸 다모가미(田母神) 씨에 따르면, 최근의 화기 관제 레이더는 상시 거의 전

방위로 전파를 계속 배출하기 때문에 주변에 있는 항공기 등에 전파가 조사된다고 한다. 그러므로 그 상황이 위험하다면서 크게 소란을 피울 이야기는 아니다. 서로 냉정함을 가지고 조금 지나친 일이 있었다면 미안하다고 사과하면 끝날 이야기다. 문제는 이런 일들로 인해 서로 냉정함을 잃고 순식간에 호전적 분위기로 기울어버리는 양국의 여론에 있다고 생각한다.

향후 100년 평화를 위한 탈대일본주의를 기대하며
/

지금처럼 한·일 관계에서 미래를 주시하고 냉철함이 요구되는 시기는 없는 것 같다. 우리는 역사적으로 주변 사람들로부터 다양한 혜택과 영향을 받아왔으며 앞으로도 누구보다 서로에게 영향을 주고받게 될 것이다. 이웃끼리 미워하면 서로 나쁜 영향을 받게 될 것이며, 반대로 이웃끼리 서로 사랑하면 서로에게 좋은 영향을 받게 될 것이다. 일본인과 한국인이 더욱더 서로를 신뢰하고 함께 협력할 수 있게 되길 바라 마지않는다.

향후 100년 한·일 관계에 있어 가장 큰 영향을 미치는 것은 역시 한반도 정세일 것이다. 100년 후에는 아마 어떤 형태로든 남북한이 하나로 통일되어 있을 것이라고 자연스럽게 떠올릴 것이다. 그리고 지금, 한반도 정세는 새롭게 움직이기 시작했다. 한반도를 평화로 이끌기 위해 한국과 일본이 서로 협력할 수 있다면 한·일 양국의 신뢰 관계는 더 크게 개선될 것이다.

2018년 4월 남북 정상회담이 판문점에서 열렸다. 한국의 문재인 대통령과 북한 김정은 위원장이 화기애애한 분위기에서 회담을 하는 모습을 보고 흐르는 눈물을 주체할 수 없었다. 아베 총리는 일본인 납치 문제가 제대로 해결되고 있지 않는 것에 분노하여 "대화를 위한 대화는 의미 없다. 대화의 시대는 이제 끝났다"며 북한에 최대한의 제재를 가하는 데 찬성하고 있었다. 그러나 몇 차례 남북 정상회담이 열리고 북·미 정상회담까지 이뤄지면서 결과적으로 아베 총리는 배제되어 고립된 처지가 되었다. 납치 문제를 트럼프 대통령에게 부탁하는 부끄러운 상황에까지 이르렀다.

얼마 전 두 번째 북·미 회담이 하노이에서 개최되었다. 어떤 합의도 얻지 못했으므로 회담은 '결렬됐다' '실패했다' 등의 부정적 논조가 많았지만 나는 그렇게 생각하지 않는다. 북한의 완전한 핵개발 포기, 미국의 북한에 대한 전면적 경제 제재 완화라는 양국 간 평화조약의 체결 목표는 한두 번의 정상회담으로 결론 날 일은 아니다. 앞으로 양국이 서로 어떻게 타협점을 찾아 나가야 할 것인가에 대한 해결점을 이번 회담에서 어렴풋이나마 보여준 것을 매우 다행스럽게 생각했다. 중요한 것은 앞으로도 정상회담이 계속 이어질 것이며, 그 사이 북한은 미사일을 발사하지 않고 미국 역시 북한을 군사적으로 공격하지 않을 것이라는 점이다. 북·미 관계가 질적으로 개선되면서 한반도는 위기 상황에서 벗어나고 있다. 한국은 말할 것도 없고 지금이야말로 일본이나 중국이 한반도 평화를 위한 움직임에 적극 지원하는 자세를 보이는 것이 중요하다. 특히 일본은 한반도의 남북 분단 비극에 막대한 책임을 지고 있는 나라다. 단순히 트럼프 대통령을 전면적으로 지지하기 때문만이 아니라, 한국에 적극적으로 협력하는 자세를 보여야 할 것이다. 한반도가 평화로워지면 일본의 안전보장 환경은 한층 더 전망이 밝아질 것이다.

아베 총리는 트럼프 대통령의 비위를 맞추기 위해 지상배치형 요격 미사일 시스템인 이지스 어쇼어를 구입하기로 했는데 이제는 그럴 필요가 없어졌다. 방위성은 태평양상에서 추락한 스텔스 전투기 F35A를 100대 정도 더 구입하기로 결정했는데, 부품의 성능과 부족 문제 등으로 다시 한번 구입 필요성을 신중히 생각하여 재검토해야 할 것이다. 최근 미·일 무역 교섭에서 미국으로부터 고액의 방위 장비품을 점점 더 많이 구입하고 있다는 이야기가 있다. 아베 총리는 일본 군사력을 높여서 더 강한 일본을 만들겠다는 대일본주의에 사로잡혀 있다. 그러나 한반도가 평화 쪽으로 방향을 틀고 있고, 중·일 관계는 점점 개선되는 방향으로 움직이는 상황에서 대일본주의는 시대착오적 발상이라고 말할 수밖에 없다.

위협은 능력과 의도의 곱셈이다. 의도가 없어진다면 위협 또한 없다. 북·일 관계와 중·일 관계에서 점점 의도가 감소되는 방향으로 진행되고 있는 만큼, 일본은 의도가 더욱 감소되는 방향으로 협력하는 것이 매우 중요하다. 이를 위한 하나의 시스템으로 나는 우애의 이념 아래에서 동아시아 공동체에 대한 구상의 중요성을 주장한다. 탈대일본주의를 위한 가장 중요한 외교 정책으로 동아시아 공동체의 성립이 우선되어야 한다고 생각한다. 남북관계가 급물살을 타고 있는 상황에서 동아시아 공동체에 북한의 가입은 이제 필수 사항이 되었다고 생각한다. 이런 식으로 한·일 양국이 계속 협력하는 자세를 보인다면, 남북 문제의 평화적 해결에 일본이 많은 도움이 될 것으로 믿는다.

마침 적절한 시기에 『탈대일본주의』 한국어판이 출간되어 매우 기쁘게 생각한다. 한국어판 출간에 노력해주신 한중문화센터 노재헌 원장께 진심으로 감사드린다.

차례

소개의 글
노재헌(한중문화센터 원장) / 5

추천의 글
홍석현(중앙홀딩스 회장) / 8
이홍구(전 국무총리) / 11

『탈대일본주의』 한국어판 출간을 기념하며 / 15
대일본주의에 대한 일본 스스로의 평가 / 16
무라야마 담화 재평가의 필요성 / 19
위안부·강제징용 문제에 대한 고찰 / 22
향후 100년 평화를 위한 탈대일본주의를 기대하며 / 24

서론 / 34
안전보장 체계를 재구축할 기회 / 39
중규모 국가화의 숙명 / 42

제1장

대일본주의의 환상

: 글로벌리즘과 일본 정치

'우애'의 정치적 의의 / 47

내셔널리즘과 포퓰리즘의 비정상적 확대 / 50

'자립'과 '공생' / 53

안보조약 개정과 미·일동맹의 신격화 / 57

냉전 후 일본 정치 / 61

안보조약의 변질 / 64

친미 보수 노선의 종착점, 자립 상실 / 66

「연차 개혁 요망서」와 「아미티지-나이 보고서」 / 67

교묘한 '노렌와케 전략' / 69

하토야마 내각의 차질 / 71

친미 보수파의 정권 퇴진 운동 / 73

미·일 합동위원회의 폐해 / 76

TPP 부상의 의미 / 77

미국 대통령 선거에서 유권자의 반란 / 80

지역 통합과 국민국가 / 82

강대국은 원치 않는 다국간주의 / 84

두 개의 글로벌리즘에 맞서다 / 86

TPP 성장 전략의 환상 / 89

RCEP에 대한 기대 / 91

동아시아 공동체 구상의 재공식화 / 93

아베 정권의 어리석은 중국 봉쇄 정책 / 95

리더가 사라진 세계 속 한 국가로서의 자립 / 98

제2장

자립과 공생의 길

: 미국 종속 관계로부터의 탈피

안보 무임승차론의 허망 / 105

종속 국가의 현실이 가시화되고 있는 오키나와 / 108

주둔 없는 안보 정책의 지향점 / 111

자립을 위한 외무성의 노력 / 115

중국은 정말로 위협적인 나라인가 / 118

센카쿠 문제에 얽히고 싶지 않은 미국 / 121

중국의 해양 진출을 어떻게 볼 것인가 / 123

북한의 위협이란 무엇인가 / 127

불가능한 핵무장 자립론 / 130

일본은 무엇을 지향하는가 / 133

동아시아, 경제적 운명 공동체 / 136

중규모 국가의 과제 / 138

미·일동맹 강화론의 함정 / 139

'가치관 외교'의 어리석음 / 142

미군은 왜 오키나와에 계속 주둔하는가 / 144

류큐 내셔널리즘의 해방 / 147

미국 편들기로 결정된 이라크 공격 지지 / 149

중동 분쟁에 깊이 관여하지 않을 각오 / 153

대일본주의인가, 탈대일본주의인가 / 157

중국 문명의 부활에 어떻게 대응할 것인가 / 160

군사 억지력의 함정 / 161

전수방위를 일관하는 결의 / 165

적과 아군이 계속 바뀌는 다국화 시대 동맹 / 167

미·일동맹에 대한 과잉 기대, 과잉 의존 / 169

'공생'을 통한 '자립' / 171

제3장 '성숙의 시대'를 위한 국가의 모습
: 성장 전략에서 성숙 전략으로

이루지 못한 대일본주의의 꿈 / 179

'성장의 시대'에서 '성숙의 시대'로 / 181

일본 정부의 성장 전략 / 184

인간을 위한 경제 사회 / 185

콘크리트에서 사람으로 / 191

양극화 사회에 대한 대응 / 195

비정상적인 아베노믹스 / 197

무엇을 위한 성장인가 / 200

급속히 진행되는 계층화 / 203

성숙 국가의 성숙 전략 / 206

성숙 전략 ①: 대일본주의 탈피 / 210

성숙 전략 ②: 동아시아 경제 공동체 추진 / 213

성숙 전략 ③: 공정한 사회 성립 / 215

성숙 전략 ④: 국민국가 통합 중시 / 219

외국인 노동력의 유입은 신중하게 / 223

글로벌리즘의 병폐, 영어 공용화 / 226

미래를 준비하는 성숙 국가의 시대정신 / 230

제4장 탈대일본주의를 향하여
: 팍스 아시아나를 맞이하는 중규모 국가의 자세

불안한 '일본 내셔널리즘 해방 노선' / 235

'해결책'으로서의 지역주의 / 240

UN 상임이사국을 목표로 하지 않는다 / 242

원자력 발전을 포기한다 / 249

동아시아 공동체의 도약 / 256

국익을 위한 정치의 올바른 역할 / 261

'안보 마을'이 존재하는 까닭 / 263

해설
: '어색한 공존'의 시대 _우치다 다쓰루(内田樹) / 266

영원히 정치대국은 될 수 없다 / 269

미들 파워로서의 존재감 / 271

'어색한 공존'과 동아시아 공동체 구상 / 273

'우애'를 통한 실천 / 278

나는 냉전 후 세계를 석권한 글로벌리즘이라는 사조(思潮)에 상당히 회의적인 입장이다. 총리 취임 직전에 발표한 논문에 동아시아 공동체 구상을 설명하면서 글로벌리즘의 그늘을 솔직하게 기술했다. 그래서인지 일부 미국인에게 반미적이라는 비판도 받았다.

다음은 일본 월간지에 특별 기고했던 글의 일부다.

"냉전 후 일본은 미국발 글로벌리즘이라는 이름의 시장원리주의에 농락당해 왔다. 지상 최고의 가치인 '자유', 그 '자유의 경제적 형식(쿠덴호프 칼레르기Coudenhove-Kalergi의 표현)'인 자본주의가 원리적으로 추구될 때 인간은 목적이 아닌 수단으로 손상되고 존엄성을 잃는다. 우리는 이것을 2008년 글로벌 금융위기 이후의 세계에서 다시금 깨닫게 된다. 도의와 절도를 상실한 금융자본주의, 시장지상주의에 어떻게 제동을 걸어서 국민 경제와 국민 생활을 보호해 갈 것인지, 바로 이것이 지금 우리에게 주어진 과제다."

"현시점에서 '우애'는 글로벌화되어 가는 현대 자본주의의 과잉을 바로잡고 전통 속에서 배양돼 온 국민 경제와의 조정을 지향하는 이념이라고 할 수 있다. 이것은 시장지상주의 속에서 국민의 생활과 안전을 보호하는 정책으로 전환하여 공생의 경제 사회를 건설하는 것을 의미한다." (「나의 정치철학」, 『Voice』, 2009년 9월호)

글로벌리즘에 대한 회의나 비판이 세계 곳곳에서 넘쳐흐르고 있는 현시점에서 이 정도의 비판을 반미적이라고 비난하는 사람은 없을 것이다.

글로벌리즘이란 시장원리주의적인 미국 경제의 룰(rule)을 보편적인 정의로서 세계에 확대하는 유사 이데올로기였다. 엠마뉴엘 토드(Emmanuel Todd)는 "(트럼프의 승리는) 글로벌화의 흐름을 만든 미국이 글로벌리즘에 더 이상 버틸 수 없게 됐다는 것을 의미한다. 전 세계의 큰 전환점이 될 것"이라고 지적했다. 글로벌리즘은 모든 국가의 경제 사회에 커다란 양극화 현상과 빈곤을 초래했으며 민주주의의 담당자였던 중간층의 해체를 가져왔다. 토드는 이러한 세계적 현상을 '글로벌리제이션 퍼티그(Globalization Fatigue, 이하 '글로벌 피로감'으로 함)'라고 설명한다.

내가 동아시아 공동체 구상을 제기한 동기 중 하나는 지역 통합이 글로벌리즘의 완충지대 기능을 할 것이라는 기대에서 나왔다. 이는 아시아 외환위기 이후 ASEAN 국가들이 추구했던 것으로, 각 국가와 국민의 전통과 발전 단계를 서로 존중하면서 세계화에 대응하기 위한 지역 통합 구상의 연장선이었다.

원래 EU도 미국이란 한 나라가 지배하는 것에 대한 완충지대로서 구상됐던 것이다. 하지만 이제는 글로벌리즘이 국민국가의 노동자를 보호하는 장치가 아닌, 오히려 국민들에게 생활과 고용을 위협하는 존재로 인식되기에 이르렀다. 이는 분명한 사실이며 EU는 위기의 전환기에 접어들고 있다.

그렇다고 제2차 세계대전 이후부터 오늘날 EU에 이르는 유럽 통합의 의의를 과소평가해서는 안 된다. 무엇보다 EU는 유럽 국가 간의 전쟁을 소멸시켰으며 영토 분쟁도 해소시켰다. EU는 역사적으로 위대한 성공을 거뒀다.

내가 동아시아 공동체 구상을 제기한 또 다른 동기는 지역 통합의 추진을 통해 동아시아에서 전쟁의 위기를 소멸시킬 수 있다고 생각한 데에 있었다.

미국 도널드 트럼프(Donald Trump) 대통령의 탄생에서 팍스 아메리카나(Pax Americana, 미국이 주도하는 세계 평화)의 종언을 느낀 것은 나뿐만이 아니었을 것이다. 이후 세계는 미국, 중국, 러시아, 독일 등 제국적인 지역 패권국가의 대립과 협조의 시대로 이행한다는 예측도 있다. 다만 동아시아에서는 팍스 아메리카를 대신해 팍스 차이나[1]가 훨씬 현

---

1   중국이 주도하는 세계 평화.

실적으로 다가오고 있으며 이를 우려하는 사람도 많다.

현재 친미 보수 노선의 기조(基調)는 중국의 위협을 과대평가하여 구소련 대신 중국을 가상의 적으로 간주하고, 이에 따라 미·일동맹을 강화하기 위해 방위비용을 꾸준히 증가시키려 하고 있다.

이와 상반되는 개념이 독자적인 핵무기와 항공모함을 보유함으로써 군사적 자립을 목표로 하는 자주 방위론이다. 전자는 한층 강화된 대미(對美) 종속을 의미한다. 후자는 막대한 군사 예산을 필요로 할 뿐 아니라 국제적 마찰을 불러일으킨다. 전후(戰後)[2]의 국제 협조주의를 부정하고 일본을 군사 우선 국가로 변모시키는 길이다.

내가 동아시아 공동체 구상을 제기한 배경에는 '중국의 대두(擡頭)'가 있다. 나는 군사력의 필요성을 부정하지 않는다. 그러나 앞서 말한 두 가지 입장과 다른 부분은 앞으로 점점 군사력의 의미가 감소되는 국제 체계가 실현될 가능성이 높다고 믿고 있다는 점이다. 군사력과 무력행사만으로는 진정한 평화가 달성되지 않는다고 믿고 있기 때문이다.

군사적인 위협은 다분히 관념적인 것으로, 상대의 능력과 의도를 어떻게 평가하는지에 따라서 대응이 전혀 달라진다. 상대의 의도를 파악하지 않고 군사력에만 주목해 억지력[3]을 확대한다고 해서 되는 일이 아니다. 상대가 있는 이상 우리가 억지력을 높이면 상대도 이에 대항해

---

2 1945년 7월 26일 포츠담 선언 이후 현대 일본의 역사를 가리키는 부분.

3 한쪽이 공격하려고 해도 상대편의 반격이 두려워서 공격하지 못하도록 하는 힘.

억지력을 높이게 되고, 또다시 우리가 억지력을 더 높이지 않을 수 없게 되는 악순환에 빠지게 된다. 결과적으로 별것 아닌 상황에서 전쟁이 일어나버릴 수 있는 것이다. 억지력의 향상이 전쟁을 억지하는 것이 아니라 억지력의 저하를 초래하는 역설적인 일이 일어날 수 있다.

그것은 대일본제국의 실패 요인이기도 했다. "전쟁 억지 군사비가 때때로 전쟁 촉진 군사비가 되는 것은 군사비가 가진 관성의 결과라고 할 수 있으며 (미국을 가상의 적으로 한) 일본 해군도 그런 전철을 밟았다"고 전 대본영(大本營)[4] 참모 세지마 류조(瀨島龍三)가 말했다. (『태평양전쟁의 실상』)

군사적으로는 미국에, 경제적으로는 중국에 크게 의존하고 있는 한국이나 호주, 필리핀 같은 미국 동맹국들과 마찬가지로 일본도 똑같은 고민을 하고 있다. 그것은 미국과 중국 사이에서 어떻게 유연하게 정치적·경제적 자립을 유지하면서 국익을 지켜나가는가 하는 것이다.

나는 동아시아에 다국(多國) 간 안전보장의 틀을 만듦으로써 동아시아의 긴장이 완화되고, 지역 패권국가들의 행동 또한 신중해질 것이라 생각한다. 이로 인해 일본을 포함한 중규모 국가들은 자립할 수 있는 길이 열릴 수 있다. 나는 팍스 아메리카도 팍스 차이나도 아닌 팍스 아시아나가 돼야만 동아시아의 평화 질서가 자리매김할 수 있다고 믿고 있다.

---

4 전쟁 중 일본 천황 직속으로 두었던 최고 통수부.

안전보장 체계를 재구축할 기회

/

냉전 체제 이후 일본에서는 유일한 강대국이 된 미국과 군사적·경제적 일체화를 도모하는 것을 옳은 일로 판단했다. 그동안 미국은 신자유주의적 경제 정책을 추진함과 동시에, 전후 일본이 스스로 지켜온 군사 행동에 관한 헌법상 제약을 없애버렸다. 이 같은 미국의 세계 질서 유지 활동이 과연 올바른 행동이었는지는 판단하지 않고, 무조건 적극적으로 미국에 협력해야 한다는 일본판 글로벌리즘(과도한 친미 보수 노선)이 현실 정치에 큰 영향을 끼쳐왔다. 이는 결과적으로 극단적인 대미 종속과 양극화 사회를 초래하게 됐다. 나는 총리 시절 글로벌리즘적인 내외 정책을 조금이라도 바꿔보고자 했으나 뜻하던 대로 되지 않았다. 결국 짧은 재임 기간(2009년 9월~2010년 6월)을 보낸 뒤 총리직에서 물러나게 됐다. 참으로 부끄러운 일이지만, 그에 대한 경위와 반성 등은 본문에서 자세히 설명하겠다.

하토야마 정권의 퇴장과 동시에 동아시아 공동체 구상은 사라지게 됐다. 제2차 아베 내각은 글로벌리즘 추진 관청인 외무성과 경제산업성이 대국(大國) 일본의 꿈을 좇는 복고주의 성향의 총리를 전폭적으로 지지하는 기묘한 정권이 됐다. 아베 정권은 헌법 위반 성격이 농후한 집단적 자위권 행사를 용인하는 한편, 정치적·경제적 중국 포위망[5]으

---

5 중국에 대한 압박. 미국과 함께 중국을 압박하는 것.

로 기획된 TPP(환태평양 경제동반자 협정)를 조인하기에 이르렀다. 하지만 미국에서 미·일동맹에 대한 회의감을 공공연하게 입에 올리는 대통령이 출현함에 따라 TPP 발효도 부정하는 사태가 야기됐다. 이로 인해 친미 보수 노선은 커다란 좌절에 직면하게 됐다.

불안을 느낀 아베 정권은 트럼프 대통령과의 친밀함을 필사적으로 연출하고 있으나, 앞으로 안전보장 정책과 경제 정책에서도 값비싼 지불을 하게 되는 것은 아닌지 걱정이다.

다극화 시대에는 여러 가지 어려움이 있을 것이다. 하지만 한편으로는 냉전기와 미국 독주 시대에 비해 일본에서는 외교적 자유가 늘어났다는 것도 의미한다. 나는 미·일동맹의 재검토를 언급하고 있는 미국 대통령의 탄생을 통해 일본이 과도한 미국 종속으로부터 벗어나 진정한 의미의 보통 나라가 되는 계기가 돼야 한다고 생각한다. 제2차 세계대전 패전 후 70년이 지났음에도 외국 군대가 국내의 일부 지역을 점유하는 것 자체가 이상한 일이다. 미·일동맹을 신성시하는 고정관념에서 벗어나 미·일 안보를 객관화하고 동아시아 안전보장체계를 재구축하는 좋은 기회로 삼아야 할 것이다.

지금 세계는 내셔널리즘과 포퓰리즘이 이상하리만큼 확장되고 있다. 이런 세계에 어떻게 제동을 걸까? 민주주의 국가들은 공통적으로 곤란한 상황에 직면했다. 글로벌 피로감에 빠진 국가들의 경우, 분열된 사회에서 내셔널리즘 고취를 통해 통합을 꾀하려는 정치세력이 힘을 더하고 있다. 일본 역시 이런 세계적 분위기에 싸여 있다.

아베 총리는 좋든 나쁘든 방향성이 확실한 사람이다. 그는 일본의 민주주의가 패전으로 인해 강제로 이루어졌다고 생각하며 국민들을 그 속박에서 해방시켜 내셔널리즘을 되찾아주고 싶다는 욕구가 강한 사람이다.

세계에서 두 번째 경제대국이자 아시아 일인자라는 위치가 일본에는 과거의 일이 됐다. 급성장하고 있는 중국과 한국의 내셔널리즘의 표적이 되고 있다. 게다가 많은 일본 국민은 글로벌리즘이 만들어낸 양극화 사회에 불안해하고 있다. 이러한 시대 상황과 아베 총리의 '내셔널리즘의 해방 노선'은 잘 맞아떨어지고 있다고 할 수 있다.

그러나 아베 총리는 일본이 내셔널리즘을 되찾은 다음, 과연 어떤 국가를 만들려고 하는 것인가? 도대체 그가 말하는 벗어나야(脫却) 할 '전후 체제'란 무엇을 말하는 것인가? 그가 '다시 되돌리자'고 주장하는 '전후 체제에서 탈피'한 '아름다운 나라' 일본이란 어떤 국가를 말하는 것인가? 혹시 그것이 동아시아에 내셔널리즘의 상극 시대를 불러일으키는 것은 아닐지 심히 불안하기만 하다.

글로벌리즘은 모든 국가의 내부에 커다란 빈부격차를 파생시켰으며, 사회적 격차로 인해 세력이 커진 반(反)글로벌리즘의 폭풍은 내셔널리즘 현상을 초래했다. 내셔널리즘에 의한 외국 배척 정책은 국가 간의 긴장을 더욱 증가시킨다. 나는 동아시아에서 내셔널리즘의 격돌을 피하기 위해서는 글로벌리즘의 폐해를 막는 한편, 주변 국가와의 협조를 중시하는 리저널리즘(열린 지역주의)에 하나의 '답'이 있지 않을까 생각하고 있다. 아울러 일본이 동아시아 공동체 구상의 추진에 지도력을 발휘해야 한다고 주장하는 이유이기도 하다.

중규모 국가화의 숙명
/

메이지 시대 이후 대일본주의(大日本主義) 지향은 패전 이후 '경제대국에서 정치대국으로'의 형태로 지속돼 왔다. 이는 복고주의자들도 친미 보수파도 또한 국민 대다수도 공통된 마음이었다. 그러나 중국을 비롯한 신흥국의 부상에 따라 세계경제에서 일본의 지위는 상대적으로 매년 낮아지고 있으며, 인구 감소와 저성장 경제는 계속되고 있다. 정치대국의 상징인 UN 안보리 상임이사국 진출 가능성도 점점 제로에 가까워졌다. 경제적으로도 정치적으로도 대국의 꿈은 물거품처럼 사라지고 있음이 일련의 사실들에 의해 명확해지고 있다.

금세기 일본이 중규모 국가화의 숙명을 피할 수 없다면 오히려 적극적으로 중규모 국가로 살아갈 길을 선택해야 하지 않을까? 미들 파워로 무엇을 할 수 있으며, 무엇을 해야 하는가? 결국 '대(大)'일본주의가 아닌, '탈(脫)'대일본주의 국가 구상을 묻게 되는 시대를 맞이하고 있는 것이다.

탈대일본주의는 일본의 정치와 경제에 새로운 지평을 열어줄 것이다. 밖으로는 동아시아와의 협력에 힘쓰고, 안으로는 저성장 경제 체제에서 새로운 분배 정책을 실현하는 성숙한 국가로서 새로운 국가 모델을 세계 앞에 만들어내지 않을까? 이 새로운 국가 모델이 자리매김할 때 일본은 미들 파워 국가의 모델로서 전후 외교적 측면에서는 처음으로 세계 각국으로부터 존경을 받게 될 것이다.

나는 이후 일본 정치의 대립축인 대일본주의와 탈대일본주의를 두고 논쟁을 벌여야 한다고 생각한다. 대일본주의를 표방하는 아베 정치에 대항해 탈대일본주의를 당당히 내세우는 정당의 등장을 갈망한다.

나의 아시아 공동체 구상은 우선 일본이 탈대일본주의 국가로 계획되어야 의미가 있다고 믿는다. 지금이야말로 동아시아 공동체 구상이 의의를 발휘할 수 있는 때라고 생각한다.

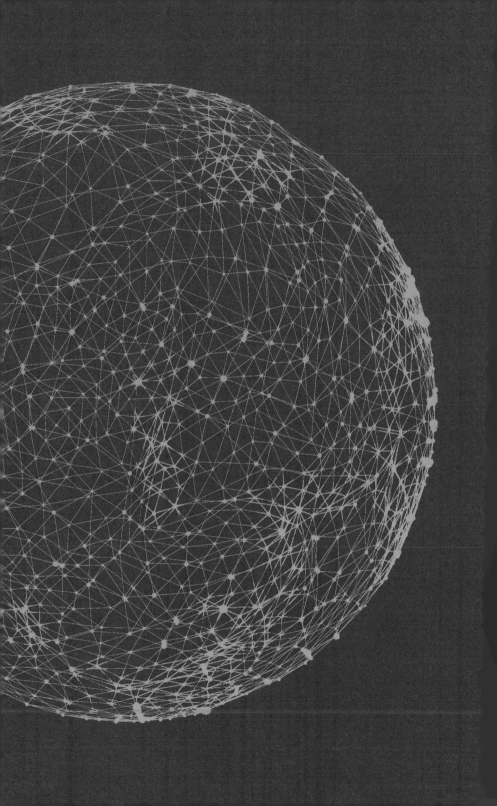

제1장

대일본주의의 환상

: 글로벌리즘과 일본 정치

'우애'의
정치적 의의

　　　　　　　　　　　'우애'는 조부이신 하토야마 이치
로(鳩山一郎)가 주장했으며 나 역시 정치 행동의 나침반으로 삼고 있
는 이념이다. 조부 이치로는 당시 도조 히데키(東條英機) 총리와 사이
가 매우 좋지 않아 어쩔 수 없이 가루이자와(軽井沢)에서 은둔생활을
했다. 그는 무모한 전쟁은 결국 패전으로 종결될 것이라 예상하고 전후
일본이 맞닥뜨리게 될 정치사상을 모색했다. 그 당시 범유럽 운동의 제
창자였던 쿠덴호프 칼레르기의 작품을 접하면서 '우애'의 이념에 깊이
공감했다. '우애'는 프라터나이트(fraternite)라는 의미로, 프랑스 혁명
의 슬로건이었던 '자유, 평등, 우애(박애)'에서 인용한 것이다.

　쿠덴호프 칼레르기는 1923년에 『범유럽』이라는 저서를 간행하여 오늘날 EU로 이어지는 범유럽 운동의 제창자가 된 사람이다. 그는 오스트리아에서 일본 공사(公使)로 일하던 아버지와 삼베를 팔던 골동품 가게의 딸이었던 아오야마 미쓰코(青山光子) 사이에서 차남으로 태어났는데, 에이지로(栄次郎)라는 일본 이름을 가지고 있었다.

칼레르기는 1935년 『전체주의 국가 대 인간(The Totalitarian State Against Man)』이라는 저서를 출간했다. 그가 이 책을 구상하고 있던 당시, 유럽은 히틀러의 독일과 스탈린의 소비에트라는 두 전체주의 국가에 휩쓸려 있었으며, 칼레르기의 조국인 오스트리아는 히틀러에 의해 합병될 위기에 놓여 있었다.

『전체주의 국가 대 인간』의 서두는 이렇게 시작된다.

"인간은 목적이며 수단이 아니다. 국가는 수단이며 목적이 아니다."

칼레르기는 이 책에서 소련 공산주의와 나치 국가사회주의를 강하게 비판함과 동시에 그들의 무력 세계 진출을 눈감아준 자본주의의 오만함에 대해 깊이 반성했다.

칼레르기는 '자유'야말로 인간 존엄의 근본이자 최고의 가치라고 생각했으며, 자유를 보장하기 위해서는 사유재산 제도를 옹호해야 한다고 했다. 또한 그는 자본주의로 인해 심각한 사회적 불평등이 초래됐다고 진단했다. 그로 인해 이른바 '평등'에 대한 욕구가 공산주의를 탄생시켰고, 결국 자본주의와 공산주의가 서로 맞서는 과정에서 생겨난 것이 국가주의이며, 이것을 심각히 우려했다. "우애가 동반되지 않으면 자유는 무정부 상태의 혼란을 야기하게 되고 평등은 폭정을 불러일으킨다"고 주장했다.

오로지 평등만을 좇는 전체주의도 방종에 빠진 자본주의도 결과적으로 인간의 존엄을 해쳤으며 목적이어야 할 인간의 가치를 수단으로 전락시켜 버렸다. 인간에게 가장 중요한 자유와 평등이 원리주의로 빠져 버릴 때 이것이 초래하는 참사는 상상조차 할 수 없다. 인간의 존엄을 침해하지 않도록 균형을 생각하는 이념이 필요했으며, 칼레르기는 이를 '우애'에서 찾았다.

실제로 전쟁을 통해 정치적·경제적 혼란을 경험하면서 서구 자본주의 국가에서는 자유와 함께 평등을 배려하는 경제 정책이 주류를 이뤘다. 또한 사회보장제도의 확충이 계획됐으며 복지국가화가 추진됐다. 미국에서도 루스벨트 정권하에 상속과세의 강화와 은행과 증권 업무를 분리하는 은행법(Glass-Steagall Act, 글라스-스티걸법)이 발효돼 시장 활동에 대한 규제가 강화됐다. 패전 후 일본에서도 서양을 모델로 한 복지국가 건설이 광범위한 정치적 지지를 얻고 있었다.

전후 총리의 지위를 눈앞에 뒀다가 돌연 공직에서 추방된 하토야마 이치로는 따분한 일상을 보내는 가운데 원서로 읽은 『전체주의 국가 대 인간』을 번역해 『자유와 인간』이라는 제목으로 출판했다. 하토야마 이치로는 공산주의를 날카롭게 비판하고 군부 주도의 계획경제(통제경제)에 대항하기도 했다. 그런 그에게 이 책은 전후 일본에 불어닥친 마르크스주의 세력(사회, 공산 양당과 노동운동)의 공세에 맞서 건전한 의회제 민주주의를 완성할 수 있는 이념체계를 제시했다.

하토야마 이치로가 주장한 '우애' 이념은 전후 보수정치 속에 깊이 자리 잡았으며 지금까지 존재해 왔다. 그가 초대 총재에 등극했던 자유민주당은 경제성장 정책, 사회보장 정책, 농촌 보조제도 등을 통해 매우 적극적으로 재분배 정책을 전개해 나갔다.

자민당은 1965년에 「자민당 기본 헌장」을 강령으로 제정했는데, 제1장 '인간의 존중'에는 '인간은 그 존재 자체가 존귀하며, 동시에 그 자체가 목적이며 결코 수단이 돼서는 안 된다'고 기술돼 있다. 이 내용은 확실히 칼레르기의 저서를 인용한 것으로 하토야마 이치로의 우애론에 영향을 미쳤다. 노동운동과의 융화를 주장한 「자민당 노동 헌장」에도 같은 표현이 들어 있다. 초창기 자민당 지도자들은 공산주의의 침투를 막기 위해서는 재분배 정책이 필수 불가결하다는 사실을 잘 알고 있었던 것이다.

내셔널리즘과 포퓰리즘의 비정상적 확대

　　　　　　　　　　　냉전의 종언은 자본주의 국가가 공산주의로 전환되는 공포를 소멸시켰다. 그 결과, 특히 미국과 영국 같은 앵글로색슨 국가에서는 사회적 공정보다도 경제 합리주의의 추구를 우선시하는 시장원리주의 경제사상, 즉 신자유주의가 대두됐다. 미국에서는 은행법과 같은 시장에 대한 모든 규제가 폐지되며 급속히 금융국가로 변모해 갔다. 이는 금융자본을 가지고 머니게임으로 자본을 증식해 가는 사람들과 그렇지 못한 사람들 사이의 격차를 크게 확대시키는 결과를 낳았다.

자산이 없으면 부유해질 수 없고 노동만으로 풍요로워질 수 없는 상황에서 빈곤과 격차에 대한 미국인들의 분노는 커졌다. 이는 지난 2016년 미국 대통령 선거에서 사회민주주의자인 버니 샌더스(Bernie Sanders)의 선전에 반영됐으며 정계의 이단아였던 트럼프가 대통령으로 선출되는 결과를 낳았다.

이 같은 미국의 시장원리주의가 보편적 경제원칙으로 자리 잡고 미국 내에서만이 아닌 전 세계로 확대된 정치적·경제적 흐름이 '글로벌리즘'이다. 이는 결과적으로 국민국가를 기반으로 한 국가의 국민경제 전통을 파괴했으며 사회적 빈부격차를 눈에 띄게 확대시켰다. 그리고 민주정치의 전제인 중간층의 쇠락과 해체를 초래했으며 국민국가의 정치적 통합을 위태롭게 만들었다.

정치적·사회적 통합의 대표 수단이었던 내셔널리즘은 매우 과격했다. 포퓰리즘은 내셔널리즘에 잠식당해 왔으나 시대의 기류를 타고 전면에 등장했다. 결과적으로 글로벌리즘은 내셔널리즘과 포퓰리즘의 온상 역할을 한 셈이다.

마르크스는 "역사는 반복된다. 처음에는 비극으로, 두 번째는 희극으로"라고 말했다. 최근 여러 나라에서 새롭게 나타나고 있는 좌파 포퓰리스트 정치가들의 모습을 볼 때마다 이 말이 떠오른다. 냉전 후의 글로벌리즘이 예전 같은 비참한 결말을 초래하지 않고 희극으로 끝맺기를 바랄 뿐이다.

냉전시대의 종결과 함께 공산주의의 위협이 사라지면서 일본에서도 글로벌리즘 사조가 퍼져나가기 시작했고 보수정치 속에서 우애 정신은 급속히 힘을 잃어갔다. 일본에서도 양극화 사회는 급속히 확대되고 있다. 예금·적금·주식 등을 갖고 있지 않은 세대의 비율이 예전에는 얼마 되지 않았으나, 현재는 무자산 세대가 30%를 넘어서고 있다. 한편으로 일본 사회에도 배외주의(排外主義)적인 말과 행동이 퍼지고 있다. 글로벌리즘이 바탕이 된 내셔널리즘과 포퓰리즘이 서양에서 뿐만 아니라 일본에서도 비정상적으로 확대되고 있다.

20세기 공산주의는 시장경제를 전면적으로 부정하면 결국 참혹한 전체주의 사회로 이르게 됨을 증명했다. "공산주의와 파시즘이 생겨난 것은 자유방임 시장경제로 파생된 절망적 빈곤과 사회적 격차 때문이다"라는 역사적 교훈을 잊어서는 안 될 것이다.

여기에서 우애에 대한 의미를 다시 한번 생각하게 되는데 '우애'는 '글로벌리즘'에 대한 대립 이념이며, 우리는 그 의의를 잃지 말아야 한다. 내가 1996년 '민주당'을 창당한 것은 우애 이념을 냉전 후 새로운 시대 환경의 기본 정신으로 삼아 정치를 통해 실현시켜야겠다고 생각했기 때문이다.

'자립'과
'공생'

자유와 평등의 가교 역할인 우애는 바꿔 말하면 '자립과 공생' 사상이다. 하토야마 이치로는 우애를 자신의 자유와 존엄을 존중함과 동시에 타인의 자유와 존엄 역시 존중하는 사상으로 인식했다. 우애 속에는 자신의 존엄을 존중하는 '자립' 정신이 들어 있다. 또한 동시에 타인을 존중하고 신뢰하며 도와주는 '공생' 정신이 우애다. 우애는 사람과 사람 관계뿐만 아니라, 국가 간 관계에서도 적용된다. 국가로서 일본의 '자립' 역시 하토야마 이치로가 지목한 정치 목표였다.

패전 다음 해인 1946년, 그는 연합국 점령하에 있던 전후 첫 총선거에서 '자유당'을 창설했다. 하토야마 이치로와 함께 자유당을 만든 것은 도조 내각의 이른바 익찬선거(翼贊選擧)[6]로, 대정익찬회(大政翼贊會)[7]의 추천을 받지 않고 '비추천'으로 맞선 안도 마사즈미(安藤正純), 우에하라 에쓰지로(植原悦二郎), 후키 부키치(三木武吉), 고노 이치로(河野一郎) 등이었다. 그들은 '역적' '비(非)국민'이라는 오명을 쓴 채 정부의 가

---

6 1942년 도조 히데키(東條英機) 내각에 의한 21회 중의원 의원 총선거. 정부의 전쟁 수행 정책을 지지하는 후보자를 익찬정치체제협회가 추천했고, 비추천 후보에게는 치열한 선거 간섭이 가해졌다. 당선 의원의 80% 이상을 추천 후보가 차지했다.

7 1940년 10월, 고노에 후미마로(近衛文麿)를 중심으로 한 신체제운동 추진을 위해 창립된 조직이다. 총재는 총리대신이 맡았으며, 도부현(道府県) 지부장을 지사가 겸임하는 등 관제적 성격이 강하며 익찬선거의 활동을 비롯해 산업보국회, 대일본부인회 등을 산하에 두고 국민 생활의 전 부분에 걸쳐 통제했으나, 1945년 국민의용대의 창설로 인해 해산했다.

혹한 탄압을 받으면서도 의회정치의 전통을 지키고자 싸운 정치가들이었다. 거기에 언론을 통해 군부에 저항해 자유주의 보루를 지킨 이시바시 단잔(石橋湛山)도 함께했다. 그리고 자유당은 제1당의 지위를 획득했다.

그러나 하토야마는 총리 취임을 눈앞에 두고 연합국 점령군에 의해 공직에서 추방당하고 말았다. 그와 관련해 여러 주장이 있는데, 그가 패전 직후인 1945년 9월 15일에 아사히신문 지면에 미국의 원폭 투하에 대해 격렬히 비판한 것이 큰 요인이었다고 보고 있다. 이후 일본 정계에서는 미국의 원폭 투하를 국제법 위반으로 비판하는 것은 금지됐다. 전쟁 전, 자유주의자라는 이유로 군부에 배척당했던 하토야마 이치로는 전쟁 후에는 점령 정책을 입 밖으로 내어 말하는 정치가로 간주돼 미국으로부터 배척당하게 된 것이다.

이시바시 단잔도 점령군에 순종적이지 않다는 이유로 추방됐다. 이시바시는 동양경제신보(東洋經濟新報)를 맡아 활약하는 등 전쟁 이전에는 대표적 자유주의 언론인으로 이름을 알렸던 인물이다. 자유당에 들어가 전후 첫 번째 총선거에 입후보해 낙선했으나, 하토야마의 추천으로 제1차 요시다(吉田) 내각 재무장관으로 취임했다. 전후 일본이 하토야마나 이시바시처럼 확고한 신념을 가지고 군부에 투항한 자유주의 정치가들에 의해 재건되지 못했던 점은 이후 일본 정치에 큰 화근이 됐다고 생각한다. 이것은 미국의 일본 점령 정책의 큰 오점이기도 하다.

하토야마의 공직 추방으로 요시다 시게루(吉田茂)가 자유당 총재로 추대됐다. 그는 중간에 1년 5개월간의 가타야마 데쓰(片山哲), 아시다 히토시(芦田均) 내각을 제외하고 6년에 걸쳐 정권을 잡았다. 하토야마가 추방에서 해제된 후, 하토야마와 이시바시는 요시다 정권을 강하게 비판하고, 군대의 재정비를 위한 헌법을 개정하고, 중·일과 소·일 국교 회복 등 적극적인 경제 정책을 내세워 대항했다. 이후 요시다의 자유당에 맞선 신당 '민주당'을 설립해 하토야마 정권을 만들어냈다. 하토야마를 중심으로 보수파가 결집돼 '자유민주당'이 탄생했으며 하토야마가 초대 총재, 이시바시가 2대 총재가 됐다.

전후 일본에서 군대의 재정비를 주장한 사람은 전쟁 이전부터 자유주의자로 유명세를 떨치던 하토야마와 이시바시, 그리고 아시다 히토시였다. 그들은 패전 후에는 UN 안전보장 활동에 기대했으나 한국전쟁의 충격으로 군대의 재정비 필요성을 매우 깊이 의식하게 됐다. 그들은 일본이 공산주의에 맞서면서 미국의 종속에서 벗어나 독립국가로서 자립적인 외교를 전개해 나가기 위해서는 어느 정도의 군사력이 필요하다고 생각했다. 전쟁 이전부터 식민지 폐기론, 이른바 소(小)일본주의를 주창해온 이시바시 역시 같은 입장이었다. 그는 "경제 발전과 군대 재정비를 동시에 이룰 수 있다"고 주장했다. 이것은 서독의 콘라트 아데나워(Konrad Joseph Adenauer)와 같이 전투적으로 나치에 저항했던 자유주의자들이 군대 재정비를 주도하던 것과 같은 상황이라고 할 수 있다.

그들은 국가의 자립을 위해 군대의 재정비가 필요하다고 주장하는 한편, 자국에 대한 군사적 위협을 감소시키기 위한 외교적 노력의 중요성도 잘 알고 있었다. 하토야마–이시바시 내각은 공산권 나라들과의 '공생(공존)'을 지향하는 '자주외교'를 주장했다. 당시는 미·소 냉전이 최고조에 이르렀던 시대였다. 미국은 중국과 소련 양국에 대해 봉쇄 정책을 펼쳤고 이에 따라 요시다 내각의 외교 자세는 반공에 치우쳤다.

요시다에 이어 총리가 된 하토야마는 일본과 소련의 국교 회복을 실현했으나 이는 미국의 뜻에 반하는 일이었다. 당시 소·일 교섭에서 영토 문제가 해결되지 않았던 이유는 "일본 열도의 일괄 반환이 아니면 오키나와를 돌려줄 수 없다"고 위협한 덜레스(John Foster Dulles)의 발언과 같은 미국의 강한 반대 압력이 있었기 때문이다. 이시바시는 중·일 국교 회복을 원했지만 병으로 2개월 만에 총리직을 사퇴하게 됐다. 그는 퇴진 후에도 중·일 관계 개선에 노력을 다했다.

군사력의 가치에 대해서는 인정하면서도 세계적으로 군사력 강화 필요성이 점차 감소되는 국제 환경을 조성해 가려는 외교적 노력, 때로는 그것이 미국의 의도와 맞지 않더라도 실행에 옮길 수 있는 정치적 용기, 이것이 하토야마와 이시바시가 지향한 자주외교였다. 그들은 일본이 한 나라로서 '자립'하는 동시에, 가치관이 다른 나라들과의 '공생'을 실현하고자 한 것이다.

국가로서 '자립과 공생' 정신은 전후 보수정당에서 계속 이어져오고 있다. 냉전 체제 속 공산권 국가와의 외교는 퇴진 후의 하토야마와 이시바시를 비롯해 이 두 명의 내각을 지탱해온 마쓰무라 겐조(松村謙

三), 다카사키 다쓰노스케(高碕達之助), 이시다 히로히데(石田博英) 등 자민당 원로 정치인들이 담당했다. 냉전시대의 어려운 상황에서 다른 국가들과 공생의 길을 모색한 그들에 대해 정계는 물론 언론에서도 존경의 마음을 드러내고 있다.

그러나 냉전 후 미국과 경제적·군사적으로 더욱 굳건해지는 가운데, 자립과 공생 정신이 일본 정계와 언론계에서 사라져 갔다. 미·일동맹을 절대시한 나머지 그 이외의 세계는 눈에 들어오지 않게 돼버렸다. 내가 이란과 크림반도를 방문한 것을 나라의 역적으로 부르는 사람들이 있던 이유도 여기에 있다.

안보조약 개정과
미·일동맹의 신격화

하토야마 이치로와 이시바시 단잔, 두 내각은 자립 의지가 강한 정권이었다. 1955년 8월 하토야마 내각의 시게미쓰 마모루(重光葵) 외무장관은 덜레스 미국 외무장관에게 미·일 안보조약의 개정을 제의했다. 요시다 내각이 체결한 안보조약을 상호 방위조약으로 변경할 것과 6년 이내에 미국 육군의 철수, 또한 적어도 이후 6년 이내에 공·해군도 철수할 것, 결과적으로 최장 12년 이내에 일본 내 미군의 전면 철수를 요구하는 제안이었다.

포츠담 선언 12항에는 '연합국 점령군은 목적 달성 후 일본 국민의 자유 의지에 의해 평화적 분위기가 조성되고 책임 있는 정부가 수립됨에 따라 즉시 일본에서 철수한다'고 명시돼 있다. 따라서 미군 철수에 관한 제안은 전혀 황당한 사안이 아니었으며 독립국가로서 정당한 요구였다. 그러나 덜레스는 이를 거부했다.

하토야마의 뒤를 이은 이시바시 역시 "미국 일변도는 안 된다"고 단언하며 중·일 국교 회복을 희망했으나, 병으로 2개월 만에 퇴진해야 했다. 그 후 기시 노부스케(岸信介)가 3대 자민당 총재가 돼 정권을 이어받았으나, 기시 정권의 탄생은 전후 정치의 커다란 전환점이 됐다.

전후 일본 정계에서는 과거 전쟁에 반대한 자유주의자들이 미국으로부터의 자립을 주장했다. 반대로 정·관계에서 전쟁을 추진했던 사람들은 적극적인 친미 반공파(反共派)가 돼 있었다. 당시 미국은 반공 의지가 너무 강했으며 일본 역시 갑작스레 친미파를 전폭 지원하게 된 원인이 여기에 있다. 이는 전후 일본 민주주의에 큰 오점을 남겼다.

이시바시와 기시가 경합했던 1956년 자민당 총재 선거에서 이시바시가 7표 차로 기시를 눌렀다. 그러나 미국이 기시에게 물심양면의 지원을 아끼지 않았던 사실은 공개된 미국 CIA 문서에 명확히 기재되어 있다.

기시 내각의 안보조약 개정에 미국 측의 주도권이 강하게 작용했다고 할 수 있다. 당시 일본 내각에는 미군기지 문제 등을 둘러싸고 반미 내셔널리즘이 한창이었다. 미국은 커지는 일본의 반미 내셔널리즘과 일본 중립화에 대해 강한 불안을 느끼고 있었다.

안보조약 개정으로 기시 총리가 '마치 만주국 같다'고 지적한 내란조항(일본의 내란에 관해 미군이 진압할 수 있도록 하는 구 안보조약 제1조 규정) 등은 없어졌지만 미군이 일본 국내의 기지를 자유로이 사용할 수 있는 협정의 본질은 오히려 강화된 면도 있었다. 이것은 하토야마, 이시바시 내각의 자주외교로의 전환을 의미하기도 했다.

기시 총리를 비롯한 당시 지도자들은 이것을 자립을 위한 지름길이 아닌, 우회로라고 인식하고 있었다. 먼저 경제적 측면에서 국력을 회복하고, 그 후에 정치적·군사적 대국으로 나아간다는 암묵적 합의에 기초를 둔 국가 전략이었다고 말해도 좋을 것이다. 가능하다면 핵무기를 보유하고 싶지만, 지금은 때가 아니기 때문에 우선 평화를 도모하기 위한 경제적 구실로 원자력 개발을 촉진하는 것도 이 시기에 본격화됐다.

기시 총리는 패권국가인 미국과의 협력을 강화하고 그 힘을 빌려 일본의 영향력을 증대시키려는 방침이었다. 그것은 이후 자민당 정권에서 계속 이어졌다. 그러나 초창기의 자민당 수뇌부들과 핵심 간부들은 정도의 차이는 있었으나 미국에 대한 자립 의지는 가지고 있었다. 만주국 발언 이후 기시의 동지였던 시이나 에쓰사부로(椎名悦三郎)는 사토 내각의 외무장관 시절, 안보조약에 관한 야당의 질문에 "미군은 마치 일본 망을 보는 개 같다"고 거리낌 없는 답변을 했다. 지금처럼 미·일동맹을 신성시하는 시대에 이런 말을 한다면 역적 취급을 받았을 것이다.

패권국가인 미국과 협력을 강화하고 그 힘으로 일본의 영향력을 증대시키려는 방안은 한편으로는 미국의 일본에 대한 신뢰를 높이려는 노력이었다. 즉 미국과 외교·군사 방침을 철저히 일체화해야 하는 것을 의미한다. 한편으로 미국과의 대외 방침 일체화는 미국 이외 나라들과의 관계에서 일본의 자유로운 활동은 억압받고, 일본의 외교 능력이 눈에 띄게 감소되는 것을 뜻하기도 한다. 이것은 미·일 안보 체제가 원래부터 가지고 있던 심각한 모순이었다.

당시 자민당 수뇌부들은 대미 협력을 어디까지나 일본이 자립하기 위한 수단으로 인식하고 있었다. 그러나 양국 간 힘의 차이가 클 경우 의식적으로 공식적인 자리에서 큰소리로 끊임없이 강조하지 않는 이상, 한쪽에서는 순수한 협력 관계라고 인식하더라도 상대는 힘이 큰 나라에 종속돼 있다고 받아들이기 마련이다. 다른 나라에서도 미·일 관계는 이미 종속 관계로 여겨지고 있다. 미국 민주당 정권의 핵심 브레인이었던 브레진스키(Zbigniew Kazimierz Brzezinski)는 자신의 저서에서 일본을 '보호국'이라고 잘라 말했다.

시간이 흐르면서 대미 협력은 자발적 종속이라 할 만큼 두 나라의 관계는 급속도로 바뀌어 갔다. 냉전시대에는 자립을 위한 하나의 수단이었던 미·일 안보가 냉전 종언 후에는 수단과 목적이 바뀌면서 동맹 유지 자체가 목적이 되었다. 이것은 오늘날 미·일동맹의 신격화라는 폐해를 초래하게 됐다.

냉전 후
일본 정치

냉전 종언은 일본에 새로운 외교 지평을 여는 기회가 됐다. 나는 미국과 소련의 대립 속에서 기능을 잃어버린 UN이 본래의 집단 안전보장 기능을 회복하고 새로운 세계질서 수립을 주도해 나갈 것을 기대했다. 그러나 현실은 UN 안전보장의 집단 기능 회복이 아닌, 미국 단독 행동주의[8] 시대가 돼버렸다. 그 결과 일본의 외교 자유는 완전히 상실됐으며 미국의 국제질서 유지 활동(즉 미국의 전쟁)에 어느 정도 협력하는지가 냉전 후 일본 정치의 핵심 쟁점이 됐다.

냉전이 종료됐을 즈음 일본의 경제력은 절정에 이르렀고, 세계 제2의 경제대국인 일본이 냉전 후의 세계에 어떻게 대처해 가는지 전 세계가 주목했다. 그런 상황에서 일본은 UN의 평화 유지 활동에 적극적으로 협력할 체제를 갖출 필요가 있었으며 나도 적극적으로 찬성했다. 미국과 이란의 걸프 전쟁을 계기로 일본 내에서도 UN 평화 유지 활동에 자위대의 참가를 두고 논쟁이 벌어졌으며, 1992년 미야자와(宮沢) 내각에서 PKO(평화 유지 활동) 협력법이 성립됐다.

나는 1년 후 자민당을 탈당하고 다케무라 마사요시(武村正義) 등과 함께 '신당(新黨) 사키가케'를 결성했다. 자민당 내에서 열정적으로 추

---

8 타국과의 협조보다 자국의 주장에 근거해 행동하는 것을 중시하는 나라 본연의 자세. 국익을 위해서 타국과 싸우는 일도 불사할 수 있다는 주의.

진해 왔던 정치 개혁에 대한 논의가 미야자와 내각 하에서 좌절된 것이 발단이었다. 이틀 후에 오자와 이치로(小沢一郎) 등도 탈당하고 '신생당(新生黨)'을 결성했다. 자민당은 크게 분열돼 정권을 잃고 비자민(非自民) 연립내각인 호소카와(細川) 내각이 탄생했다.

두 개의 보수 신당은 소선거구제 도입을 주축으로 하는 정치 개혁에는 일치했으나 장기적인 국가 형태를 둘러싸고 상당한 이견을 보였다. 신생당을 주도한 오자와 이치로는 『일본 개조 계획』이라는 책을 출간했는데 냉전 종언 후의 일본 정치·경제 개혁 방침을 명확히 했다. 그는 외교적으로는 '보통국가(普通の国)'를 지향하고 경제적으로는 신자유주의 색채가 강한 규제 개혁을 주장했다. 신생당과 뒤따라 탄생된 신진당(新進黨), 자유당은 이 방향성을 당의 기본 방침으로 정했다.

이에 대해 신당 사키가케는 '정치적·군사적 대국주의를 지향하지 않는다' '지속 가능한 환경 보전형 산업 사회를 지향한다'를 기본 지침으로 됐다. 『작지만 반짝반짝 빛나는 나라(小さくともきらりと光る国)』(다케무라 씨의 저서명)를 일본이 가야 할 길이라고 소개했다. 요컨대 양당의 차이는 글로벌리즘에 얼마나 더 가까운지에 관한 것이라고 본다. 신생당, 신진당, 자유당은 대일본주의적이고, 신당 사키가케는 탈대일본주의적 사상에 가깝다.

글로벌리즘이란 무엇인가? 글로벌리제이션, 즉 정보통신 수단의 발달로 경제 활동이 글로벌화되고 국가의 장벽이 현저히 낮아지며 또한 '사람' '물건' '돈' '정보'의 이동이 용이해지는 것이 이제는 '현실'이다.

글로벌리즘에서는 이 상황들이 매우 바람직하다고 볼 뿐만 아니라, 미국식 시장원리주의인 약육강식의 자본주의를 진보적이며 보편적인 것으로 평가하여 전통적인 국민경제의 관행을 시대에 뒤떨어진 것으로 간주한다. 또한 함께 바뀌어 가지 않으면 안 된다는 일종의 유사 이데올로기가 되고 있다.

미국은 세계적으로 글로벌리즘을 국가 정책으로 강행했는데 이는 냉전기 이후의 독특한 시대 현상이었다.

'일본의 글로벌리즘'에 대해 개인적으로 정의를 내린다면, 냉전 후 유일한 강대국이 된 미국과 군사적·경제적으로 일체화를 진행해 가는 한편, 이에 방해되는 일본 내의 모든 제약을 없애는 것이 역사적 필연이라고 생각하는 일종의 이데올로기라고 생각한다. 또한 일본에서의 글로벌리제이션은 아메리카나이제이션(americanization, 미국화)과 같은 의미로 통용된다. 한마디로 말하자면 냉전 종언 후 일본의 정·관계에서 큰 주류가 된 것은 '친미 보수'다.

'보통국가'는 친미 보수 세력의 슬로건이 됐다. 이것은 오자와의 뜻과는 맞지 않았다. 그러나 '보통국가'는 '미국과의 경제적·군사적 일체화를 추진하는 것으로 정치대국을 목표로 하는 노선'이라는 점에서 인식을 같이했다.

안보조약의
변질

　　　　　　　　　　　　　친미 안보 노선이 주류가 된 것은
조금 나중의 일로, 비자민 연립의 호소카와 내각, 지사샤 연립(自さ社連
立)[9]의 마쓰야마(松山) 내각, 제1차 하시모토(橋本) 내각 정권에서는 지
금과 같이 미·일동맹을 신성시하는 분위기는 아니었다. 호소카와 내각
에서는 총리의 사적 자문기관으로 '방위문제간담회'를 설치하고 냉전
종언 이후 일본의 안전보장 문제에 관한 재검토를 실시했다. 나는 그
당시 호소카와 내각의 관방장관이었으므로 이 간담회에 자주 참석했
었다.

　당시 마쓰야마 내각 시절 좌장이었던 히구치 히로타로(樋口廣太郞)
아사히맥주 회장이 만든 '히구치 리포트'라는 이름의 보고서가 제출
됐다. 이 보고서에는 '다각적 협조 안전보장 체제의 실현이 목표이며,
미·일 안보는 그 보완책이다'라는 다소 조심스러운 표현이 들어 있었
다. 그러나 이것은 재팬 핸들러(Japan Handler)[10]들이 일본이 미국과 분
리되는 것을 몹시 경계한 불안감에서 나온 것으로, 사실상 흐지부지 사

9　지사샤 연립(自さ社連立) 정권. 1994년부터 1998년까지 자유민주당, 일본사회당, 신당 사키가케로 이루어진
　　연립정권.

10　일본 정책에 관해 깊은 이해와 관심을 가지고 일본에 대해 영향을 끼치는 미국 내 전문가 그룹. 일본 정책을
　　조언하고 주무른다는 의미로 '재팬 핸들러'라고 부른다. 일본 정책과 정치에 매우 폭넓고 구체적인 정보를
　　가지고 있다. 일부는 일본과 한반도 정책을 동시에 다루고 있으며, 이들의 인식은 한반도 정책에도 큰 영향
　　을 끼친다.

라져 버렸다.

그러나 새롭게 재팬 핸들러와 외무성 친미파들의 주도하에 '미·일 안보 재정의(再定議)'를 위한 분위기가 조성됐다. 제2차 하시모토 내각 때 미·일 방위에 관한 가이드라인이 개정됐으며, 안보조약의 적용 범위는 조금씩 확대돼 갔다. 이 흐름을 가속화한 배경에는 다분히 과장된 중국의 군사 확장과 북한의 핵개발 위협이라는 문제가 있었다. 당시의 미·일 안보 재정의는 사실상 미·일 안보 조건의 개정이었다. 본래 국회 비준을 필요로 할 정도의 내용 변경이 필요한 사항이었으나 관료 주도의 해석 개정으로 끝나버렸다.

미·일 안보조약은 소련을 가상의 적으로 하는 동맹조약이었다. 그러나 가상의 적이 소멸된 이상 그 존재 의미는 희박해졌다. 이 기회에 과감하게 미군의 기지 축소나 미·일 행정협정 개정을 실현했어야 했다. 같은 패전국인 독일은 이 길을 선택했다. 일본은 현상 유지의 길, 즉 가상의 적을 두지 않는 동맹을 맺는 정도로 오로지 미·일 안보를 유지하는 것에 초점을 두고 합의한 것이다.

가상의 적이 존재하지 않는다는 말은 주도권을 잡고 있는 미국이 어느 한 나라를 적으로 정할 때마다 일본은 미국을 따라 자동적으로 그 나라를 적으로 간주해 함께 싸워야 하는 상황을 의미한다. 그러나 주도권을 가진 나라의 판단이 항상 바른 것은 아니다. 어느 국가를 적으로 할 것인가를 스스로 결정할 수 없는 나라는 독립국가가 아닌 종속국가, 보호국이 된다.

친미 보수 노선의 종착점, 자립 상실

실제로 역사를 살펴보면 미·일동맹의 적이 된 나라는 중동의 반미 이슬람 세력이었다. 이슬람 국가들은 역사적으로 서양의 기독교 나라들과 끊임없이 전쟁을 해왔다. 하지만 일본은 종교적으로 중립적인 입장이므로 많은 이슬람 국가와 우호 관계를 이어오고 있었다. 그러나 미국이 중동에서 반미 이슬람 세력들과의 전쟁에 빠져 있었을 때, 일본 역시 미국의 전쟁에 적극적으로 협력하고 있었다. 미국과 일본의 군사적 일체화는 더 강해졌다. 그에 따라 일본의 정·관계에서는 친미 보수 노선이 주요 사안이 됐으며, 더 강력한 미·일 안보조약의 해석 확대를 가져왔다. 이라크 전쟁 때에는 유지연합(有志連合)[11]에 가입해 특별자치법까지 제정해 가며 자위대를 해외로 파견했다.

이 분위기는 제2차 아베 내각 내에서 집단적 자위권 행사 용인의 해석 개헌에까지 이르렀다. 일본이 집단적 자위권이라는 명목하에 자위대를 해외에 파견해 무력을 행사하게 되면, 군사적 의미로는 일본이 특수한 나라에서 보통의 나라가 되는 것으로 보일 수 있다.

그러나 실제로 이 군사력 행사는 미국의 상황을 따라가는 것에 지나지 않으며, 미국이 명령을 내리고 미국이 허용하는 범위 안에 국한될

---

11 이라크 전쟁 과정에서 미국의 부시 정권이 내세운 안전보장 전략의 중심 개념. '뜻이 맞는 국가들의 연합'이라는 뜻으로 '유지동맹(有志同盟)'이라고도 한다.

뿐이다. 일단 헌법상 집단적 자위권 행사가 가능해지면, 주도권을 가진 나라의 무력행사 요청은 절대 거부할 수 없게 된다. 따라서 이것은 자립이 아닌 종속성을 강화시키는 결과를 초래할 수밖에 없다. 요컨대 친미 보수 노선의 종착점은 일본의 국가로서 자립 상실이라 할 수 있다.

「연차 개혁 요망서」와 「아미티지-나이 보고서」

앞에서 서술했듯이 일본에서 글로벌리즘이란 신자유주의적 경제 정책을 추진함과 동시에 전후 일본이 자체적으로 완수해 온 군사 활동에 관한 헌법상 제약을 없애고 미국의 국제질서 유지 활동(군사 행동)에 적극적으로 협력하는 입장을 의미한다. 보다 구체적으로 말하면 경제 부분에서는 「연차 개혁 요망서」, 외교·방위 부분에서는 「아미티지-나이 보고서」에 기록된 미국의 요구에 맞춰 국내 법률제도를 바꾸는 것이다.

냉전 종언 후 아버지 부시 정권과 클린턴 정권 초반의 미국에서는 소련을 대신하여 미국을 위협하는 나라로 일본을 지목했다. 일본의 막강한 경제력에 대한 불안감이 미국 내에서 퍼져가고 있었다. 미·일 무역의 불평등 배경에는 일본의 경제·사회 구조에 원인이 있으며, 이것이 비관세 장벽이 되어 미국 산업이 일본에 진출하는 것을 방해하고 있다고 봤다. 그러므로 일본의 경제 구조를 바꿔야 한다는 생각에서 미·일 구조협의(構造協議)가 제안됐으며, 그 결과 미국은 매년 일본이 개혁해야 할 구체적인 내용을 정하고 요청하는 문서를 일본 측에 전달했다. 이것이 「연차 개혁 요망서」다. 우정민영화(郵政民營化)[12], 대점포법(大店鋪法) 개정, 건축기준법 개정, 노동자 파견법 개정 등 각 분야에 걸친 사항이 연차 개혁 요망서에 적혀 있었다.

지금은 중국이 대미 무역 마찰의 주역이지만 만약 중국에 이런 제안을 요구했다면 내정 간섭으로 일축되었을 것이다. 이것은 하토야마 내각에서 중지하기까지 15년 동안 계속됐다. 내가 퇴진하고 난 후부터 다른 형태로 부활된 것이다.

「아미티지-나이 보고서」는 재팬 핸들러로 알려진 리처드 아미티지(Richard Armitage, 부시 정권 국무차관보)와 조지프 나이(Joseph S. Nye Jr, 클린턴 정권 국방차관보)가 일본의 친미 보수파와 연대해 세 번(2000년, 2007년, 2012년)에 걸쳐 만든 것으로, 군사적 의미에서 대미 협력 체제의 확립을 일관적으로 요구하고 있다. 내용으로는 '집단적 자위권의 금지는 미·일동맹에 장애가 된다' '집단적 자위권 행사 해제가 UN 상임이사국 가입의 전제조건임'을 밝혔다.

또한 제3차 보고서에서는 '일본은 일류 국가로 계속 나아갈 것인가, 아니면 이류 국가로 전락해도 상관없는가'라고 압박을 가했다. 또한 일

---

12 우정민영화 정책은 일본의 우편 사업, 간이 생명보험 사업, 우편 저금 사업의 우정 3사업을 민영화하는 정책을 말한다.

본이 일류 국가가 되기 위해서는 원자력 발전소 재가동, TPP 가입, 방위기밀보호법 제정, 이란 전쟁과 같이 위급 상황에서 일본의 소해정(掃海艇)[13] 파견, PKO 무기 사용 제한 재검토 등의 자세한 요청이 담겨 있다.

'보통국가' 노선에 있는 친미 보수파 입장에서는 미국의 이 조건을 따르고, 국내 제도의 변경을 단행하는 것이 일본이 정치대국이 되기 위한 길이라고 말한다. 아베 정권은 이에 충실히 잘 따라가고 있는 것 같다.

교묘한 '노렌와케 전략'

'보통국가' 노선에서는 패권국가인 미국에 대한 협력 체제를 강화함으로써 국제사회에서 일본의 지위와 영향력을 높이고 경제대국에서 정치대국으로 비약할 것, 그리고 미국을 든든한 배경으로 삼아 UN 안전보장이사회 상임이사국이 되자는 합의가 있었다. 재팬 핸들러들은 이런 일본인의 정치대국 지향을 부추기며 일본을 친미 보수로 전환시키는 전략을 세웠다. 그 결과 친미 보수파들이 냉전 후 일본 정·관계의 주류가 됐다.

보통 상대국과 힘의 차이가 극명할 때 두 나라의 협력 관계는 심각한

13　수중에 부설된 지뢰를 발견하고 제거·파괴하여 함선이 안전하게 항행할 수 있도록 하는 해군 군함.

지배와 종속의 관계에 빠져버린다. 친미 보수 노선에 관해 우치다 다쓰루(內田樹)는 '종속 관계를 통해 자립을 꿈꾸는 교묘한 국가 전략'이라고 평했다. 한 가게에서 오랫동안 주인을 섬기고 일을 한 고용인이 언젠가는 주인으로부터 체인점 형식으로 자신의 가게를 물려받을 것을 희망하는 '노렌와케 전략'과 같은 것으로 보고 비꼬아 말한 것이다.

냉전 종전 즈음에는 미국이 유일한 초강대국이었고, 일본은 세계 제2의 경제대국이자 아시아 일인자였던 국제 환경이 영원히 계속 이어질 수는 없었다. 미국의 패권은 서서히 약해지고 세계는 점점 다국화로 변해가고 있으며 신흥국들의 경제 성장이 눈에 띄게 이뤄지고 있다. 이로 인해 일본 경제의 상대적 지위는 저하되고, 대미 종속 관계를 이용해 경제대국에서 정치대국으로 변모하고자 하는 일본의 노선은 좀처럼 실현되기 어렵게 되었다. 이 노선이 모순이라는 것은 누가 봐도 확실했으며 점점 더 신뢰를 잃어갔다.

2005년 UN 총회에서 외무성은 일본·독일·브라질·인도를 UN 상임이사국으로 격상시키는 결의안을 통과시키고자 필사적으로 노력했다. 그러나 고이즈미(小泉) 총리의 야스쿠니(靖国) 신사 참배로 인해 중국과의 대립이 격화되고, 결국 이 안은 대실패로 끝나버렸다. 이 결의안의 공동 제안국이 된 나라는 불과 3개국(부탄·몰디브·아프가니스탄)뿐이었다. 믿었던 미국 역시 사태를 지켜볼 뿐이었다. 몰락한 점포에서 고용인에게 분점을 내줄 여유는 없다. 이 당시 미·일동맹 강화를 통해 정치대국이 되고자 희망을 품었던 친미 보수 노선은 크게 좌절했으며 국민들도 깊이 깨달았다.

　미·일동맹 강화가 자동적으로 주변 나라들과의 관계 개선을 가져오지 않았으며 일본의 국제적 영향력 확대로 이어지지도 않았다. 중국·한국과 동아시아 여러 나라와의 안정된 관계 구축 없이 일본의 자립은 매우 어렵다. 이즈음에서 나는 동아시아 공동체 구상을 말하고자 한다.

하토야마 내각의
차질

　　　　　　2009년 여름, 총선거에서 민주당의 압승으로 정권 교체가 이뤄졌다. 장기간 집권했던 자민당 정권은 정관(政官) 부패를 낳았고 관료의 낙하산과 이권 등 유착 구조에 관계된 사람들은 행복을 누렸다. 그러나 '사라진 연금' 사건으로 대표되는 갖가지 정치적 부정으로 수많은 사람은 불공정한 인생을 살게 됐다는 불만이 치솟았다. 이는 정치 불신으로 이어져 결국 정권 교체가 이뤄지는 원동력이 됐다.

　제2차 하시모토 내각 이후 역대 민자당 정권이 추진했던 일본판 글로벌리즘 노선의 한계가 민주당 승리의 원인이라고 할 수 있다. 리먼 쇼크 이후의 세계 불황 속에서 일본 사회의 계층화와 빈부격차 확대, 지방의 붕괴를 많은 사람이 몸소 느꼈으며 또한 아시아 외교도 많은 문제에 직면했다. 내가 서론에 인용한 글로벌리즘을 비판한 논문은 당시의 정치 환경을 배경으로 쓴 것이다.

본인뿐만 아니라, 민주당에 합류해서 대표가 된 오자와 이치로(小沢一郎)도 '국민의 생활이 제일 우선'이라는 분배 중시 방향으로 입장을 변경하기에 이르렀다. 신자유주의의 대표 언론 논객이었던 나카타니 이와오(中谷巖) 역시 "고이즈미 개혁이 성공한 사람들과 그렇지 않은 사람들 간의 양극화와 지방 경제의 피폐를 초래했다"며 신자유주의를 강하게 비판했다.

총선거 때 민주당이 앞세운 정권 공약(매니페스토)에는 '자립외교로 세계에 공헌한다' '긴밀하고 대등한 미·일 관계를 구축한다' '동아시아 공동체 구축을 지향하고 아시아 외교를 강화한다'고 밝히고 있다. 또한 구체적으로 '미·일 지위협정의 개정 제기' '일본 내 미군기지에 관해서도 재검토하는 방향으로 임한다'와 같은 사항도 있었다.

또한 우정민영화의 재검토와 제조업 분야의 파견 노동 금지, 특히 '자유무역협정의 교섭에서는 안전과 환경을 배려해 국내 농업과 농촌 진흥을 저해하는 일이 있어서는 안 된다'고 공약했다. 결과적으로 오자와와 내가 대표로 주도했던 당시의 민주당은 글로벌리즘을 표방한 내외 정책을 개정하고자 노력했다.

나는 총리로서 정권 공약을 따랐으며 이 공약들을 진행해 나갔다. 자위대가 인도양에서 유지연합 국가들에 급유를 지원하는 것을 중지했으며, 연차 개혁 요망서도 중단시켰다. 우정민영화의 재검토와 파견 노동 문제도 일단 결말을 지었다. 그러나 더 이상 앞으로 나아갈 수는 없었다. 지위협정의 개정과 오키나와현 밖으로 후텐마(普天間)[14] 항공기 지를 옮기는 것도 실현시킬 수 없었다. 나의 역부족이었으며 참으로 부끄럽기 짝이 없다.

친미 보수파의 정권 퇴진 운동

하토야마 내각에서 정권 공약을 지키지 못한 원인은 정권 성립 직후 관료 기구에 대한 정치 주도 체제를 확립시키지 못했기 때문이라고 생각한다. 나는 예전부터 정권이 바뀌면 정부 각 성(省) 국장 이상의 관료들에게 일단 사표를 받아내고, 정권에 대한 협력 의사를 확인한 후 다시 임명할 것을 주장해 왔다. 그러나 관료 기구 측에서 헌법에 위배된다는 의견이 나오면서 물러서게 됐다. 그리고 공약대로 사무차관 회의는 폐지됐으나 종합적인 조정과 중요 정책의 구상, 추진을 담당하는 '국가전략국'의 법제화는 실현시킬 수 없었다. 새로운 조직이 예산과 외교 방침의 결정 권한을 갖는 것에 대해 관료 측의 반발이 심했고, 관료들의 의견에 동의하는 내각 내 소수 입장도 무시할 수 없었다.

내각 인사(人事) 면에서나 기구(機構) 면에서 정치 주도적 체제를 확

---

14   일본 오키나와현 기노완(宜野湾)시에 위치한 미국 해병 항공기지. 제2차 세계대전 후 미군에 의해 신설됨.

립하지 못한 것은 총리로서 나의 책임이며 깊이 반성하고 있다. 당시 나와 오자와 간사장은 정치 자금을 둘러싸고 검찰로부터 집요한 공세를 받았다. 그리고 내각이 성립되던 초기에 이미 관(官)과 피 터지게 싸웠을 만큼 정권 체력이 바닥나 있었던 것도 사실이다. 나 자신의 정치 자금 문제는 부덕의 소치라고 말할 수 있다. 하지만 오자와의 경우는 엄청나게 큰 수사를 받고 여론에 휘말려 약 3년간 소란을 피웠지만 결국 아무런 단서도 나오지 않았다. 이에 대해 검찰의 정치적 의도가 없었다고 단언할 수는 없다.

후텐마 항공기지 문제에서 통감한 것은 일본에서는 관료들의 충성 대상이 민주적 절차로 탄생한 정당 내각의 총리가 아니라는 사실이다. 정치학자 시라이 사토시(白井聰)가 말했듯이, 미·일동맹 체제는 이제 새로운 '국가 체제'로 변화하고 있으며 이 체제를 거스르게 되면 총리라 할지라도 용서받지 못한다는 인식이 지배적이었다.

과거 쇼와(昭和) 천황 역시 국가 체제 수호를 주창하는 군부들의 행동에 매우 힘들었을 것이다. 그들은 국가 체제가 국익을 위함이라고 말하지만, 결국 국가가 아닌 군부 조직의 이익에 지나지 않는다는 것은 일본이 패전국이 되는 과정을 보더라도 쉽게 알 수 있다. 오늘날 일본에서도 조직의 이익을 국익이라고 말하는 세력이 여기저기 날뛰고 다니고 있다. 그리고 미·일동맹이라는 새로운 국가 체제를 수호하려는 관료들이 출세하는 상황이 계속 전개되고 있다.

냉전 후 군사·경제적으로 미국과 일본의 관계가 매우 긴밀해지는 분위기 속에서 미·일 관료 기구도 하나로 묶으려는 움직임이 진행되고 있다. 그런데 일본 정당 내각의 의향보다도 미국, 특히 재팬 핸들러들의 의향을 먼저 헤아리고 행동하는 습성이 나타나기 시작했다. 이후에 위키리크스[15]가 폭로했듯이, 일본의 외무 관료들은 정권에 비협조적일 뿐만 아니라 적극적으로 정권 퇴진 운동을 펼쳐나갔다. 미군기지 문제나 미국과의 행정협정 개정에 관한 사항을 꺼내 들었다가 미국의 분노를 사게 될까 봐 그들은 항상 두려워했다. 성가시고 곤란한 '재교섭'을 단행하느니 일본 내각을 없애버리는 편이 차라리 쉬울 거라고 생각했다.

도무지 독립국가라고는 생각할 수 없는 관료들의 미국에 대한 자기규제(自己規制)와 항상 미국에 압도당하는 저자세의 습성이 이때 시작된 것은 아니다. 미·일 정상회담 당시, 외무성에서는 하시모토 총리가 후텐마 반환을 입 밖에 꺼내는 것조차 반대했었다. 자민당 내각도 그런 분위기였는데 그들이 민주당 내각의 방침에 반발한 것도 이상한 일은 아니다.

동아시아 공동체 구상에 관해서는 재팬 핸들러에게 강한 비판을 받았다. 이전의 '히구치 리포트'에서와 마찬가지로 미·일동맹을 절대시하지 않거나 일본 내에서 미국의 기득권을 침해하는 내용에 대해서 그들은 본능적으로 거절의 반응을 보였다. 일본의 외무 관료들은 이런 일

---

15 내부 고발 전문 인터넷 언론매체(Wikileaks.org).

들로 재팬 핸들러들이 화를 내는 것을 두려워했으며 사소한 상황의 변경에 대해서도 "미·일동맹이 흔들린다"며 반대했다.

실제로 재팬 핸들러들이 미국을 대표하는 것은 아니며, 미국 정부의 대표도 아니다. 외무 관료들 역시 이를 잘 알고 있었으나, 단지 자신의 이득을 위해 강자의 힘을 빌려 아첨하고, 마치 그들의 발언이 미국의 소리를 대변한다는 듯 국민들에게 전달한다. 일본 총리가 미·일 지위협정의 개정을 지시해도, 미국의 반대를 눈치 보면서 '직접 운영해보고 개선해도 늦지 않다'며 좀처럼 움직이지 않는다. 그들이 충성하는 대상은 일본의 총리가 아닌, 절대적으로 믿고 있는 미·일동맹이라는 국가 체제였다. 친미 보수파들은 동아시아 공동체 구상이 일본의 국가 체제를 훼손할 수 있다며 하토야마 내각과 함께 묻어버리려고 한다. 이는 그들의 진심이며 또한 TPP가 부상하게 된 배경이기도 했다.

미·일 합동위원회의
폐해

'미·일 합동위원회'는 주로 미국의 군사적 요구에 대해 논의하는 조직이다. 그러나 이로 인해 일본이 미군에 대해 스스로 규제를 만들어 통제하고, 미군에 주도권을 빼앗기는 구조가 양성되었다는 것을 뒤늦게 깨달았다.

'미·일 합동위원회'는 미·일 행정협정(이후 지위협정)의 법적 근거를 토대로 거의 정기적으로 현재까지 이어져 오고 있다. 외무성 북미국장을 선두로 한 엘리트 관료가 일본 측 대표로, 일본 주둔 미군사령부 부사령관을 선두로 한 미국 측 대표가 비공개 비밀 협의를 진행하고 있다.

'미·일 합동위원회'에서의 결정이 사실상 헌법과 같은 효력을 가지며 일본의 주권은 침해받은 것이다. '요코하마 랍콘(레이더 관제)'을 예로 들 수 있는데, 일본 상공임에도 불구하고 일본 비행기가 자유로이 날 수 없는 미군 전용의 '거대한 하늘 벽'이 만들어진 것이다. 이는 '미·일 합동위원회' 합의로 이뤄진 것이다. 하네다 공항에서 날아오를 때 부자연스러운 비행을 경험했을 것이다.

일본 관료들의 미국 종속 지향을 중지시키고 일본 주권을 회복하기 위해서 적어도 '미·일 합동위원회'의 합의문서 등을 우선 공개해야 한다. 미래를 위해 '미·일 합동위원회'는 폐지해야 한다고 본다.

TPP 부상의
의미

하토야마 내각의 퇴진과 함께 친미 보수 노선이 실권을 잡았다. 나는 간 나오토(菅直人), 노다 요시히코(野田佳彦)가 저렇게 수월하게 '관(官)'과 타협해 나아갈 것이라고 생각지 못했다.

솔직히 말하면 약간 걱정됐다. 간 나오토는 하토야마 내각의 부총리

겸 재무장관 시절, 후텐마 비행장의 이동 설치 문제로 난관에 부닥쳤을 때, 총리 공관을 몇 번이나 찾아와 "어려움을 극복하기 위해 보다 큰 문제를 제기합시다. 소비세 증설을 꺼내보도록 하죠"라며 수차례 나를 설득했다. 나는 간 나오토에게 동아시아 공동체 구상을 비롯해 하토야마 내각의 기본 방침을 이어갈 것을 의뢰했고, 간 나오토 역시 "계속 이어갈 것"이라고 명확히 했기 때문에 정권을 이어받은 것이다.

그는 총리로 취임하자 재무성의 말대로 참의원 선거에서 소비세 증세를 꺼내들었다. 그러나 이 일을 원인으로 결국 참의원 선거에서 참패했고, 이번에는 돌연 외무성의 뜻에 따라 TPP를 꺼내들었다. 간 내각이 아닌 '관'에 빠져버린 것이다. 소비세와 TPP도 정권 공약에 어긋나는 주제이며, 이것으로 민주당은 혼란에 빠져 분열되기 시작했다.

TPP의 갑작스러운 부상(浮上)은 일본판 글로벌리즘의 부흥으로 이어졌다. TPP의 본질은 정치적으로는 급부상하는 중국에 대항하고, 경제적으로는 미국 중심의 다국적 기업의 이익 촉진에 있었다. 그러나 외무성과 친미 보수파는 이를 이용해 민주당 정권이 주장하는 동아시아 공동체 구상을 없애고 미·일동맹을 강화함과 동시에 중국 포위망을 강화하기 위한 구실로 삼았다.

간 총리는 이른바 표명(表明) 연설에서 '제3의 개국'이라든지 '국가를 열다' 등과 같이 마치 일본이 쇄국 상태에 있는 듯한 말로 TPP의 의의를 설명했다. 그러나 일본 시장은 이미 대폭적으로 개방돼 있다. 경제학자 우자와 히로부미(宇沢弘文)는 남아 있는 장벽의 대부분은 시장경제에 어울리지 않는 사회적 공통 자본의 분야, 의료제도와 사회보장제도, 농업, 환경, 안전성 등의 규제가 대다수라고 말한다. 일본인의 생활이나 안전을 지키고 있는 이 제도들은 미국 다국적 기업의 논리로 보면 비관세 장벽이 돼버린다.

노벨 경제학상을 수상한 조지프 스티글리츠(Joseph Stiglitz)는 도쿄 강연(2016년 3월 17일)에서 "자유무역협정이라면 3페이지로 끝나는 이야기를 TPP는 6000페이지에 걸쳐 다루고 있다. 아무도 제대로 읽을 수 없다. 오바마(Barack Obama)는 '21세기의 아시아 경제 규칙을 중국이 쓰게 하지는 않겠다. 미국이 쓴다'라고 말했는데, 실제로 미국의 다국적 기업 로비스트들이 쓰고 있을 뿐이다"라고 맹렬히 비판했다.

스티글리츠가 말했듯이 글로벌리즘이란 '미국의 다국적 기업들이 다른 나라에서도 자유롭게 활동할 수 있는 환경을 만들기 위해 국가적 차원으로 미국이 압력을 넣고 있는 것'이라는 본질을 가지고 있다. 글로벌리즘의 리더인 다국적 기업은 본능적으로 국민국가의 여러 가지 제약을 배제하고, 규제 없는 보편적 세계시장을 바라고 있다. 이로 인해 경제 외적 가치나 사회적 안정은 고려 대상이 아니게 된다.

이 논리대로라면 인건비나 법인세는 싸면 쌀수록 좋고, 환경이나 안전에 관한 규제도 걸림돌이 돼버린다. 저임금의 단순 외국인 노동력은 무제한으로 받아들이는 편이 좋으며, 국어 교육은 그만두고 영어를 공용어로 하는 게 더 간편하다. 한편 국민국가는 국경으로 구분될 뿐이며, 독자적인 역사와 관습에 입각해 국민의 건강과 안녕을 중시한다. 그것으로 국민국가는 다국적 기업과 행동 원리를 달리하게 되는 것이다.

미국 대통령 선거에서
유권자의 반란

　　　　　　　　　　冷戰 후 세계 여러 나라의 내부에서는 정도의 차이는 있지만 친(親)글로벌리즘 정치 세력과 비(非)글로벌리즘 정치 세력의 줄다리기가 팽팽했다. 미국은 압도적인 경제적·군사적 영향력을 바탕으로 글로벌리즘을 추진하는 정치 세력이 주류화를 이뤄갔다. 결국 다국적 기업의 논리가 우위에 서게 된 것이다. TPP에서는 마침내 다국적 기업이 국민국가를 소송할 수 있는 권리(ISD 조항)를 인정하기에 이르렀다. 이 조항이 악용되면 국민국가가 지켜 온 사회보장제도나 환경, 안전에 관한 제도가 없어져 버릴 위기에 처하게 될지도 모른다.

　　2016년 미국 대통령 선거에서 보인 유권자들의 반발은 세계를 석권했던 글로벌리즘 시대의 종언을 맞이했다는 것을 느끼게 했다. 미국에서 TPP 추진 세력은 대기업 제조회사, 곡물 메이저[16], 금융회사나 보험회사 등의 다국적 기업과 그 업계 단체들, 그리고 이들을 지지해 온 정치가들이었다. 이 다국적 기업과 단체들이 미국의 대다수 중소기업

16　전 세계에 설치한 곡물 생산지와 수요처 지점망을 통해 세계에 곡물을 수출입하는 다국적 기업.

과 노동자를 대표하는 것은 아니다. 예전에 갤브레이스(John Kenneth Galbraith)는 미국 노동자들의 존재를 '시장에 종속된 부류'라고 말했는데, 일본 정부와 매스컴도 때로는 미국의 이런 다양성을 간과하고 한쪽으로 치우치는 경향이 있다.

엠마뉴엘 토드는 "나는 트럼프의 승리에 놀라지 않았다. 미국인들은 자유무역에 의해 고용을 빼앗기고, 백인 유권자들의 마음엔 견디기 힘든 아픔이 생겼기 때문이다. (…) 자유무역은 잊어야 한다. 우리 앞에 놓인 것은 좋은 보호주의와 나쁜 보호주의에 대한 논의다. 트럼프의 승리는 글로벌화의 흐름을 만든 미국이 스스로 글로벌리즘에 더 이상 견딜 수 없게 된 것을 의미한다. 이것은 세계에서 큰 전환점이 될 것이다"고 말하고 있다.

2016년 미국 대통령 선거는 시장에 종속돼 있는 사람들과 글로벌리즘에 특별히 혜택을 보지 않은 사람들이 글로벌리즘으로 이익을 얻은 집단에 반발한 혁명이었다고 볼 수 있다. 달리 말하면 이것은 미국 민주주의의 가치가 제대로 발휘되었다는 증명이기도 하다. 물론 민중들의 분노로 인해 생겨난 혁명 정권의 대다수 시책은 사태를 개선했다기보다는 악화시켰을 가능성도 크다. 이는 역사의 선례에도 잘 나타나 있다.

지역 통합과
국민국가

　　　　　　　　　트럼프 대통령의 등장, 영국의 EU 이탈, 서양 국가 내부에서의 배외주의적 좌파 정당의 약진은 우리에게 국민국가의 존재 의의에 대해 다시 생각해 볼 기회를 제공했다.

　존 스튜어드 밀(John Stuart Mill)은 『대의제 통치론』에서 '국민국가'에 대해 '공감대가 서로 연결되고, 공통의 통치하에 있기를 원하는 사람들'이라고 말하고 있다. 이것은 인종·언어·종교·지리 등의 공통성을 요소로 하지만, 가장 강력한 요소로는 '정치적 연혁(沿革)의 동일성'으로, '공통된 역사를 가지며, 과거에 함께 경험한 같은 일에 관해 공통된 긍지와 굴욕, 기쁨과 회한을 가지는 것'을 들었다. 간단히 말하면 '공통'이란 자기가 태어나고 자란 국가의 역사나 전통 문화를 자신의 정체성으로 인식하고 자랑스러워하며, 다른 나라에 대해 자기주장을 말하고 싶은 느낌이다. 이런 느낌이 결국 내셔널리즘인데, 이것은 국민국가의 본능이기도 하다.

　국가의 자립에 대한 희망은 국민국가의 본능이며, 이것은 경제 활동이 아무리 글로벌화됐더라도 사라지지 않으며, 오히려 강화된다는 것이 냉전 종언 후 30년에 걸친 글로벌리즘 시대를 겪으면서 경험으로 확인된 것이다. 지역 통합은 국민국가의 전통과 조화로운 형태로 이뤄져야 한다. 이것은 우리가 지역 통합을 생각하는 데 있어서 커다란 교훈이다.

즉 지역 통합의 필요조건은 국민국가 각각의 존엄을 존중하는 우애 정신인 것이다. 이와 동시에 국민국가의 집합체로서 지역 통합에 의미를 가지게 하기 위해서는 지역 통합 구성원들이 공통된 어떤 사항에 관해 공감대가 형성돼 있어야 한다.

원래 동아시아에서 지역 통합의 시초는 글로벌리즘의 폐해로부터 국민국가를 보호하려는 ASEAN 국가들의 의지에서 시작됐다. 1997년 미국 헤지펀드가 태국 통화 바트(Baht)를 매물시장에 쏟아낸 것을 계기로 아시아 외환위기가 도래했다. 이때 미국 주도 하의 IMF와 세계은행들은 각국의 국민경제를 무시한 시장원리로 시종일관 대응했으며, 오히려 위기를 더 심각하게 만들었다. 그 결과 동아시아 각국에서는 금융 글로벌리즘으로부터 국민경제를 보호하기 위한 지역 협력기구의 필요성이 강하게 일어나게 되었다.

이 당시 일본은 아시아통화기금(AMF) 구상을 실현하려 했다. 그러나 이는 미국의 금융 패권에 대한 도전을 의미하는 것으로, 미국의 강한 반대에 부딪혔으며 결국 없던 일로 돼버렸다. 당시 일본은 IMF에서 "시장경제의 방식에도 각국의 역사와 문화, 혹은 경제 발전 단계를 반영하는 다양한 사항들이 있게 마련이다"며 당당히 발언했다. 일본의 경제적 국력이 절정기였던 당시 대장성[17]에서는 엔의 국제통화화, 즉 엔을 아시아의 기축통화로 만들려는 강한 바람이 있었다.

---

17 일본 메이지 유신부터 존재했던 중앙 행정기관으로 2001년의 중앙 성청 개편으로 사라졌다. 2001년 중앙 성청 개편 이후에는 재무성으로 권한이 넘어갔다.

일본의 AMF 설립 목적은 중국이 미국 금융 패권에 도전하여 아시아 인프라투자은행(AIIB)을 설립한 것과 흡사했다. 그러나 일본은 실패했고, 중국은 성공했다. 그 당시를 되돌아볼 때 교텐 도요(行天豊雄) 전 재무관은 "엔을 아시아의 기축통화로 만들고, AMF 설립을 추진했던 것, 이 두 사항은 전후 일본 경제사에 길이 남을 것이다"고 말했다. 지금은 사라졌지만 예전 일본의 관료 기구에는 일본 주도로 아시아 경제권을 확립하려는 용기가 있었다.

강대국은 원치 않는 다국간주의

아시아 외환위기가 도래했던 1997년부터 ASEAN 정상회의에 한·중·일 정상들이 초대돼 ASEAN+3의 동아시아 정상회의가 관례화됐다. 이 지역의 경제 성장이 지속됐고, 경제적 통합이 급속히 진행됐다. 이런 정세를 이어받아 2002년 1월 동아시아 정상회의에서 당시 고이즈미 총리도 동아시아 공동체 구상을 언급했으며, 다음 해 12월 ASEAN 정상회의에서 ASEAN 국가들은 동아시아 공동체 구상을 받아들여 동아시아 지역 통합을 진행하는 것에 합의했다. 고이즈미 총리는 2004년 9월 UN 총회에서 "ASEAN+3을 기초로 한 동아시아 공동체 설립을 원한다"고 연설했다.

그러나 그 후 진행은 지지부진했다. 특히 동아시아 공동체의 구성국을 어떻게 이룰 것인가를 결정하지 못했고, 거기에 미국과 중국의 의도가 얽혀 있어 답보 상태가 계속됐다. 중국은 ASEAN+3(한·중·일)을, 일본은 미국을 배려해 ASEAN+6(3+호주·뉴질랜드·인도)을 주장하며 대립했다. 한편 동아시아 경제 통합은 급속히 나아갔다. 2005년 동아시아 지역 내에서의 수출 비율은 50%를 넘어섰으며, 이는 EU나 NAFTA와 대등한 실적이었다. 경제 규모에서도 ASEAN+6은 EU를 뛰어넘는 상황에까지 이르렀다.

내가 동아시아 공동체 구상을 민주당 정권의 기본 방침으로 정했던 것은 미국과 중국의 예상대로 제자리걸음을 하고 있는 동아시아 지역 통합을 일본의 리더십을 바탕으로 추진해 보고자 하는 염원에서 나온 것이다.

하토야마 내각의 동아시아 공동체 구상에 대해 재팬 핸들러와 국내 친미 보수파들은 친중국 정책이라고 경계했으나, 실제로 중국은 이 정책을 그다지 환영하지 않았다. 당시 정상회담에서 후진타오(胡錦濤) 국가주석과 원자바오(溫家寶) 총리에게 나의 생각을 전했는데, 두 사람 모두 동아시아 공동체에 별다른 지지를 보이지 않았다. 미·중 양국 모두 일본이 동아시아에서 독자적 정치 주체로서 영향력을 발휘하는 것에 호의적이지 않았다. 강대국은 본능적으로 다국간주의(多國間主義)를 좋아하지 않는다.

두 개의 글로벌리즘에
맞서다

미국은 하토야마 내각의 동아시아 공동체 구상에 대해 미국이 배제되고, 중국이 주도적인 동아시아 지배 국가로 나서면서 미국은 도구로 전락하지 않을지, 또한 이로 인해 대미 관계에서 일본이 자립 의지를 더 확고하게 가지게 되는 건 아닐지 불안해했다. 미국의 대일 정책 담당자(재팬 핸들러)들은, 히구치 리포트나 AMF 설립 방해에서 볼 수 있듯이, 원칙적으로 일본의 자립 의지를 경계하고 있었다. 그렇기 때문에 그들은 하토야마 내각을 반미 정권으로 간주하고 노골적으로 방해했던 것이다.

그러나 실제로 나는 동아시아 공동체 구상에서 미국을 배제하지 않았다. 나는 ASEAN 10개국을 축으로 하되 구성국을 고정하지 않고, 융통성 있게 참가하고 싶은 나라는 참가할 수 있는 구조를 생각했다. 동아시아 안전보장은 미국을 제외하는 것을 생각도 하지 않았다. 아마도 재팬 핸들러들과 그들의 권력에 붙어 있는 사람들의 오해였을 것이다. 아니, 그들은 일부러 모르는 척하면서 일본이 미국과 논의도 없이 구상을 발표하다니 말도 안 되는 일이라며 나를 위협하고 몰아붙이고 싶었을 것이다.

원래 우애를 주창하는 사람들은 특정 국가를 싫어하지 않는다. 더구나 반미일 리는 더더욱 없다. 나는 대학 졸업 후 캘리포니아 스탠퍼드 대학에서 유학 생활을 했다. 미국 대학 생활을 즐기면서 점점 더 일본에 돌아가고 싶지 않았다. 전기(電氣)에 관련된 석사학위를 취득한 후 오퍼레이션즈 리서치(operations research) 학과로 옮겨 석사·박사까지 긴 싸움을 했다. 그리고 미식축구에 빠졌다. 건국 200년 축제에도 참석했다. 이렇게 즐거운 미국 생활을 경험한 내가 미국을 싫어할 리가 있겠는가. 내가 싫어하는 것은 정책을 결정함에 있어서 뭐든지 미국의 눈치를 살피는 일본의 정치 방식이었다.

한편 중국은 동아시아 공동체 구상에 인도나 호주 등이 가입하면 이는 곧 미국의 관여를 인정하게 되는 것이며, 중국의 행동을 규제하는 중국 포위망 형태로 변하게 되지 않을까 불안해했다. 중국은 아시아 문제에 관해서는 미국의 관여나 다국 간 교섭은 배제하고, 대국답게 중국이 이끄는 형태로 주변 중규모 국가들과의 양국 간 관계로 진행해 가겠다는 의지가 강했다.

결국 미국은 붕괴되는 팍스 아메리카나를 지켜내기 위해서, 중국은 대중화권(大中華圈, 팍스 차이나) 형성을 꿈꾸며 중규모 국가가 주체가되는 다국 간 정치적 완성의 틀을 경계하고 있던 것이다. 즉 동아시아 공동체의 본질은 미국 시장 원리인 글로벌리즘과 중국의 화이질서(華夷秩序)[18]를 기본으로 한 팍스 차이나 글로벌리즘 양쪽에 모두 맞서는 지역 질서에 관한 구상이라고 볼 수 있다.

바꿔 말하면 동아시아 공동체 구상은 두 개의 글로벌리즘으로부터 중

---

18 중국 입장에서 중국이 주도하는 국제 관계를 가리킴. 주변 국가들에 대한 전통적인 우월 의식, 곧 중화사상을 바탕으로 중국 중심의 국제질서를 구축하는 것.

규모 국가들의 국민국가적 전통을 지켜내기 위한 구상이라고 생각하면 된다. 일본의 사명은 이런 방향으로 동아시아 공동체 구상을 현실화하고 발전시켜 나가는 것이다.

오늘날 일본 경제는 상대적 존재감도 낮아지고 있으며, 이제 와서 동아시아 공동체가 중국에 포위망이 되지도 않을 것이다. 이런 상황 속에서 중국은 후진타오 체제에서 시진핑(習近平) 체제로 바뀌면서 동아시아 공동체 구상에 대한 자세를 크게 바꿨다.

시진핑 주석은 스스로 동아시아 공동체를 추진할 것이라고 여러 차례 이야기하고 있다. 그는 일대일로(一帶一路)[19] 구상을 발표하고, 인프라 건설을 통해 유라시아 대륙의 중규모 국가 경제를 발전시켜 유라시아 대륙 전체를 부전공동체(不戰共同體)로 만들 것이라고 발표했다. 대중화권보다 훨씬 넓은 유라시아를 중국 영향하에 두겠다는 발상인 만큼, 동아시아는 그 일부로 인식될 수도 있다.

그 의도가 어디에 있든 공동체를 형성하는 최대 목적은 두 번 다시 전쟁을 일으키지 않는 지역으로 정한다는 뜻이므로, 나는 시진핑 주석의 일대일로 구상을 지지한다. 그리고 동아시아 공동체 구상 추진에 있어서 그가 좋은 의미로 엔진 역할이 되어줄 것으로 기대하고 있다.

---

19 중국 주도의 '신실크로드 전략 구상'으로, 내륙과 해상의 실크로드 경제벨트를 지칭한다. 35년간 (2014~2049) 고대 동서양의 교통로인 현대판 실크로드를 다시 구축해, 중국과 주변 국가의 경제·무역 합작 확대의 길을 연다는 대규모 프로젝트다. 2013년 시진핑 주석의 제안으로 시작되었으며, 2017년 100여 개 국가 및 국제기구가 참여하고 있다. 내륙 3개, 해상 2개 등 총 5개 노선으로 추진되고 있다.

TPP 성장 전략의
환상

　　　　　　　　　미국은 하토야마 내각 퇴진 후 중국을 배제한 형태로 아시아 경제 질서 구축을 목표로 TPP 구상을 완료했다. 한편 중국과 일본, 한국과 일본의 정치 관계 악화, EU의 경제위기 등의 영향으로 동아시아 공동체 구상에 대한 일본 내에서의 관심은 급속도로 사라지고 있었다. 이것은 외무성으로서는 매우 바람직한 방향이었다.

　TPP는 중국이 경제적·군사적으로 급부상하는 것을 막기 위해 고안된 '미국에 의한, 미국을 위한 아시아·태평양의 신경제질서안(新經濟秩序案)'이다. 외무성은 일본의 경제적·사회적 이익의 유무에 관계없이 미·일동맹을 굳게 지킨다는 입장에서 당연히 받아들여져야 하며, 일본에는 거절할 힘도 필요 없다고 간주했다.

　그러나 그 표현은 너무 노골적이기 때문에 '나라를 조금 더 개방하면 일본 경제에 많은 도움이 될 수 있습니다'라든지 '자동차 같은 제조업 수출이 증가됩니다' '우유나 유제품 가격이 싸지면 소비자들이 좋아하겠죠'와 같은, 경제적으로 예민한 말들로 정치가나 국민을 설득하려 했다. 이런 그럴듯한 주장들에 매스컴이나 재계까지 말려들었다.

　중국에서는 TPP를 미국의 군사적 아시아 회귀 전략의 경제적 표현으로 해석했으며, 대비책으로 중국의 경제권 독립을 목표로 하는

RCEP(역내 포괄적 경제 동반자 협정)[20] 구상을 추진하고 AIIB를 설립하여 미국과 일본에 맞섰다. 중국의 경제적 영향력은 아시아뿐만 아니라 EU 에서도 무시할 수 없기 때문에, 중국을 소외시키거나 무시하면 경제 질 서가 무너져 버린다. 실제로 AIIB에는 가입하리라고 생각지도 않았던 G8 국가들이 미국을 제외하고 계속 참가 의사를 표명하고 있으며, 오 히려 일본과 미국이 소외되고 있는 상황이다. 더욱이 TPP는 트럼프 대 통령의 출현으로 아군이라고 여기고 있던 미국에 배신당하는 결과를 낳았다.

이 두 사항은 일본판 글로벌리즘 노선의 좌절, 친미 보수 경제 노선 의 좌절을 의미한다. 그러나 이것은 절대 비관할 일이 아니다.

원래 TPP가 일본에 대단한 경제 효과를 주는 것은 아니었다. 노다 내 각 당시, 내각부에서는 TPP가 GDP를 10년 동안 0.66% 높이는 경제 효과를 가져왔다고 발표했다. 1년에 0.06%에 지나지 않은 수치다. 더 비판적인 연구자들은 1%의 마이너스 성장과 190만 명의 고용 감소로 이어질 것이라는 예측도 했다. TPP가 성장 전략이라는 것은 환상일 뿐 이었다.

앞에서도 말했듯이 가장 심각한 문제는 일본에 대해 TPP에 ISD 조 건이 들어 있다는 점이다. 이 조건이 적용되면 만일 글로벌 기업의 제 품이 환경 규제 등으로 팔리지 않으면, 기업 측에서 국가를 상대로 소

---

20 ASEAN 10개국과 한·중·일 3개국, 호주·뉴질랜드·인도 등 총 16개국의 관세 장벽 철폐를 목표로 하는 일종의 자유무역협정(FTA)이다.

송할 수 있게 된다. 그리고 거액의 보상금 지불도 가능하게 된다. ISD의 조건은 헌법 이상의 힘을 가지고 있다. 또한 일본이 자랑하는 '누구라도' '언제라도' '어디에서나' 보장받을 수 있는 의료보험 시스템인 국민건강 보험제도가 의료 자유화에 의해 붕괴되며, 부자들만 의료 혜택을 받을 수 있는 '인간의 생명도 돈으로 결정'되는 시대가 된다. 오늘날까지 잘 참아내고 TPP의 문제점을 호소해 온 분들에게 감사를 드리고 싶다.

RCEP에 대한 기대

지금까지 아시아·태평양 지역의 경제 질서 구상으로 TPP와 RCEP 두 개가 대립해 왔다. 나는 동아시아 공동체 구상을 진전시키기 위한 경제협정으로 TPP보다 한·중·일 3개국의 FTA를 성립시키고 이후 ASEAN 10개국을 더 받아들여 13개국의 경제협정을 먼저 실현시켜야 한다고 주장하고 있다. RCEP는 그 연장선상에 있다고 할 수 있다.

미국이 TPP 교섭을 추진하기 시작하자 ASEAN은 참가국과 비참가국으로 나누어졌다. ASEAN은 지금까지 ASEAN 중심으로 진행되던 동아시아 경제 협력이 미국 주도의 경제 질서 성립으로 대체되는 것에 위기감을 느꼈다. 이에 따라 2011년 11월 ASEAN과 개별 FTA를 체결하고 있는 나라들(즉 ASEAN+6)에 RCEP 구상을 제안했던 것이다.

RCEP는 흔히 중국 중심의 경제 통합이라고 알려져 있지만, 실은 그렇지 않다. RCEP의 ASEAN+6 구조는 이전부터 일본이 강하게 주장해왔었다. 중국이 TPP에 반대해서 RCEP를 이용하려는 의도가 없었다고는 할 수 없지만, 한편으로 중국이 크게 양보한 것도 사실이다. 앞에서 말했듯이 ASEAN 국가들은 역사적으로 미국의 글로벌리즘에 반대했고, 각 국가의 실정을 이해하고 서로의 연결성을 중시해가며 시장 개방과 지역 통합을 이뤄왔다. 이른바 'ASEAN WAY'다.

TPP는 자유화 수준이 너무 높아서 중국과 많은 ASEAN 국가에 난관이 많았다. 또한 다국적 기업이 국민국가를 억누르며 국가들의 경제·사회를 지배할 위험도 있다. 국민경제의 실정을 배려하며 그에 맞춰가는 자유무역 연합을 지향하고 있다는 점에서 RCEP는 ASEAN WAY의 연장선상에 있다고 할 수 있다.

이런 이유에서 나는 예전부터 TPP보다 RCEP를 추진해야 한다고 생각해 왔다. 동아시아의 지역 통합이 글로벌 피로감에 빠져버리지 않기 위해서는 이렇게 국민국가와 국민경제를 배려한 자유무역협정이 바람직하다고 굳게 믿고 있다. 이것이 RCEP가 돼야 하는 이유다.

그리고 경제 효과 면에서도 TPP보다 RCEP가 훨씬 크다. 구성 국가를 보더라도 확실히 알 수 있다. 일본이 TPP 국가에 수출하는 총액 점유율은 30% 정도이며, RCEP에는 50% 가까이 된다. RCEP에는 세계의 성장 중심인 중국·인도·인도네시아 등이 포함돼 있는 만큼 성장 전략으로 처음부터 이쪽을 선택해야 할 것이다.

동아시아 공동체 구상의
재공식화

　　　　　　　RCEP를 통한 동아시아 경제 통합
은 원래 일본이 바라고 있던 바였으나, TPP가 더 우선되는 상황에서
일본의 영향력은 점점 작아졌다. 지금이야말로 동아시아 공동체 결성
을 주축으로 일본이 주도적 역할을 담당해 RCEP 합의를 이뤄내야 할
시기라고 생각한다.

　다만 여기서 약간의 불안감이 드는 점이 있다. 2017년 2월에 고베에
서 RCEP 교섭회담이 열렸다. TPP와 같은 극비는 아니었지만, RCEP의
교섭 내용은 전혀 보도되고 있지 않았다. 의도적으로 일본 정부에서 관
계자 이외에는 전혀 알리지 않았다고 느꼈다. 어떤 내용이 논의됐는지
전해지고 있지 않다. 여기에는 시민들의 의견이나 의향을 반영시킬 수
단이 매우 한정적이다. 주로 해외에서 이쪽으로 전달된 내용에서도 몇
가지 의문점들이 있었다.

　첫 번째로 RCEP에도 ISD 조항이 들어 있다는 점이다. 이 역시 아마
도 다국적 기업, 즉 미국 중심인 글로벌 기업의 의도를 일본과 한국이
간파하고 열심히 밀어주고 있다는 풍문이다. 양국은 의료품 특허 보험
의 강화를 제안하고 있으며, 인도에서 주로 생산하고 있는 복제약(제네

릭 약품)을 빈곤한 나라의 국민들에게 전달될 수 없도록 규정하고 있다. 이런 점에서는 각국의 경제나 전통을 배려한 협정이라고는 말하기 어려운 부분이 있다.

공동체의 중핵을 이루는 경제협정이 되기 위해서 선진국은 후발 개발도상국(LDC)이나 저소득 국가의 실정을 배려하여 교섭하는 넓은 아량을 가져야 한다. 우애 사상을 근본으로 RCEP의 합의를 지향하는 것이 일본이 해야 할 역할이다.

트럼프의 TPP 파기 선언은 일본의 친미 보수 노선의 좌절을 의미할 뿐이며 경제적으로 일본에 불이익을 가져오는 것은 아니다. 다만 트럼프가 말한 것처럼 새로운 양국 간 교섭으로 진행되면, 과거의 미·일 경제 구조 협의와 같은 종속적인 경제협정을 강요당할 우려가 없다고는 할 수 없다. 왜냐하면 일본은 이미 국회에서 TPP를 승인했기 때문에 어디까지 개방할 것인지 일본의 모든 것은 밝혀지게 돼 있다. 양자 교섭에서 먼저 의중을 털어놓는 쪽이 절대적으로 불리해지는 것은 당연한 사실이다.

이런 이유로 일본은 자립하려는 계획을 세워둬야 한다. TPP의 좌절을 계기로 친미 보수파에 의해 묻혀버린 '우애'의 이념에 기초한 '동아시아 공동체 구상'을 다시 한번 정식으로 전면에 내세워 볼 좋은 기회라고 생각한다.

아베 정권의
어리석은 중국 봉쇄 정책

　　　　　　　　　나의 동아시아 공동체 구상에 대해 중국 위협론으로 맞서는 사람들은 항상 심한 비판을 해댄다. 동아시아 공동체 구상은 '미·일동맹을 약하게 만들고, 중국과의 소통도 잘 이뤄지지 않아 센카쿠 열도를 침략하게 만드는 구실을 주게 되며, 중국에 대한 억지력 감소로 이어진다'와 같은 말들이다. 중국이 세계의 경제·군사 대국으로 급부상하는 것을 어떻게 받아들이고, 어떻게 대응해야 할 것인가. 또한 이와 관련해 일본의 방위 정책은 어떻게 나가야 할 것인가에 대해서는 제2장에서 자세히 이야기하겠다.

　확실한 것은 지역 통합은 구성 국가 사이에 전쟁이 일어나지 않는다는 것 자체만으로도 도움이 된다는 사실이다. 또한 영토를 둘러싼 대립 의식도 사라지게 한다. 현재 EU에 많은 과제가 남아 있긴 하지만, EU가 서방 국가들 간의 전쟁을 소멸시켰다는 역사적 의의를 과소평가해서는 안 된다. 이것은 ASEAN 역사에서도 알 수 있다.

　안전보장을 위해 미국에 의존하고 있는 일본을 비롯한 많은 국가는 정치적으로는 미국에, 경제적으로는 중국에 기댄 채 양국 사이에서 꼼짝 못 하는 상황에 놓여 있다. 서서히 쇠퇴해 가는 미국 패권과 떠오르고 있는 중국 사이에서 어떻게 국민국가의 자립을 유지해 나가야 할지는 일본뿐만 아니라 이 지역 모든 중규모 국가의 공통된 과제다. 그리고 패권 교체기에는 국제질서가 흔들리면서 많은 분쟁이 일어나는 것

또한 역사적 사실이다.

 과거 일본과 독일이 그러했듯이, 새로운 대국이 부흥할 때 다른 나라에 위협이 되는 것은 역사에서 자주 볼 수 있다. 또한 신흥 대국의 팽창 경향에 적절한 대책과 방법을 세워두는 것은 당연하다. 그러나 이에 대해 군사적으로 대항하는 것만으로는 지역의 긴장이 해소되지 않으며 오히려 대립이 더 확산될 뿐이다. 긴장을 흡수시킬 어떤 메커니즘이 필요하다. 그래서 지역 통합의 필요성은 여기에서 중요해진다.

 오늘날 많은 사람이 중국의 패권주의에 대해 위험을 느끼고 있는데, 나는 그것을 이해한다. 적절한 억지 정책을 부정하는 것은 아니다. 그러나 동시에 일본이 너무 노골적으로 중국을 가상의 적국으로 대하고, 중국 포위망 형성에 열을 쏟는 것은 중국을 자극하여 긴장감을 높이는 적대적 행동으로 비치게 할 뿐, 잘못된 반작용을 낳는다. '미·일동맹의 군사적 위협'은 중국 군부의 팽창주의에 좋은 대의명분이 된다. 동아시아의 긴장 완화라는 점에서 아베 정권이 진행하고 있는 중국 봉쇄 정책은 오히려 지역의 팽창을 고조시키는 어리석은 대책이라고 할 수밖에 없다.

 중국 포위망을 만들고 군사적 억지력에 힘을 불어넣는 것만으로는 별다른 변화가 없다. 중국 역시 그만큼 더욱 군사력에 힘을 가하고 있는 상황이기 때문이다. 미국도 그랬지만 강대국이 직접 결정한 행동을 다른 나라들이 힘으로 변화시키기란 매우 어려운 일이다. 기껏해야 그들의 앞뒤 보지 않는 마구잡이식 행동을 자제시키는 것 정도다. 그리고 그들의 행동을 신중하게 만들기 위해서는 군사적인 억지력을 증대시키는 일밖에 없다. 몇몇의 국제정치 이론에서 지적하듯이 다국 간 틀 속에서 중소국들이 협력하면 대국의 극단적 행동을 억제할 수 있다고 생각한다.

만약 동아시아 공동체가 구축되지 않는다면 이 지역들은 경제적으로 서서히 중국 경제권으로 속해 버릴 수밖에 없다. 나는 미국과 중국이 본격적으로 전쟁을 일으킬 것이라고는 생각지 않는다. 하지만 두 나라의 특정 지역 패권 투쟁에 휩쓸려 뜻밖의 무력 분쟁이 초래되거나, 국내의 친미파와 친중파들이 싸워대는 정치적 혼란으로 이어질 수도 있지 않을까 우려된다.

확실히 지역 통합을 저해하는 갖가지 정치적 방해가 있는 것은 사실이다. 그러나 장애물 제거가 우선인지, 통합이 우선인지는 달걀이 먼저인지 닭이 먼저인지와 같은 논쟁처럼 매우 소모적인 일이다. 제도, 인권 문제, 역사 인식, 영토 문제 등 국가들의 정체성이나 가치관에 관한 사항은 양국 간 논의로 해결되기 어렵다. 그런 점에서 제도나 종교 등에서 공통점이 많았던 EU의 경험을 모방하여 살리기는 어렵다.

유럽에서는 가능할지 몰라도 동아시아에서는 힘들다고 말할 충분한 근거가 있다. 그러나 한편으로 유럽의 예스 노, 흑과 백, 좋고 싫음이란 이원론에 비해 동양은 화합으로 이루어진 문화권이므로 이것은 공동체를 형성하기에 좋은 풍토이다.

나는 예전부터 경제 공동체만을 전제조건으로 두지 않았으며 교육 공동체, 문화 공동체, 환경 에너지 공동체, 금융 공동체, 개발·건설 공동체와 같이 기능 면을 중시한 다중적 협력 관계를 조금씩 제도화해 지역의 신뢰 양성과 공동체 의식을 함양하는 것이 중요하다고 주장해 왔다. 그러기 위해서는 상설로 운영되는 의결기관을 만들어서 서양과 같은 의회로 발전시키는 것을 목적으로 해야 한다. 또한 영토 문제 등과 같은 원인에 의해 우발적 군사 충돌로 이어지지 않도록 안전보장 문제만을 다루는 동아시아 안전보장 회의의 상설화도 하루빨리 검토해야 할 것이다.

리더가 사라진 세계 속
한 국가로서의 자립

지금 나는 일본을 대국(그레이트 파워)이 아닌 중규모 국가(미들 파워)로 논의해 보고자 한다. 세계 3위의 GDP를 자랑하는 일본을 중규모 국가라고 부르기엔 거부감이 있을지 모른다. 그러나 일본은 미국이나 중국, 러시아와는 다르다. 독자적인 군사 활동을 할 수 있는 것도 아니며, 자국의 규칙을 다른 나라에 강요할 만한 힘도 가지고 있지 않다. 그러나 이를 비하할 필요는 전혀 없다. 독자적인 군사 활동과 자국의 규칙을 다른 나라에 강요하지 않는 것이 좋기 때문이다.

메이지(明治) 이후 일본은 대국이 되겠다는 국가 목표를 걸고 애써온 것도 사실이다. 전후 일본은 군사대국을 포기하고 경제대국에서 정치대국으로 꿈을 바꿔 좇아갔다. 이것이 '대일본주의'라고 한다면 이는 곧 환상으로 끝나버릴 것임을 스스로 깨달아야 한다. 냉전 종언 직후 일본의 경제력은 분명히 아시아 일인자였으며, 엔을 아시아 공통통화로 엔 경제권을 계획할 정도로 힘이 있었다. 이런 경제대국이 정치대국에 뜻을 품는 것은 무리가 아니었다. 그러나 중국이 경제 성장을 진행해 가는 과정에서 일본의 경제력은 상대적으로 약해졌으며, 일본과 미국이 힘을 하나로 모은다 하더라도 대중화권에 대항하는 것은 어려워졌다.

냉전 후 일본 정·관계에서 친미 보수파들은 "패권국가인 미국에 종속돼 정치대국으로 거듭나자"고 뜻을 모았는데, 이것 역시 대일본주의의 한 형태였다. 그러나 UN 상임이사국 가입은 중국과 한국의 반대에 의해 일장춘몽으로 무너져 버렸으며, TPP에서는 믿고 있던 미국에 배반당하면서 어이없이 좌절됐다. 냉정히 말해서 미국에 의존하며 버티는 나라를 과연 다른 나라들이 정치대국이라고 인정할까?

우리는 지금 일본이 정치적으로 또는 경제적으로 아시아 일인자이며, 그것이 지속되는 것은 불가능하다는 사실을 솔직히 인정해야만 한다. 그러나 이 사실을 슬퍼하거나 실패라고 여길 필요는 없다.

신흥국들은 경제 부문에서 바싹 뒤쫓고 있으며, 일본의 영향력은 상대적으로 줄어들고 있다. 인구 감소도 계속 이어지는 추세로, 일본 문명은 규모 면에서 절정기를 지나 성숙기에서 완만한 쇠퇴기로 접어들고 있다. 과거 세계를 지배하던 스페인이나 네덜란드, 영국, 프랑스도 그런 운명을 맞이할 수밖에 없었다. 일본 역시 피할 수 없는 운명으로 받아들이고, 중규모 국가로서 살아갈 방법을 모색해야만 한다. 이것은 간단하지는 않지만, 반드시 비관할 일도 아니다.

『리더가 사라진 세계』의 저자 이언 브레머(Ian Bremmer)는 트럼프 미대통령의 등장을 "팍스 아메리카나의 종언을 의미한다"고 말했다. 이것은 일본을 휩쓸었던 정치적·경제적 글로벌리즘 시대의 종말도 의미한다. 저서의 원제는 『Every Nation For Itself』다. 세계의 리더가 될수 있는 국가가 사라지고, 모든 국가가 자국을 위해 행동하는 세계라는 의미다.

예를 들면 어제까지 대립하던 미국과 중국이 갑자기 손을 잡는다거나, 반대로 지금까지 사이좋게 지내고 있다고 생각했는데 다음 날 적대시하거나, 동맹국의 사정 등은 전혀 고려하지 않고 자국의 사정만 생각하고 행동하는 세계라는 것이다. 과거 닉슨 쇼크[21] 같은 일이 일어날지도 모르는 세상이다.

이런 시기에 우왕좌왕하지 않는 일본으로 거듭나야 한다는 것이 나의 확고한 생각이다. 나는 항간에 알려진 것처럼 반미도 아니며, 중국편에 치우쳐 있지도 않다. 나는 어떤 나라 국민들과도 친하게 지내고싶다고 생각한다. 현재 친미와 혐중(嫌中) 두 상황으로 쏠리고 있는 일

---

21 미국의 닉슨 대통령이 1971년 8월 발표한 달러 방어 정책으로 인해 발생한 충격.

본의 입장에서 보면, 당연히 내가 반미와 친중 사상을 가지고 있다고 보일 것이다.

나의 관심은 '한 국가로서 일본의 자립'에 있다. 동시에 '주변 나라들과의 공생'에 있다. 다극화 시대는 냉전시대나 미국의 독주시대에 비해 외교적으로 매우 자유로워졌다. 브레머는 이런 시대에 살아남기 위해서는 무엇보다도 융통성이 중요하다고 말한다.

일본은 과도한 미국 종속에서 벗어나서 자립의 길을 걷기 시작함과 동시에 주변 국가들과의 공생을 중시하는 우애의 세계를 실현해 가야 한다. 앞으로는 유연하게 생각하고 행동해야 생존할 수 있는 시대가 될 것이다. 국가의 자립은 더욱 중요해졌다. 하지만 브레머가 예언한 대로 모든 국가가 자국 우선으로 행동에 나선다면, 여기저기서 분쟁이 일어나기 십상이다. 일본은 우선 자립에 힘을 쏟아야 한다. 이와 함께 주변 나라들과의 공생을 함께 모색하고 사전에 분쟁을 방지하는 역할을 한다면 일본이란 국가의 존재 의미는 매우 커질 것이다.

우리가 메이지 이후 대일본주의의 꿈을 버리고 중규모 국가로서 살아갈 결의를 가지는 것은 일본에 새로운 외교 지평을 여는 일이라고 믿는다. 동아시아 공동체 구상은 '탈'대일본주의의 국가 구상이기도 하다.

제2장

자립과 공생의 길

: 미국 종속 관계로부터의 탈피

안보 무임승차론의
허망

2016년 미국 대통령 선거에서 트럼프는 일본이 돈을 더 내지 않으면 주일 미군을 철수시키겠다는 취지의 발언을 했다.

이것은 1970년대부터 미국에 퍼져 있던 '안보 무임승차론'을 구체화한 것이다. 주장의 핵심은 '일본은 안보조약 덕분에 지나치게 군사비가 낮게 책정됐으며, 그 결과 일본의 경제 성장으로 이어졌다. 세계 경제 대국이 된 현재 그에 맞는 부담을 져야 한다'는 것이다. 동맹으로 인해 일본이 일방적으로 이득을 봤으며 미국은 일방적으로 손해를 봤다는 내용이다.

그러나 이는 사실이 아니다. 먼저 일본은 미군 주둔을 위해 엄청난 경비를 부담하고 있다.

미·일 지위협정에 따른 미군용 토지의 임차료 등 특별협정에 근거한 이른바 '오모이야리 예산(思いやり予算)'[22], 자치단체에 대한 교부금, 보상금, 미군 재편 관련 경비 등을 합하면 매해 7500억 엔에 달한다. 이것은 일본의 도도부현(道都府県)으로 말하자면 미에현(三重県, 약 7360억 엔)이나 나가사키현(長崎県, 약 7240억 엔) 등 중규모 현의 재정 규모를 넘는 금액이다. 미국의 중간 정도 주의 재정 규모도 이와 비슷하다. 그만큼 거액이다. 주둔하고 있는 미군 1명당 1500만 엔의 보조를 받고 있는 셈이다.

이것을 많다고 봐야 할까, 아니면 적다고 봐야 할까. 세계 각국의 미군 주둔 경비 부담 비율을 보더라도 일본이 70% 이상을 부담하고 있는 것에 비해 이탈리아나 한국은 40%, 독일은 30% 정도다. 광열비(光熱費)나 골프장 비용까지 대주고 있는 나라는 어디에도 없다. 트럼프가 이런 상황을 제대로 알고 말했을 것이라고는 생각지 않는다.

1970년대 초까지만 해도 일본과 미국 어느 쪽에서도 미·일 안보체제가 미국에 일방적으로 불리하다는 견해는 없었다. 미국은 일본을 비롯한 극동지역의 안전에 책임을 지고 있었다. 반면 일본은 일본 내 미군의 상주(常駐)와 자유롭게 기지를 사용하는 것을 허용함으로써 미국의 패권 유지에 협력한다는 데 인식을 같이했다. 이와 같이 미국은 양

---

22 일본 방위성 예산에 편성된 '주일 미군 주둔 경비 부담'의 통칭. 주일 미군의 주둔 경비에서 일본 측 부담 중 미·일 지위협정 및 주일 미군 주둔 경비 부담과 관련된 특별협정을 근거로 지출되고 있다.

국의 수익과 부담 형태에 대해 납득하고 있었다. 오히려 불만은 일본이 가지고 있었다.

전후 일본에서 미군기지 문제는 일종의 영토 문제와 비슷한 성격을 띠고 있었다. 그것은 일본인의 내셔널리즘 감정을 자극하는 커다란 사회 문제이자 정치 문제였다. 미·일 안보 체제 유지를 위해 엄청난 희생을 강요당하고 있다는 생각은 일본 사회에 광범위하게 퍼져 있었다. 1970년대 후반까지 일본인의 내셔널리즘은 미국을 대상으로 생성되었다. 반미 데모, 미군기지 반대 투쟁은 일상적인 풍경이었다. 주일 미군기지가 베트남 공격을 위해 사용되었다는 사실도 이런 반미·반미군기지 감정을 강하게 자극했다.

그 후 오키나와 반환, 미국과 중국의 화해, 베트남 전쟁 종결이라는 시대 환경 변화와 함께 일본 본토의 미군기지는 전쟁 전부터 육·해군의 기지였던 주요 지역만 제외하고 대부분 축소됐다. 1960년 안보 투쟁[23] 때에는 약 3만 몇천 ha였던 곳이 현재는 8000 ha 정도다. 일본 전체 국토 면적의 0.6%를 차지하는 오키나와에 70% 넘는 미군기지가 집중돼 있다.

---

23 1960년 일본에서 전개된 미·일 상호 방위조약 개정에 반대하여 일어난 시민 주도의 대규모 시위운동.

종속 국가의 현실이
가시화되고 있는 오키나와

이후 일본 본토에서 미군기지의 영토 문제는 잠잠해졌으며, 과거 다치가와(立川)[24]기지 반대 운동처럼 격렬한 형태의 미군기지 반대 운동은 줄어들면서 이 문제는 더 이상 거론되지 않았다. 한편 오키나와에서는 미군기지 문제가 매일 일상적으로 드러나고 있다. 미군 주둔에 관련된 수익과 부담에 관해 일본 본토와 오키나와의 입장은 상당히 달랐다.

본토에서는 미군기지와 관련된 사회 문제가 감소하고 있는 만큼 미군 주둔에 대한 '부담'은 '미군이 우리를 지켜주고 있다'는 잘못된 '수익(受益)' 의식으로 변해갔다. 그러나 오키나와에서는 여전히 미군기지가 영토 문제로 시민들의 일상에 영향을 끼치고 있으며, 지역 주민들은 미국과 일본 정부로부터 일방적인 희생을 강요당하고 있다는 '부담' 의식이 점점 더 커지고 있는 실정이다.

한 예로 한국전쟁 당시 재편성된 제3해병사단은 1953년부터 기후현(岐阜県)과 야마나시현(山梨県)에 주둔하고 있었다. 그러나 이곳 주민들은 강하게 반대 운동을 벌였고, 1956년 2월 제3해병사단은 당시 미군 통치하에 있던 오키나와로 이전해 자유로이 그곳을 연습 장소로 사용했다. 일본 정부는 본토에서 일어나는 미군기지 반대 의견을 즉각 받아

---

24 일본 도쿄도 서부에 위치한 시.

들여 그 문제를 오키나와에 떠넘겼다. 그러나 오키나와의 미군기지 반대 운동에는 전혀 귀를 기울이지 않았으며, 이는 오키나와와 본토를 차별하고 있다는 의식이 확산되는 원인이 됐다.

대다수 미국인은 오키나와 기지 부담 문제로 생기는 반미 감정의 심각성에 대해 전혀 알지 못한다. 또한 본토에 사는 많은 일본인도 이에 대해 대체로 무관심하다. 일본과 미국의 동맹에서 비롯된 문제가 오키나와에만 집중적으로 발생하고 있는 상황이다. 오키나와는 현재까지 일본이 미국의 보호국이라는 현실이 가시화되는 곳으로 계속 남아 있다.

태평양 전쟁 이후 연합군의 승리로 미국은 일본에 대해 오늘날까지 기득권을 계속 쥐고 있다. 그런데 정말로 일본에 이만큼 많은 미군기지가 필요한지는 매우 의문이다. 미·일 안보 가이드라인에 따르면 일본 방위는 자위대가 전적으로 맡고 있으며, 그만큼 능력도 갖추고 있다. 주일 미군은 일본 방위를 위해서가 아니라 미국의 세계 전략을 위해 존재한다고 봐야 할 것이다.

예를 들어 만약 모항(母港)인 요코스카(橫須賀)[25], 사세보(佐世保)[26]가 없다면, 제7함대는 서태평양이나 인도양, 아라비아 해역으로 출동할 수 없다. 결국 트럼프 대통령이 미군 철수를 희망하고 거기에 일본이 동의

---

25 일본 혼슈(本州) 가나가와현(神奈川縣)에 있는 도시. 메이지 시대 이래 군항으로 지정되어 해군의 군사력 확장에 힘입어 발전되었다.

26 일본 나가사키현(長崎縣)에 위치한 일본의 중핵 도시. 규슈 섬의 서쪽에 있으며, 일본의 서해안과 맞닿아 있는 해안 도시다.

하더라도 현실적으로 미 군부에서는 간단히 철수할 수 없는 상황이다.

일본에서 미군기지의 존재는 실질적 의미보다는 억지력의 의미가 강조되고 있다. 미·일동맹과 군사력 역할이 억지력에 있다는 점을 전부 부정하는 것은 아니지만, 이것에 너무 의지해 마음을 놓게 되면 오히려 지역의 긴장이 더 고조되는 결과를 가져올지 모른다. 군사력의 의미가 감소되는 국제 체계의 추세에 맞춰 현실적인 노력을 기울여야 할 것이다.

나는 후텐마 기지를 해외나 현 밖으로 이동해서 설치할 것을 주장했는데, 장기적인 방침으로 '동아시아 공동체' 구축을 위해 '상시 주둔 없는 미·일 안전보장 체제'의 실현을 원했기 때문이다.

그런 의미에서 나는 트럼프가 대통령 취임 전 연설에서 일본이 돈을 더 내지 않으면 미군을 철수하겠다고 위협했을 때, 바로 기회가 왔다고 생각했다. 그의 주장이 '안보 무임승차론'이라는 오해에서 나온 것이라 하더라도, 일본 정권에서는 무기 구입을 포함한 그 이상의 부담을 늘릴 수 없기 때문에 트럼프 대통령의 군비 부담 요구에 일본 정부는 의연히 거절해야 한다. 미국이 미군을 철수시킨다면 '괜찮으니 부디 안녕히 가십시오'라고 말하면 된다. 미군은 그렇게 쉽게 철수할 수 없으므로, 거기서부터 거래가 시작된다. 한 나라의 영토에 다른 나라의 군대가 계속 주둔하는 역사적으로도 비정상적인 상태를 조금이나마 바로잡고, 일본을 제대로 독립시킬 기회라고 생각한다.

트럼프의 대통령 취임 후 더 이상 그의 용감한 발언이 없는 것을 일본 외무성과 방위성은 안도하고 있겠으나 나는 반대로 일본 자립의 길이 더 멀어진 것 같아 안타깝기 그지없다.

주둔 없는 안보 정책의
지향점

1996년 나는 신당 사키가케를 탈당하고 간 나오토와 함께 민주당을 만들었다. 이때 '민주당 기본 정책'으로 '상시 주둔 없는 안보를 하나의 선택 사항으로 둔다'고 내걸었다. 그 후 민주당이 신진당의 분열과 합류로 여러 당파로 재편되는 과정에서 이 정책은 미뤄지게 됐다. 이는 장기적인 과제이자 금방 실현될 사항이 아니었기 때문에, 당의 세력 확대를 우선해 당 대표와 총리는 일단 이 사항에 관한 언급을 자제하고 있었다.

'주둔 없는 안보론'은 내가 생각해낸 것이 아니다. 여기에는 긴 역사가 있다. 앞에서 말했듯이 하토야마 이치로 내각에서는 안보조약을 축으로 자위력(自衛力) 증강과 미군 철수가 진지하게 검토됐다. 이 정책은 자민당 일부에도 이어졌는데, 특히 '민주사회당(후에 민사당)' 초기에는 정당의 기본 정책으로 삼기도 했다. 민주사회당은 1960년 사회당을 탈당한 의원들이 만든 정당인데, 이들은 일본사회당의 교조주의(教條主義)[27]와 비무장론을 반대하는 온건한 사회민주주의자들로, 사회당

---

27 철학상으로는 형이상학적인 사고방법의 일종으로서, 구체적인 여러 조건에 관계없이 불변의 진리라고 간주되는 개념과 명제를 고집하는 사고방식을 말한다.

에서 분열돼 나왔다. 민주사회당은 일본 정치 55년 체제 이래 5대 정당 중 하나였으며, 정당의 핵심 인물은 로야마 마사미치(蝋山政道), 이노키 마사미치(猪木正道), 세키 요시히코(関嘉彦) 등 당시 유명한 정치학자들이었으며, '주둔 없는 안보 정책'은 그들의 정치적 영향력 아래에서 만들어졌다.

이 정책을 더 정교하고 치밀한 이론으로 세상에 발표한 사람이 이노키 마사미치의 제자였던 고사카 마사타카(高坂正堯)였다. 그는 1964년 9월 「해양국가 일본의 구상」이라는 논문을 발표했다. 같은 해 7월 중국이 핵실험에 성공하여 핵보유국이 된 상황에서 그는 "중국이 핵보유국으로 부상하면서 방위와 외교를 미국에 의존하던 전후 일본의 정책이 붕괴되기 시작했다"라고 위기감을 나타냈다. 그리고 프랑스의 군사이론가인 피에르 갈루아(Pierre Gallois)는 "일본이 미국과 중국에 종속되지 않기를 바란다면 독자적인 핵무장밖에 길이 없다"고 말하면서 "대미 종속과 대중 종속이라는 딜레마는 현실적 문제이며, 이것을 피할 길은 일본 스스로 힘을 강화하는 것밖에는 없다"고 말했다. 또한 "일본이 키워야 할 힘이란 도대체 무엇인가"라고 물었다.

그의 주장에 따르면 모든 침략에 대처할 수 있는 억지력을 이용해서 방위력을 증강시키는 '억지력 완전주의'나, 더 이상 방위력이 무의미한 핵 시대에 상대에게 침략의 의도를 일으키지 않게 하기 위해서 비무장으로 일관해야 한다는 '의도(意圖) 완전주의' 모두가 현 상황에서는 맞지 않다고 말한다. 또한 '방위란 억지력과 의도가 서로 얽힌 복잡한 문제'이므로 "최소한의 군비로 최대한의 효과를 내야 할 필요가 있다"고 주장한다. 그리고 "일본은 상대의 핵공격에 대해서는 무력해도 괜찮다. 왜냐하면 상대가 침략 의도를 갖지 않게 하는 것은 정치인 모두의 임무이며, 또한 가능한 임무이기 때문이다"라고 일본 핵무장론을 부정했다.

그러나 "소규모의 기습이나 전투를 벌이는 의도까지 정치가 관여할 수는 없다. 군사력은 이런 상황에 대처하기 위해 필요한 것이며 거기에 의의가 있다"며 군사력에 대한 인식을 갖췄다. 또한 "일본은 미국과의 군사적 체결을 현재보다 대폭 낮춰가면서 일정 범위의 체결을 유지해야 한다. 또한 이런 관계 속에서 상대의 의도를 움직이는 외교 능력을 회복하지 않으면, 필요한 때에 억제력을 증대시킬 기회를 잡을 수 없다"고 주장했다.

고사카는 현재 세계 해양의 절대적인 지배력을 가지고 있는 미국과 해양국가인 일본의 협력은 매우 중요하며, 전후 20년간 미·일 협력이 지역 세력의 일부가 되고 있다는 점에서도 미·일 안보 체제는 계속 유지돼야 한다는 입장이다. "일본 본토에서 미군기지는 모두 철수해야 한다. 미국의 억제력은 해양 시스템의 성격이 강하므로 해양 이외의 외국 기지 필요성은 계속 감소하고 있다. 해군기지는 필요하지만 군이 일본 본토에 있을 필요는 없으며, 없는 편이 낫다"며 미군 주둔을 폐지하는 내용의 미·일 안전보장 체제를 제안했다.

그는 핵에 대한 위협은 정치적으로 충분히 해결할 수 있다는 기본 입장을 가지고 있으며, 이를 바탕으로 일본의 외교 능력 회복과 강화의 길을 모색하고자 했다. 동맹국(미국)과의 종속 관계가 너무 강화되면 상대국(소련과 중국)은 일본을 적대국으로 간주하고 결국 상대국은 공격적인 목적을 가지게 된다. 이는 일본의 외교 능력을 현저하게 떨어뜨리는 일이다. 그는 일본과 미국의 종속 관계는 최대한 약하게 유지되어야 하며, 그래야만 지역의 팽창 완화와 일본 외교 능력의 증대로 이어질 것이라고 말하고 있다.

50여 년 전의 그의 논문을 장황하게 인용한 것은 젊은 시절 고사카 마사타카에게 직면했던 과제들이 오늘날 다시 새로운 의미로 다가오기 때문이다. 당시는 중국이 핵보유국이 되면서 미국의 핵우산에 대한 신뢰가 흔들리고 있던 상황에서 일본 내에서 핵무장론도 등장하고 있던 시절이었다.

중국이 이대로 계속해서 새로운 세력으로 떠오르면 일본은 갈루아가 말한 대로 '미국 또는 중국에 종속'되거나 아니면 '핵무장' 국가가 되거나, 둘 중 한쪽으로 가게 되지 않을까. 그가 내린 결론은 제3의 길이 있다는 것이었다.

현재는 중국뿐만 아니라 북한도 핵보유국이기 때문에 이에 맞서기 위해 한국과 일본 내에서도 핵무장론이 다시 등장하고 있다. 나는 핵무장론을 인정할 수 없다. 북한의 핵미사일 대상은 일본이 아닌 미국이며, 미국에 계속 종속되는 한 미군기지가 있는 일본이 목표의 대상이 될 가능성이 있다. 1960년대에 고사카 마사타카가 말했듯이 나는 여전히 미국과의 종속 관계는 약화시키고, 주변 나라들에 대한 외교 능력을 높임으로써 지역 간 긴장을 완화시켜야 한다고 생각한다.

상시 주둔 없는 안보는 미국과의 종속 관계를 약하게 하기 위한 기본 전제다. 단계적인 미군기지 축소를 진행하고 최종적으로는 일본에서 미군의 완전 철수를 목표로 해야 한다. 한 나라의 영토에 다른 나라의 군대가 상주하는 이상, 완전한 독립국이라고 할 수 없다. 시간이 걸리더라도 최종 목표를 달성하려는 의지를 가져야 한다.

자립을 위한
외무성의 노력

1960년대 후반부터 1970년대 초반까지 미·일동맹은 어디까지나 자립을 위한 수단에 그쳤었다. 이에 대해 외무성에서도 어느 정도 인식을 같이하고 있었는데, 최근 공개된 외무성 기밀문서 「일본의 외교 정책 대망(大網)」에서 자세히 밝히고 있다.

이케다(池田), 사토(佐藤) 내각 때 일본은 고도 경제 성장을 거듭했으며 국민총생산에서 인도를 앞서고 미국과 소련에 이어 경제대국이 됐다. 당시에는 미국·소련의 냉전, 중국의 핵보유, 중국·소련 관계의 불안정화, 베트남 전쟁 격화에 따른 미·중 관계의 긴장감 같은 국제 환경의 영향으로 지금보다 동아시아에서 군사적 긴장감이 고조됐다.

그런 정세 속에서 외무성 간부들이 중기적인 일본 외교의 상태를 검토하고 문서화한 것이 1969년 9월 발표된 「일본의 외교 정책 대망」이 었다. 당시 외무성 사무차관은 예전(1945년 전) 외무성 혁신파(삼국동맹 추진파)로 알려진 우시바 노부히코(牛場信彦, 후에 주미대사)였다.

이 문서가 공개되자 일본이 핵개발에 야심을 품고 있었다는 것이 역사적으로 증명되어 비판을 받았다. 실제로 이 문서에는 '핵확산금지조약(이하 NPT) 가입 여부에 관계없이 핵무기는 보유하지 않는 것을 기본 정책으로 한다. 그러나 핵무기 제조에 관한 경제적·기술적 가능성은 항상 열어둘 것이며, 이에 대한 제약은 받지 않도록 배려한다'고 기술되어 있다. 핵무기 보유가 강대국의 조건으로 여겨지는 만큼, 원자력 개발을 통한 잠재적 핵보유 능력을 키워 둘 필요가 있다는 점에서 하토야마, 이시바시를 포함한 역대 자민당 총리들과 보수 정계 대표들은 인식을 같이했다. 원래 NPT는 핵무기 보유국에 압도적으로 유리한 조건으로, 조약을 비준하지 않으면 새롭게 핵무기를 보유할 수 있기 때문에 일본 정·관계에서는 NPT의 조약 비준에 강력하게 반대했다. 결국 체결까지 7년, 비준까지 6년여의 세월이 필요했다.

하지만 이 문서에서 주목해야 할 것은 미군기지를 없애고자 하는 외무성 관료들의 강한 자립 의지다. 그들이 미·일 안보 체제에 의거해 정치대국으로 나아가기 위한 자립의 기회를 엿보고 있었다는 것을 알 수 있다.

이 문서에는 1970년대 국제환경을 다음과 같이 예측했다. 우선 미국과 소련 양국이 '자국의 영향력 유지 확대를 위해 싸울 것이다'고 말했는데, 두 나라의 냉전 상황은 변하지 않겠지만 전면적인 핵전쟁 가능성은 사라질 것으로 봤다. 또한 군사력에 관해서는 '군사력이 국제정치에서 중요한 힘의 요소라는 잠재적 의미는 여전히 변하지 않겠지만, 현실적으로 그것을 사용할 수 있을 것인지에 대해서는 한계에 부닥쳤다'고 말했다. 그러면서 '앞으로 다극화 시대를 맞아, 초강대국 이외의 강대국들은 군사적인 측면 이외의 분야에서 발언권이 커질 것이다' '(동서 동맹국 상호 간에) 초강대국의 지도력 저하' '중소국들은 내셔널리즘을 기반으로 강대국의 영향력에서 자립하려는 경향을 보일 것이다'와 같은 현상들이 끊임없이 이어질 것으로 내다봤다.

그 외의 문서 내용은 다음과 같다. 일단은 현행 미·일 안보조약을 계속 이어가되 일본 여론은 기본적으로 일본 국토에서 미국의 존재감이 사라지기를 희망할 것으로 보인다. 따라서 핵 억지력 및 서태평양에서의 대규모 기동(機動) 해공(海空) 공격력 및 보급력 정도만 미국에 의존하고, 그 외에는 원칙적으로 자위력으로 해결해 나가는 것을 목표로 한다. 한반도를 중심으로 한 극동지역의 안전을 위해서 평소의 억지력으로는 한정적이던 중요 기지 시설을 미군에 제공한다. 일본의 자위력이 점차 증가됨에 따라 일본 내 미군기지는 순차적으로 줄어들어 정리될 것이고, 원칙적으로는 자위대가 그 임무를 이어받아야 한다. 그리고 일본과 한국의 방위에 사활이 걸린 중요한 곳에는 약간의 미군기지를 남겨둠으로써, 더 강한 억지력을 유지한다.

이 문서에는 단계적인 미군기지의 축소가 독립국가로서 마땅히 지향해야 할 국가 목표이며, 미국 의존도에서 벗어나 자립을 이뤄야 한다는 의지가 명확히 드러나 있다. 이것은 주둔 없는 안보론을 주창한 외무성의 표현과 매우 비슷하다. 어떤 부분에서는 앞에서 인용한 고사카의 논문과도 상통한다. 현재보다 훨씬 어려웠던 국제 환경 속에서 당시의 학자와 관료들도 국가의 자립에 대한 길을 모색하고 있었던 것이다. 현재 외무성에 국가의 자립 의향이 전혀 없다고는 생각하지 않는다. 무엇보다도 이것은 정치적 책임을 두고 해결해야 할 문제다.

나는 50년 전 민간인과 행정기관이 쓴 두 개의 문서를 소개했다. 내가 주장하는 '주둔 없는 안보론'이 결코 이상하거나 말도 안 되는 내용이 아닌 오랜 기원과 역사를 가지고 있다는 것을 알리고 싶었다. 전후 국내외 열악한 환경 속에서 일본이 진정한 국가의 자립을 지향했을 때, 스스로 해결해야 할 하나의 결론으로 이 과제를 제안하고 싶었기 때문이다. 이것은 오래된, 그리고 새로운 문제다.

중국은 정말로 위협적인 나라인가

그 후 일본은 핵보유국이 된 중국의 위협을 정치적으로 해결하며 잘 넘겼다. 닉슨의 방중으로 미국과 중국은 화해의 기회를 잡았으며, 1972년 다나카 가쿠에이(田中角榮) 내각은 중·일 국교 정상화를 이뤘다. 이에 따라 중·일 양국은 사실상 협상

관계가 되었으며, 일본 국민들 사이에서 중국의 핵 위협을 걱정하는 목소리는 거의 사라지고 일본 핵무장론도 자취를 감췄다. 최근까지 일본은 미·일동맹과 함께 중·일 협상을 양립해 왔다. 중·일 양국 모두 행복했던 역사적 시간이었다.

최근에 중국의 위협으로 거론되는 것 중에 1960년대 후반 일본이 불안해하던 중국의 '핵'에 관한 것은 사라졌다. 군사비 급증, 센카쿠 열도를 둘러싼 분쟁, 중국의 해양 진출 등이 새롭게 위협으로 다가오고 있다.

그런데 이 상황들이 정말로 일본에 위협적인지 어떤지는 신중히 생각하고 대응해야 한다. '위협적'이란 말은 다분히 주관적이며 상호적이다. 대부분은 양국의 신뢰 양성의 노력에 의해 정치적으로 해소할 수 있는 경우다.

중국에서도 경제 성장이 계속되고 있으며, 이로 인해 군사비가 두 자릿수 증가를 보이고 있다. 『방위백서』에서는 4반세기 만에 40배 가까운 군사비 증강에 대해 우려를 표명했다. 이 역시 대외 팽창에 대한 중국의 강한 의지에 근거해서 나온 것인지 조심스럽게 판단해야 한다.

중·일 국교 정상화 전까지 중국 측에서는 '일본 군국주의 부활'을 격하게 비판해 왔다. 근거의 대상으로 삼은 것이 '일본 방위비 급증'이었다. 고도성장기의 일본 방위비는 매년 두 자릿수로 증가하고 있었기 때문에, 보기에 따라 엄청난 위협으로 비쳤을지도 모른다.

1972년에 미·중 국교 회복 교섭 차 중국을 방문한 헨리 키신저

(Henry Alfred Kissinger) 미 대통령 보좌관에게 저우언라이(周恩来) 총리가 "일본이 다시 대외 팽창 추세를 보이는 것 같다"며 우려를 표명했다. 그러자 키신저는 "미·일 안보조약이 일본의 군사적 팽창을 억제하는 역할을 하고 있다"면서 이른바 '병뚜껑론'[28]으로 설득했다는 이야기가 이후에 사실로 알려졌다. 실제로 고도성장으로 경제 규모가 확대되면 재정 규모도 함께 커지는 것일 뿐, 일본 방위비의 GDP 비율은 18% 이하로 억제되고 있다. 일본은 이 수치를 증거로 들며 군사대국 지향설을 일축했다.

고도성장기 일본의 예와 같이 GDP 비율로 보면 중국의 군사비는 과거 수% 규모에서 2015년에는 1.3%(영국 국제전략연구소, 『밀리터리 밸런스』)까지 낮아졌다. 즉 중국의 군사비는 GDP 성장률보다 낮다. 미국은 3.3%, 러시아 4.1%, 영국 2.1%, 프랑스 1.9%, 독일 1.1%, 한국 2.4%, 인도는 2.2%다. 최근 중국의 군사비 급증을 비정상적인 군비 확충으로 볼 것인지, '경제 성장에 따른 자연스러운 정당한 결과(『오스트레일리아 국방백서』)'로 볼 것인지 견해가 다르지만, 나의 경험으로 보자면 이웃 나라의 위협을 너무 떠들어대는 것도 문제다.

---

28 일본이 다시 군국주의가 되지 않도록 하기 위해 미국이 일본에 압력을 가하는 것. 미군을 주둔시키고 있는 것도 한 예다.

센카쿠 문제에
얽히고 싶지 않은 미국

　　　　　　　　　　일본과 중국의 국교 정상화 교섭과
평화우호조약 체결 교섭 때도 센카쿠 열도 영유권 문제는 거론되지 않
았다. 사실상 합의가 이뤄지지 않은 것이다.

　당사자였던 구리야마 다카카즈(栗山尚一) 전 조약과장과 소나다 스나
오(園田直) 전 외무장관이 명확히 증언했다. 다나카 가쿠에이 전 총리
의 직접적인 증언은 없었으나 노나카 히로무(野中広務)는 다나카 전 총
리가 "센카쿠 문제를 보류하는 것은 모두의 공통된 인식이었다"고 직
접 말했다고 전했다. 나 역시 다나카와 저우언라이의 정상회담 때 중국
측 통역을 담당했던 린리윈(林麗韞) 여사로부터 대화의 전말을 듣고 확
인할 수 있었다. 센카쿠 문제는 양국의 입장을 상하지 않게 하는 선에
서 다시 한번 정치적으로 협의할 수 있는 일이었다.

　2014년 4월 일본을 방문한 오바마 미국 대통령과 아베 총리의 정상
회담 후 기자회견에서도 알 수 있듯이 미국도 중국과 일본의 평화적
협상을 바라고 있으며, 이 문제로 중·일 전쟁에 연루되는 것을 두려워
하고 있다는 건 확실하다. 그럼에도 불구하고 아베 정권에서는 무슨 일
이 있을 때마다 "센카쿠 열도는 미·일 안보조약 제5조의 적용 범위"라
는 것을 미국 측에 계속 압박하면서 센카쿠 문제로 일본과 중국 사이
에 충돌이 일어나면 미국이 일본과 함께 싸워줄 것 같은 분위기를 주
변에 퍼트리고 있다. 대부분의 미디어도 그런 식의 보도를 내고 있다.

센카쿠 열도는 일본이 실효 지배하고 있기 때문에 미·일 안보조약이 적용되는 것은 당연하다. 그러나 미국은 센카쿠 열도가 반드시 일본의 영토라고 인정하고 있는 것은 아니다. 미국은 센카쿠 열도의 영유권에 관해서 일관적으로 중국과 일본 양국이 결정해야 한다는 중립적 입장이다. 게다가 센카쿠에서 충돌이 일어났을 때 미군이 바로 함께 싸워야 하는 것도 아니다. 미·일 방위 가이드라인에서는 도서(島嶼)[29] 방위에 관해서는 자위대의 책임이며, 중국과 전쟁이 일어나면 미국 의회의 승인이 필요하다. 미국 의회가 미국에 어떤 이익도 없는 작은 섬 문제로 중국과 전쟁을 한다는 결단을 내릴 리가 없다.

센카쿠 문제는 일본과 중국 양국에 중대한 이익이 걸린 문제가 아니며, 이 문제로 우발적인 군사 충돌이 일어나는 일이 없도록 양국이 거시적 입장에서 신중하게 관리해 가야 할 외교 과제다. 새삼스레 센카쿠 침략 위기를 강조해서 중국 포위망 외교의 기폭제로 삼는 것은 쓸데없이 상대를 자극할 뿐으로 바보 같은 짓이다. 영토 분쟁을 격화시키지 않기 위해서는 실효 지배하고 있는 쪽에서 상대국에 대해 도발적인 언행을 삼가는 것이 중요하다. 한국의 독도[30]에 대한 대응을 좋은 반면교사로 삼아야 할 것이다.

---

29 크고 작은 온갖 섬.

30 일본에서는 '竹島'로 표기.

중국의 해양 진출을
어떻게 볼 것인가

같은 문제로 '중국의 해양 진출'을 들 수 있다. 어떤 의도일까? 미국을 대신해 태평양 패권을 잡으려는 위대한 야심에 바탕을 둔 것일까? 이것도 판단이 갈리는 부분이다.

태평양 전쟁에서 일본은 미국과 태평양에서의 패권을 두고 전쟁을 했고, 패배했다. 그 결과 미국이 태평양 해양을 완전히 통치하게 됐다. 일본은 미국을 공손히 대하게 됐고, 미국 소유의 바다 안에서 경무장(輕武裝)한 해양국가로 살아가게 되었다는 점이 태평양 전쟁의 명확한 결말이다.

여기서 쟁점은 중국의 군사적 부흥이 전후 일본의 삶에 근본적인 변혁을 가져올 정도인가 하는 점이다. 태평양 전쟁 이후 지금까지 미국의 해양 지배를 위협하는 나라는 나타나지 않았다. 중국이 미국을 제치고 태평양에서 인도양, 중동에 이르는 광대한 해양을 직접 지배하려 한다고 보는 것은 잘못된 판단이며, 중국 해군에 그 정도의 군사적 능력은 없다. 미국과 일본은 억지력 면에서 나름대로의 힘을 갖추고 있다.

중국의 관심은 동중국해, 남중국해 등 근접 바다에 한정돼 있다. 해양에 관해서 미국을 완전히 배제할 수도, 배제하려고 생각할 수도 없다. 그렇기 때문에 양국은 매년 정상회담을 열고, 격에 맞는 미·중 전략대화를 관례화하고 있으며, 림팩(환태평양 합동연습)에는 중국 해군도 참가하고 있다. 이 사실에서 미·중 양국이 적대 관계가 아닌 일종의 '협상

관계'에 있다 해도 틀린 말은 아니다.

이 해양 지역은 확실히 미국만의 바다가 되지만은 않을 것이다. 미국과 중국, ASEAN 국가 등의 공동 지역이 될 가능성이 큰 만큼, 중국이 배타적으로 해양 지배를 독점해서 해양국가 일본의 자유로운 통상을 방해할 것이라고 생각하는 것은 너무 앞선 생각이다. 바다의 안전을 주변 관계국들이 관리해 가는 다국 간의 보다 확실한 구조가 필요해졌다.

센카쿠와 스프래틀리 제도(南沙諸島)[31] 모두 한정된 지역의 영토 분쟁으로 봐야 한다. 때문에, 미국의 속마음은 어느 한쪽으로도 치우치고 싶지 않을 것이다. 다른 나라의 영토 분쟁에서는 중립을 지키는 것이 패권국가인 미국의 입장이므로, 미국을 끌어들여 중국에 압력을 가함으로써 중국의 행동을 바꿔보려는 일본의 시도는 아마 힘들 것이다.

한정된 지역의 영토 문제는 시간을 두고 당사자 간에 해결을 위해 노력해야 한다. 얼마 전 스프래틀리 제도 문제에 대해 국제중재재판소에서 판결을 내렸는데, 판결 결과가 중국 측에 불리하게 내려졌다. 일본과 미국은 중국이 이 결정에 따라야 한다고 압력을 넣었는데, 특히 일본이 더 적극적이었다. 필리핀 두테르테(Rodrigo Duterte) 대통령은 현명하게도 직접 시진핑 주석과 회담을 했고, 이 문제를 양국 간에 해결하는 것에 합의했다.

---

31 Spratly Islands, 남중국해 남부 해상에 있는 군도로, 군도의 동쪽에는 필리핀, 서쪽에는 베트남, 남쪽에는 보르네오섬(말레이시아와 브루나이), 북쪽에는 중국이 있다. 이 군도에 대해 말레이시아, 베트남, 브루나이, 대만, 중화인민공화국, 필리핀이 영유권을 주장하고 있다.

원래 이 상설 중재재판소에는 집행기관이 없다. 엄밀히 말하면 영토 문제는 국제사법재판소에서 가려져야 한다. 여담이지만, 중재재판소의 판결은 제소한 필리핀 측의 주장을 전면적으로 인정한 것인데, 그 이유는 스프래틀리 제도와 스카버러 암초[32]에 있는 모든 암초를 법적으로는 배타적 경제수역을 생성하지 않는 '바위'로 간주한다고 결론지었기 때문이다. 일본의 오키노토리섬(沖ノ鳥島)이나 미나미토리섬(南鳥島)은 물론 독도와 센카쿠 열도까지 '바위'로 간주될 위험이 있다. 상설 중재재판소의 판결을 일본이 강경히 주장하면 부메랑이 돼 일본으로 돌아올 염려가 있다는 것도 염두에 둬야 할 것이다.

미나미토리섬 문제[33]에 관해서 당사국인 ASEAN 국가들과 중국 사이에 2002년 '남중국해 행동선언'이 회자되고 있다. 그러나 이 선언에는 법적 구속력이 없기 때문에 당사국이 서로 구속력 있는 '남중국해 행동규범'으로 발전시킬 필요가 있다.

주목해야 할 발언으로, 최근 중국 정부가 '미국은 과도하고 빈번하게 자유 항해 작전을 행하고 있으며, 중국은 도서 지역에 군사력을 확충시

---

32 남중국해에 위치한 암초로 중국과 필리핀 서로 영유권을 주장하는 곳이다. 암초 이름은 1784년 이곳 부근에서 난파된 동인도회사의 차 무역선인 스카버러호를 따서 지은 것으로 중국에서는 황옌다오(黃巖島)라 부르고 필리핀에서는 파나타그 암초라고 부른다.

33 남중국해는 태평양의 일부로 중국 남부와 필리핀, 인도차이나반도, 보르네오섬 등으로 둘러싸여 있는 바다이며, 해상교통의 요충지이자 각종 자원이 풍부한 곳으로 동아시아의 대표적 해양영토 분쟁지역으로 꼽히는 곳이다. 중국이 남중국해 대부분 지역의 권리를 주장하며 인공섬 조성 추진과 군사거점화 움직임을 보이고 있는 가운데, 분쟁 당사국인 ASEAN 소속 국가들은 분쟁 해결을 위해 2002년 남중국해 도서 영유권 문제 해결을 위한 행동선언을 채택했다.

키고 있다고 밝힌 점이다. 이로 인해 긴장감이 더해지고 있는데, 이를 막지 않으면 안 된다'라고 밝혔다. 여기서 주목해야 할 것은 중국 내에서 조금씩 남중국해 도서의 군사화를 반대하는 자제심이 생겨나고 있다는 것이다. 또한 남중국해를 '공통의 정원(共通の庭)'으로 정하고 싶다고 하는 등 주변 국가들과 운명 공동체임을 명확히 하고 있다.

중국의 위협에 대항하기 위한 방법은 일본이 원칙적인 입장을 주장하는 한편, 신중한 정치적·외교적 대응을 거듭함으로써 상호 이해를 깊게 하고, 상호 도움을 통해서 감축시키는 일이다. 굳이 군사력을 대폭 증대시키거나 독자적인 핵무장으로 대항할 필요는 없다. 또한 일본에는 그런 재정적 여유가 없을뿐더러, 여유가 있다 하더라도 해서는 안되는 일이다.

일본과 동아시아 국가들이 우려하는 것은 중국의 군사적 대두가 아니다. 그보다는 미국과 중국이 서로 상대국의 위협을 구실 삼아 그들의 세력권을 주변 국가들에 미치게 하는 데 있다. 그렇게 되면 주변 국가들은 미국과 중국 사이에서 매우 난감한 상황이 된다. 이는 두 나라의 시험에 걸려드는 것이다. 또한 미·중 양국이 G2 지배를 체계화하면 일본이나 지역 중규모 국가들은 세계질서 조성에 소외될 것이다. 이 또한 매우 위협적이다.

그렇기 때문에 미국과 중국의 사이가 벌어지지 않도록 미·일동맹을 더 강화시켜 반(反)중국 포위망을 만들어야 한다는 의견도 나오고 있다. 그러나 여기에는 어쩔 수 없이 미국에 대한 종속 관계가 더 강해질 수밖에 없는 또 다른 폐해가 생긴다. 갈수록 중국과 주변 국가들과의 경제 상호 의존 관계는 더 깊어지고 있는 만큼, 적극적으로 중국 포위망에 나서는 나라는 없다. 아베 정권과 일본 외무성 등 친미 보수파는 갈수록 험난한 상황에 빠져 있다.

북한의 위협이란
무엇인가

이번에는 북한에 관해서 말해보고자 한다. 북한은 공공연히 핵개발을 진행하고 있으며, 이를 통해 국가적 존재감을 발휘하는 미사일 발사 실험을 계속하고 있다. 이 '북한의 위협'이 냉전 후 미·일동맹을 강화시키는 받침대가 되고 있다.

북한의 최대 관심사는 현재의 국가 체제를 유지하는 것으로, 이라크처럼 군사적 침공을 받아 체제 붕괴에 이르는 사태를 저지하는 것에 있다. 북한의 핵개발 목적은 미국을 대상으로 한 것이므로, 미국과의 교섭을 계속 유지하고자 하는 데 의도가 있다.

그러나 이는 현재 미국이 주도하는 핵무기 질서(NPT 체제)를 부정하고 아시아에서 미국 패권에 대해 도전하는 것으로, 미국 입장에서는 용인할 수 없는 일이다. 한편 북한의 뒤에는 동맹국인 중국이 있는데 중국은 현재 북한의 체제 붕괴를 원하지 않는다. 한국도 미군이 북한을 직접 공격하는 것은 반대하기 때문에 미국이 이라크에 강행했던 식으로 충동적인 군사 행동을 할 수는 없다. 이렇게 20여 년간 계속 이어져 온 교착 상태가 이른바 북한의 위협이라고 보는 상황이다.

그동안 미국과 일본은 경제 제재를 비롯한 북한 봉쇄 정책을 계속 해 왔는데, 핵개발 저지라는 점에서 효과가 있었냐고 묻는다면, 거의 없었다고 답할 수밖에 없다. 경제 제재는 양날의 칼과 같아서 역사적으로 봐도 성공한 예가 없다.

권위주의적이며 이데올로기가 강한 국가에서는 오히려 적대 감정이 높아지고 군비 증강을 가져오는 역효과를 초래하는 경우도 많다. 1935 년을 기점으로 약 10년간 일본도 그런 국가였는데, 태평양 전쟁의 개전소서(開戰詔書)에 따르면 일본은 당시 여러 나라로부터 경제 제재를 받고, 국가 생존에 중대한 위협을 받았다. 이를 타파하기 위해 '이제는 자존자위(自存自衛)를 위해 힘차게 일어나 모든 장애물을 파쇄(破碎)할 수밖에 없다'며 전쟁을 일으킨 이유를 밝혔다.

방위성에서는 '북한의 위협'에 대해 고가의 탄도미사일 방위 시스템 (BMD)을 도입해 대응하려고 했다. 그러나 모든 미사일을 포착해 완전히 쏘아 떨어뜨리는 것은 지금의 군사 기술로는 절대 불가능하다.

애초에 미사일을 미사일로 전부 쏘아 떨어뜨린다는 발상에는 무리가 있다. 과거에 나는 "레이저 방위 기술을 개발해야 하지 않을까"라고 말한 적이 있다. 미사일을 레이저빔으로 쏘아 떨어뜨리는 것이다. 레이저 광선은 광속으로 미사일을 쉽게 포착할 수 있을뿐더러, 연속 발사할 수 있기 때문에 맞힐 때까지 계속 쏠 수 있다. 일본 열도 연안에 방위시설을 설치하면 오로지 방어만을 위한 전수방위(專守防衛)[34]가 되어서 연안에서 미사일을 막을 수 있다. 다만 레이저빔의 출력 문제라든지 날씨에 따라 좌우되는 등의 과제가 많아서 아직 실용에 이르지는 못했다.

그렇기 때문에 미사일 발사 기지를 직접 공격하는 능력을 보유해야 한다는 논의도 나오고 있다. 그러나 미사일은 차로 자유롭게 이동할 수 있으므로 이것 역시 효과가 있다고는 말할 수 없다. 북한의 핵개발이나 미사일 발사를 중지시키기 위한 군사적 대항 수단은 없는 것과 마찬가지다. 요약하자면 일본을 목표로 미사일이 발사되는 사태가 생기지 않도록 이 지역의 국제 관계를 안정시키는 수밖에 없다.

북한의 핵개발과 미사일 발사 실험은 미국을 의식한 것인 만큼 일본에 전쟁을 일으키려는 의도는 없다. 다만 어떤 계기로 인해 미국과 북한 사이에 충돌이 일어나서 북한이 일본 내 미군기지를 공격해 올 위험성이 없다고는 할 수 없다. 만약 그런 사태가 일어나면 일본 내 미군기지는 물론, 각지의 원자력 발전소가 가장 먼저 표적이 되는 것은 당연하다. 이런 점에서 미·일동맹의 강화를 통한 미국과의 확고한 관계 유지만이 안전한 일본을 만든다는 주장은 북한의 핵 위협과는 특별한 관계가 없다.

북한의 위협에 대해서도 중국의 경우와 마찬가지로 정치적 외교 노력으로 감소시켜 가는 것 이외에 방법이 없다. 그럼에도 불구하고 '북

---

34 방어를 위주로 하는 일본의 군사 정책.

한'의 문제를 미국에만 의존할 뿐, 한국이나 중국과는 대화를 나누지 않는 아베의 외교 정책은 참으로 안타까운 상황이 아닐 수 없다.

불가능한
핵무장 자립론

강대국의 꿈을 좇는 대일본주의자들은 핵무기를 배치하는 것이 국가의 자립을 도모한다고 생각한다. 패전 이후 그들은 이 방법이 매우 매력적인 선택이라고 생각해 왔다. 그러나 이에 대해 미국이 강하게 반대하고 있으며, 세계 유일의 피폭 국가로서 반핵을 주장하는 국민들도 상당수 존재한다.

그런데 대통령 선거 중에 트럼프가 일본의 핵보유를 허용하는 발언을 했다. 일본은 NPT를 조인하던 당시 '미·일 안보조약이 파기되는 등 일본의 안전을 위태롭게 하는 사태가 발생할 경우, NPT를 탈퇴할 수도 있다'는 뜻을 밝혔다. 미국이 안보조약을 포기하는 것은 일본의 NPT 탈퇴를 인정한다는 의미가 된다. 그의 발언이 미국이 미·일 안보조약을 계속 유지하되 일본의 핵무기 보유를 인정한다는 것인지, 트럼프의 진심을 알 수는 없다. 미 군부와 국무성에서 강하게 반발했기 때문에 그가 대통령으로 취임한다 하더라도 그 의견은 관철될 수 없었다고 생각했다. 트럼프는 취임 이후에 그와 같은 발언을 삼가고 있는 듯하다.

선거 기간 중 트럼프는 미·일 안보에 대해 그다지 깊이 이해하지 못하고 있었으며, 일본의 무임승차론을 믿고 있었던 것 같다. "일본은 미국의 핵우산 아래에서 보호받으면서 방위비를 줄이고 경제 발전을 해온 교활한 나라요. 그리고 지금도 미군이 기지를 두고 지켜주고 있기 때문에 이 상황을 계속 이어가기 바란다면 돈을 더 지불하시오. 그렇지 않으면 미군을 철수시킬 것이니 자기 부담으로 국가를 지키시오. 필요하다면 핵을 보유하시오"라는 논법이다.

애초에 '핵우산'에 의한 억지라는 논법 그 자체가 꽤 무리가 있다. 손기정(동아시아공동체연구소 이사) 씨는 다음과 같이 예를 들어 말하고 있다.

중국과 일본이 센카쿠 열도 문제로 전쟁 위기 상황에 처해지면, 중국은 나고야를 핵미사일로 공격한다고 협박할 것이다. 그러면 일본은 미국에 협조를 구하고, 미국은 곧바로 상하이를 향해 핵미사일을 발사할 것이라고 위협한다. 그렇게 되면 중국은 위험한 상황에 처해지므로 일본에 핵공격하는 일은 없을 것이라는 게 핵억지론이다. 그러나 그것으로 끝이 아니라, 중국은 다시 로스앤젤레스에 핵미사일을 발사할 가능성이 있다. 센카쿠를 둘러싼 중국과 일본의 싸움으로 로스앤젤레스를 핵의 위협에 처하게 할 수는 없기 때문에 미국이 상하이를 핵공격할 가능성은 없다. 즉 핵우산에 의한 억지는 그림의 떡이 될 가능성이 있다. 그러나 이는 미국은 일본을 지켜주고 있기 때문에 고맙게 생각하라는 너무 노골적인 표현이다. 실제로는 도움도 되지 않는 핵억지론을 일본에 밀어붙이고 있는 것이다. 많은 일본인은 이것을 그대로 믿고 있으며, 결국 미·일동맹 신앙의 원인이 돼버렸다.

그럼에도 불구하고 만약 트럼프 대통령이 진심으로 일본과 한국의 핵보유를 허용한다면, 그것은 미국이 만든 NPT 제도 붕괴의 줄을 스스로 당기게 되는 셈이다.

NPT 체제는 1960년대 후반 경제대국이 된 일본과 서독의 핵보유를 저지할 목적으로 만들어졌다. 전승국 5개 나라만이 핵무기를 보유하고 다른 국가에는 허용하지 않는 불평등 조약이다. 따라서 일본 내에서도 많은 이견이 있었다. NPT 조약국은 핵군축을 위해 노력할 의무가 주어지지만, 핵보유국이 이 약속을 지키고 진지하게 핵군축에 힘쓰고 있다고는 말할 수 없다. 이후 조약을 비준하지 않은 인도, 파키스탄이 핵보유국이 되었고, 북한은 조약을 탈퇴하여 핵보유국이 되었음을 선언했다. 또한 정식으로 표명하지는 않았으나 이스라엘 역시 핵보유국이 되었다고 전해진다. NPT는 불완전한 데다 일본을 포함한 비핵보유국들의 불만도 크다. 그러나 총체적으로 봤을 때, NPT 체제가 무분별한 핵확산을 막기 위해 나름의 기능을 다한 것도 사실이다.

만약 유일한 피폭국인 일본이 핵보유국으로서 발을 내딛는다면, 국제적으로 헤아릴 수 없는 심한 충격을 던져주게 된다. 주변 국가들의 핵개발 경쟁을 초래하는 것은 당연하다. 이미 한국에서는 북한 핵에 맞서자는 핵보유론이 대두되고 있다. 또한 전후 전 세계에 핵무기 폐기를 고수해온 일본의 입장을 전면 포기해 버리는 것으로, 국민적 이해를 얻을 수 있을지도 의문이다. 국제 마찰과 국내 여론의 분열이라는 위험을 감수하면서까지 선택해야 할 길은 아니다. 핵 폐기에 대한 적절한 방법을 찾을 때까지는 NPT 체제 아래에서 국제 핵군축의 촉진에 앞장서서 리더 역할을 다해야 할 것이다.

2016년 10월 UN 총회 제1위원회는 핵무기 금지조약을 위한 교섭을 2017년에 개시할 것을 결의안을 통해 다수의 찬성으로 채택했다. 그러나 일본은 핵무기 보유국들과 함께 반대했다. 이 결의에 따라 핵무기를 금지하는 국제적 법적 조항에 맞춰 핵 폐기를 위한 움직임이 촉진되었다. 그러나 미국은 미국의 '핵우산'이 가지는 억지력에 악영향을 미칠 것이라고 생각하여 강하게 반대했고, 일본은 미국의 '핵우산' 아래에 있다는 이유로 미국에 동조한 형태가 되어버렸다. 앞에서 말했듯이 '핵우산'은 그림의 떡과 같은 존재로, 실제로 '핵우산'이라는 것은 존재하지 않는다. 그럼에도 불구하고 기시다(岸田) 외무장관은 '핵무기국과 비핵무기국과의 대립을 더 조장한다'며 미국의 입장에 동조했다. 유일한 핵 피폭국가가 이처럼 미온적으로 대응한다는 것은 안타깝지만, 이는 더 이상 일본이 핵 폐기를 위한 리더 역할을 담당할 수 없다는 뜻이다. 매우 유감스러운 일이다.

일본은 무엇을 지향하는가

중국의 군사적 위협에 대항하기 위해 일본의 공해(公海) 등을 공격적 무기로 중무장해야 한다고 주장하는 사람들이 있다. 그러나 이것은 전후 줄곧 유지해온 일본의 기본 정책인 전수방위를 완전히 바꿔버린다는 의미로 상당한 결단이 필요하다. 정치적·경제적 의미를 잘 파악해야 한다.

거기에는 엄청난 군사비가 요구된다. 일본 방위비는 약 5조 엔으로 GDP 대비 1% 정도로 추산된다. 중국의 국방비는 약 17조 엔 정도인데, 일본 방위비의 세 배를 넘을 정도로 도저히 따라잡을 수 없는 금액이다. 게다가 그렇게 되기 위해서는 소비세를 5% 정도 더 인상해서 모든 것을 방위비로 쏟아부을 각오가 필요하다.

이것은 군사 케인스주의[35]와 같은 경제 정책으로 빠져버릴 수도 있다. 전후 민간 수요 중심으로 발전해온 일본 경제의 구조를 확 바꿔서, 군수 의존의 경제 재정 국가로 변모시켜 버린다는 것이다. 군사 관계의 공공사업으로 살아가는 사람들이 많아지고, 그런 경제 구조는 군사비의 확대를 뒷받침한다. 댐 건설이나 원자력 발전이 일단 시작되면 중단하기 어려운 것과 같은 현상이다. 전후 일본은 토건국가(土建國家)로 거듭났었지만, 또다시 군사국가로 되돌아가 버리는 셈이다.

일본이 중무장국가로 전환되는 것보다 더 큰 문제는 '일본은 무엇을 지향하는가'에 대한 대답이 매우 애매하다는 것이다. 항공모함을 개발 중인 중국이 일본을 얕보지 않게 하기 위해 우리도 항공모함을 보유해야 한다는 주장은 대일본주의의 감정에 치우친 생각일 뿐이다. 일본 해

---

35 직접적인 전쟁이 아닌, 경기나 경제를 조정할 목적으로 거대한 군비를 투입하는 정책.

역 방위라면 항공자위대 전투기로도 충분하다. 미국처럼 멀리 떨어진 바다로 나가서 전 세계의 경찰관 역할로 지역 분쟁에 관여할 때나 필요한 것이 항공모함이다. 일본은 그런 나라를 동경하고 있는 것일까. 물론 그러기 위해서는 본격적으로 헌법을 개정해야 할 것이다.

아시아에서 미국은 점점 힘을 잃어가고 있다. 그 기회를 잡아 일본은 미국을 대신하여 지역 패권국가라는 지위의 힘을 이용하여 중국과 싸울 것인가. 만약 실제로 이 싸움에 나선다면, 아마 단기간에 끝나지 않을 것이다. 국민연금 지불 재원도 부족한 저출산, 고령화 사회인 일본에 그만큼의 국력이 있는지 어떤지 냉정하게 생각해 봐야 한다.

일본이 중무장 노선을 더 강화할수록, 중국 역시 거기에 상응하는 군사력을 높여갈 것은 말할 필요도 없다. 그리고 중국과 일본 간의 긴장감은 더 증대될 것이다.

아베 총리는 무기 수출 3대 원칙을 재검토했는데, 거듭 군사 연구를 강화하는 방향으로 중국의 위협에 대항하려는 것 같다. 점차 중무장국가를 위해 나아가려는 의도가 보인다. 일본이 과거에 걸어왔던 길을 또다시 반복하는 것은 절대 해서는 안 될 일이다.

러·일 전쟁 이후 일본은 육군의 가상 적군으로 러시아를, 해군의 가상 적군으로는 미국을 지목하여 군비 확장 경쟁에 빠져들었다. 그 결과, 국가 경제는 약해지고 군사력 강화로 인한 막대한 재정 적자가 일어났으며 전쟁이 일상화되었다. 우리는 전쟁 그 자체의 비인도적인 이유뿐만 아니라, 경제적 부담과 국가적 합의의 어려움이라는 이유에서라도 전후 유지해온 방어 전담의 전수방위를 전환해서는 안 된다.

동아시아,
경제적 운명 공동체

중국의 대두를 군사적 측면에서만

보는 것은 잘못이다. 일본에는 그에 따른 경제적 의미가 훨씬 크기 때
문이다.

제1차 세계대전 이후 100년간, 경제 규모에서 미국을 따라잡은 나라
는 존재하지 않았다. 머지않아 중국이 미국을 제치고 경제 최강국이 될
것이 거의 확실시되고 있다. 이는 미국인도 인정하고 있는 사실인데,
이상하게도 유독 일본인들만 중국이 경제 쪽에서 미국을 추월할 것이
라는 예측을 믿지 않는다. 제발 그렇게 되지 않았으면 하는 주관적인
희망이 섞여 있기 때문이다. 중국이 경제대국이 되기 위해서는 일본을
필두로 다른 아시아 국가들과 함께 경제 상호 의존을 확대해 가야만
이루어질 수 있다. 결국 '중국의 경제적 대두'는 '아시아의 경제적 대
두'로 이어질 수밖에 없다.

일본의 무역 구조는 중국의 고도 경제 성장 과정에서 극적으로 바뀌
었다. 미·일 무역 마찰이 심각했던 1980년대는 미국에 대한 일본의 수
출 비율이 40%를 넘었지만, 현재는 12% 정도까지 감소했다. 반대로
중국 수출 비율은 3% 정도에서 20%를 넘을 정도로 급증하고 있다. 아

시아 전체에 대한 수출은 50%를 웃돌고 있다. 버블경제가 붕괴된 후 20여 년간, 일본경제는 동아시아와 경제 통합을 이뤄가며 상당한 성장을 유지해왔다.

실제로 약 25년간 일본은 정밀기기나 하이테크 소재, 고급 생산설비 등과 같은 고도 자본재를 만들어냈다. 그러면 한국과 ASEAN 국가들은 그 자본재를 이용해서 전자 하이테크 등의 중간재를 만들고, 그것을 다시 중국이 조립하는 수평적 국제 분업이 완성되어 왔다. 경제 금융시장의 일부였던 동아시아 시장에 대한 시각은 어느새 내수 시장의 일부가 되어버렸다.

결론적으로 동아시아 국가들은 경제적으로 '운명 공동체'화되고 있는 것이다. 서점에 '중국경제는 붕괴된다' 등과 같은 반중·혐중에 관련된 책이 넘쳐나고 있는데, 정말로 어리석은 생각이다. 만약 중국 경제가 무너져버리면, 일본을 비롯한 아시아 국가들은 엄청난 손실을 보게 된다.

한편으로 중국경제가 여러 구조적 문제를 안고 있는 것도 사실이며, 중국이 어떤 계기로 인해 크게 추락할 위험성이 없는 것도 아니다. 그렇게 되면 일본과 전 세계는 리먼 쇼크 이상의 공황으로 큰 타격을 받게 될 것이다. 그러므로 중국이 고도성장 시대에서 안전성장 시대로 서서히 이동할 수 있도록 일본 나름대로 노력을 기울여야 할 것이다.

이는 내가 AIIB 국제자문위원에 취임한 이유 중 하나이기도 하다.

중규모 국가의
과제

　　　　　　　　　　냉전 종언 후 중국의 고도 경제 성장은 일본을 비롯한 아시아 국가들에 큰 이익을 가져다 주었다. 하지만 그 결과 아시아에서 중국의 존재는 이후 계속 거대해지고 있다. 이 현실은 또한 다르게 생각해 봐야 할 문제다.

　ASEAN 및 아시아 국가들과 중국과의 경제적 상호 의존 관계가 깊어짐에 따라, 이 지역에서의 중국에 대한 친밀감과 호감 정도는 깊어질 수밖에 없다. 중국이 군사력 과시나 노골적인 압력을 행사한 것은 아니지만, 통상 관계를 통한 능란한 외교로 영향력을 확대하고 있는 것은 사실이다. 이 추세는 이후에도 지속될 것이다.

　이것은 중국의 의지와 관계없이 만들어진 상황이며 실질적으로 중국이 지역 패권국으로 되어가는 과정임을 의미한다. 평화적이고 민주적인 독일이 EU 내에서 경제력이 특출하다는 이유로 지역 패권국가로 간주되어 경계의 대상이 되는 것과 같은 현상이다.

　여기에 중규모 국가의 고민이 생겨난다. 차라리 약소국이라면 자발적으로 중화권의 한 나라로 합류하는 선택을 할 수 있으며, 실제로 그렇게 된 나라도 있다. 일본과 한국, 필리핀, 오스트레일리아와 같이 미국과 동맹 관계에 있는 국가들은 군사적으로는 미국에 의존하지만, 경제적으로는 중국 의존도가 높다. 때문에 중간에 끼여 곤란한 상태에 빠져 있다. 이는 미국과 군사적 유대 관계가 그다지 깊지 않은 베트남이나 인도네시아, 말레이시아 등도 같은 입장이다. 중규모 국가들이 미국과 중국 사이에서 어떻게 정치적·경제적으로 자립해 갈 것인지 심각한 과제로 남아 있다.

미국이 주도하던 글로벌리즘 시대는 끝나가고 있다. 아시아 및 유라시아 대륙에서는 중화권이 중심이 되는 새로운 성격의 글로벌리즘에 대해 어떻게 대응해 가야 할지 새로운 문제에 직면하고 있다. 앞에서도 설명했듯이 '자립'은 모든 국가나 국민이 가지고 있는 본능과도 같은 것이다. 이 문제에 대해 제대로 대처하지 못하는 국가는 어쩔 수 없이 국민 통합 위기에 처해질 수밖에 없다. 이것이 이 책의 주요 테마로, '점점 약해지는 미국 패권과 새로 떠오르는 중국 사이에서 과연 일본이 자립할 길은 있는가' 하는 것이 과제로 남아 있다.

미·일동맹 강화론의 함정

2013년 12월, 아베 정권은 '국가안전보장 전략'을 내각회의에서 결정했다. 그것은 좋건 나쁘건 아베 정권이 지향하는 외교 방위의 방향성을 분명히 한 문서다.

'국가안전보장 전략'은 과거 55년간 유지되어 온 '국방의 기본 방침'을 대신하여 새롭게 만들어진 것이다. '국방의 기본 방침'은 불과 8줄의 매우 간결하고 명료한 문장이었다. 이 문서의 서두에는 'UN 활동을 지지하며 국제 간 협조를 도모하고 세계평화의 실현을 기대한다'며 UN의 중요성을 강조한다. 마지막에는 '외부로부터의 침략에 대해서 UN이 미래에 이를 방지하기 위해 효과적으로 기능을 수행할 수 있을 때까지 미국과의 안보 체제를 기반으로 대처해 갈 것'이라며, UN의 집단 안전보장 기능 수행에 제한성을 두며 미·일 간 안보 체제에 관해 명확히 하고 있다.

'국방의 기본 방침'이 정해졌던 1957년 5월은 이시바시 총리가 병으로 퇴진함에 따라 총리 이외의 모든 각료가 유임된 채, 기시 정권이 출발한 지 얼마 되지 않은 시기였다. 따라서 이전의 하토야마, 이시바시 정권의 자주 외교의 기본 정책을 그대로 이어받았다.

그 후 2013년 11월, '국가안전보장회의' 설치 법안이 성립되었으며 담당 사무국으로 '국가안전보장국'이 생겨났다. 야치 쇼타로(谷内正太郎) 전 외무성 사무차관이 국장으로 취임하여 글로벌리즘 추진 관청인 외무성의 별동대[36] 기능을 담당했다. '국방의 기본 방침'과 같은 국(局)에서 완결된 '국가안전보장 전략'은 친미 보수 노선의 색채를 강하게 드러냈다.

'국방의 기본 방침'에 비해 34페이지의 장문이며 내용도 어려웠다. 곳곳에 '국제협조주의에 근거한 적극적 평화주의'라는 표현이 나오는데, 그 말의 뜻이 매우 애매해서 이해하기 힘들었다.

---

36 작전을 위하여 본대에서 따로 떨어져 나와 독자적으로 행동하는 부대.

국제협조주의, 즉 UN 등의 다국간주의와 미·일동맹 관계가 모순되는 사태가 자주 발생하곤 했는데, 이것이 냉전 후 일본과 세계 국가들이 맞닥뜨린 현실이었다. 원래 국제협조주의는 UN과 같은 다국 간 협조를 의미한다. 그런데 '국가안전보장 전략'의 문맥 전체에서 보면, 여기서 말하는 국제 협조란 미국과의 협조를 말하며, 적극적 평화주의란 미국의 세계 전략에 협조하여 적극적으로 행동한다는 의미로 파악된다. 내용 중에 '미·일 방위 협력 지침의 재검토'가 명시되어 있는데, 실제로 그 후 개정되었으며 그 내용으로 집단 자위권 행사 용인의 헌법 해석 변경에 이르렀다.

적극적 평화주의라는 말은 요한 갈퉁(Johan Galtung) 박사가 정의를 내리고 있는데, 이와는 전혀 다른 의미다. 적극적 평화주의란 단지 전쟁이 일어나지 않는 상태를 가리키는 것이 아니라, 정확한 의미로는 전쟁이나 분쟁의 원인이 되는 빈곤, 차별, 인권유린 등을 적극적으로 없애려는 사고방식을 말한다. 아베 총리는 미국의 세계 전략에 협조하여 집단 자위권 행사까지 불사하겠다는 취지로 적극적 평화주의라는 말을 사용했을 것이다. 하지만 갈퉁 박사는 아베 총리가 자신의 적극적 평화주의를 전혀 다른 말로 도용하고 있다고 비판했다.

'국가안전보장의 목표' 항목에서는 '억지력의 강화' '미·일동맹의 강화'에 따라 '보편적 가치나 규칙에 근거한 국제질서의 강화, 분쟁 해결에 주도적인 역할을 다한다'라는 내용이 있다. '안전보장에 따른 과제' 항목에서는 새삼스레 '중국의 급속한 상승과 다양한 영역으로의 적극적 진출'이라는 제목을 넣고 있으며, '안전보장에 따른 전략적 접근' 항목에서는 '자주, 민주주의, 여성의 권리를 포함한 기본적 인권의 존중, 법의 지배라는 보편적 가치를 공유하는 국가들과의 연대를 통해 글로벌 과제에 공헌하는 외교를 전개한다'라며, 이른바 '가치관 외교'가 명시되어 있다. 미국을 비롯한 가치관을 공유하는 국가들과 연대하여 중국의 군사적 상승에 맞서는 중국 포위망을 만들겠다는 의미로 해석해도 무방하다.

'가치관 외교'의 어리석음

가치관이란 좋고 나쁨의 감정과 종이 한 장 차이다. 가치관이 같은 나라는 마음에 들고, 반대로 가치관이 다른 나라는 마음에 들지 않는다고 선을 긋는다. 좋고 나쁨의 감정으로 국가들과의 관계를 정해 버리면 정작 국익을 놓칠 수도 있다. 아베 정권의 가치관 외교는 다른 말로 '중국을 꺼리는 외교'라고 해석할 수 있다. 모든 외교 방침이 중국 견제를 중심으로 이루어지고 있는 것이 매우 걱정스럽다.

중국이 부상하는 것을 군사적 위협이라는 측면에서만 보고 대응하는 것은 잘못된 판단이다.

세계 각국에서 중국을 바라보는 시선은 매우 다양하다. 지리적으로 중국과 멀리 떨어져 있는 EU에서는 중국의 거대한 시장이 자국의 경제 성장에 어떤 영향을 미치게 될지에 대한 경제적 합리주의로 중국과의 관계를 결정하고 있다. 영국이 미국의 반대를 무릅쓰고 AIIB에 가입한 이유도 중국과 독일의 정상회담이 정례화되어 중·독 무역이 비약적으로 늘어나고 있기 때문이었다. 독일이나 영국처럼 '보편적 가치를 공유'하고 있는 국가에 중국이 위협적인 존재라고 간주할 만한 사항은 거의 없다.

또한 ASEAN을 비롯한 아시아 국가들은 팍스 아메리카나, 팍스 차이나 등에 관심이 없다. 그들은 오로지 국익과 국가의 실리만이 중요하며, 그것들을 그다지 이념적으로 받아들이지 않고 있다. 두테르테 대통령이 집권하고 있는 필리핀이 좋은 예다. 아베 정권의 '가치관 외교'가 제자리에서 맴돌고 있는 것 역시 그 때문이다. 결과적으로 가치관을 같이하는 나라들과 '자유와 번영의 활'을 쏘아 올림으로써 중국을 압박하려는 의도였으나, 오히려 일본이 고립되어 버릴 지경이 되었다.

외교에 가치관을 불어넣는 것은 특히 중규모 국가에는 바람직하지 않다. 그것은 서구 문명이 가진 기준의 보편적 가치이며, 문명, 종교, 발전 단계 등이 다른 국가를 상대로 일방적으로 강요할 규범은 아니다. 특히 비서구 문명의 대표라 할 수 있는 이슬람권에 적용하면 더 큰 문제를 일으킬 수 있다. 원래 외교의 핵심은 가치관이 다른 나라들과 함께 어떻게 순조롭게 행동해 나아가는가, 즉 어떻게 '공생'해 가느냐 하는 것이다.

애초에 미국 자체가 트럼프 대통령의 등장으로 '가치관보다 실리' '이념보다 거래'의 외교를 목표로 전환되고 있는 중이다. 다극화 시대에 일본만이 가치관 외교를 고집하는 것은 유해무익할 뿐이다.

내가 아베 정권이 만든 '국가안전보장 전략'에 대해 매우 거부감을 가지는 것은 독립국가로서 당연히 생각해야 할 '미군기지 축소'나 '미·일 지위협정 개정'과 같은 구절은 어디에도 없으며, 반면에 '국제사회의 주요 핵심으로서 지금까지 해온 이상으로 보다 더 적극적인 역할을 다한다'라든지 '일본의 상임이사국 가입을 포함한 안보리 개혁을 실현한다' 등과 같은 정치대국에 대한 지향이 더 확고해지고 있는 점이다. 대일본주의에 사로잡혀 균형을 잃은 국가 전략이라고 말하지 않을 수 없다. 제1장에서 서술했듯이, '미·일동맹을 강화하여 정치대국을 꿈꾼다' '미국과의 종속 관계를 기반으로 상임이사국을 지향한다'를 주장하기에는 이미 모순점이 너무 많이 드러났으며, 머지않아 곧 종결될 것이 확실하다.

미군은 왜
오키나와에 계속 주둔하는가

왜 '국가안전보장 전략'에는 미군기지 문제에 대한 언급이 없는 것일까? '국가안전보장 전략'의 최종 목표는 미·일동맹을 강화하여 일본이 대국으로 거듭나는 데 있다. 그러기 위해서는 일본 내 미군기지를 오랫동안 주둔시켜야 하며, 그에 따른 비용을 오키나와 쪽에서 계속 부담하도록 해야 하기 때문이다. 오키나와의 미군기지 문제는 친미 보수 노선의 치부라고 말해도 과언이 아니다. 이들은 '국가안전보장 전략'은 미군기지의 영속화와 고정화를 선으로 받아들이고, 반대로 변화를 요구하는 행위는 미·일동맹을 위태롭게 하는 악이라는 이데올로기에 근거하고 있다고밖에 생각할 수 없다.

　역사적으로도 이만큼 장기적으로 외국 군대가 상주해 있는 예는 없다. 요코타 공역(橫田空域, 사실상 일본의 주권이 미치지 않는 미군 관제하에 있는 1도·8현에 걸친 하늘 영역)이 상징하듯이 한 나라의 수도 한복판을 광대한 외국군 기지로 빼앗겼다는 것은 독립국가로서 매우 의아한 일이다. 전 세계에 수십 국가가 미국과 동맹관계에 있는데, 1만 명 이상의 미군 주둔을 인정하고 있는 나라는 패전국인 일본, 독일, 이탈리아와 일본의 식민지였던 한국뿐이다. 독립국가라면 타국의 군대가 상주하지 않는 조건의 동맹이 되어야 한다. 독일과 이탈리아는 일본과 비슷한 시기에 지위협정을 개정했는데, 일본에 비하면 현격히 자립에 성공하고 있다.

　특히 오키나와는 아직도 미국 점령하에 있다. 오키나와는 승전국 미국의 최대 기득 권익이었다. 오키나와 미군기지의 70%가 해병대인데, 1945년 오키나와 전투에 직접 가담한 이들이 해병대였고, 수만 명의 전사자가 발생하며 오키나와를 점령했다. 여전히 오키나와는 해병대의 섬이라는 인식이 이어져 오고 있다. 미국의 국방성은 오키나와 주둔 해병대의 의향대로 지배되고 있으며, 국무성의 방침조차 그들에 의해 좌우되고 있는 실정이다.

오키나와 해병대는 일본 방위를 위해서가 아니라, 제7함대의 출동 지역으로 원정 가기 위해 오키나와에서 대기하고 있는 것이다. 반드시 오키나와에 두지 않으면 안 되는 군사상의 이유는 없다. 특별한 이유가 없음에도 오키나와에 주둔하고 있는 목적은 중국에 대한 억지력이라고밖에 설명할 방법이 없을 것이다. 억지력의 필요성을 강조하기 위해 중국의 위협을 과장해야 하는 악순환에 빠져 있는 것이다.

후텐마 비행장을 오키나와현 밖으로 이전하는 계획이 불발 위기에 처했을 때, 나 역시 중국에 대한 억지력을 위해 헤노코(辺野古)[37]로 옮겨야 한다고 주장할 수밖에 없었다. 이 발언으로 많은 물의를 일으켰다. 억지력이라는 개념을 함부로 이용해서는 안 되는 것이었는데, 이 점에 대해서는 반성하고 있다.

미군의 입장에서도 순수하게 군사적 목적을 생각한다면 중국의 중거리 미사일 범위에 있는 오키나와에 해병대를 두는 것은 피하고 싶었을 것이다. 그러나 재정난에 있는 미국 군부가 일본의 극진한 '오모이야리 예산'을 마다하고 일부러 하와이나 괌으로 옮길 필요는 없다. 일본에 계속 주둔하는 편이 싸게 먹힌다는 것을 잘 알고 있기 때문에 이 상황을 계속 유지하고 싶어 하는 것이다.

---

37 일본 오키나와현 북부 나고시(名護市)에 있는 어촌.

류큐 내셔널리즘의
해방

사토 총리는 "오키나와의 반환 없이 전후는 아직 끝나지 않았다"고 말했었는데, 나는 '오키나와 기지 문제의 해결 없이는 전후는 끝나지 않았다'는 생각이다.

나는 오키나와에 갈 때마다 이 문제를 통감했다. 일본이 진정한 의미의 독립을 하길 바란다. 그러기 위해서는 아무리 시간이 걸리더라도 미군기지가 없는 일본, 특히 오키나와에서 가장 먼저 실천되어야 한다. 이와 같은 최종 목표에 도달하기 위한 과정으로, 일단 평상시에는 미군 주둔을 허용하지 않아야 한다. 비상시에만 미군에 자위대 기지 사용을 허락하여 미군의 지원을 받도록 하는 이른바 '상시 주둔 없는 안보'를 실현해 나가야 한다. 그리고 최종 목적을 위해서 우리는 지금 무엇을 해결해야 할지 생각해 봐야 한다. 전 세계에서 가장 위험 요소로 지목받는 후텐마 비행장 이전 문제가 중대한 과제인데, 더 이상 오키나와에 비행장을 두어서는 안 되며 반드시 이전시켜야 한다. 나는 '적어도 오키나와현 밖, 가능하다면 해외'로의 이전이 바람직하다고 생각한다. 이는 반드시 실현되어야 한다.

이미 민주당의 '오키나와 비전' 안에 '적어도 오키나와현 밖으로 이전'이라는 취지의 내용이 기록되어 있었는데, 정권 교체 시기의 민주당 성명서에는 그렇게 명확하게 기입되어 있지는 않았다. 그런 만큼 당 내에서도 나의 '적어도 오키나와현 밖으로 이전' 발언은 너무 지나쳤다는 비판이 있었으며, 정권 교체 후에도 민주당과 각료들의 전면적인 협조를 얻을 수 없었다.

무엇보다도 나의 부족함과 과실로 인해 정권 내 의견 불일치와 친미 보수 관료들의 협조를 끝까지 얻을 수 없었던 점, 그로 인해 최후 목표를 달성하지 못했던 점에 대해 정치가로서 통절히 반성하는 바다.

오키나와는 일본 최초의 식민지로서, 근대까지는 일본 영토가 아니었다. 오키나와가 일본 영토로 합병된 것은 1872년이다. 최근 분리 독립운동으로 화제가 된 스코틀랜드의 영국 합병이 1707년에 이루어진 것을 보면, 훨씬 이후에 일어난 일이다.

그전까지 400년 이상 류큐왕국이라는 독립국으로 존재했었다. 오키나와에는 도도부현(都道府県)과는 다른 독자적인 행정 구역과 고유의 역사와 문화가 있었다. 그러나 식민지 정책으로 근대 일본에 철저히 봉쇄당하고 문화는 말살되었다. 어떤 이들은 오키나와가 태평양 전쟁과 전쟁 이후에도 일본 본토의 희생양이 되었다는 의미에서 그것을 '류큐(琉球) 내셔널리즘'이라고 부른다.

근대 일본의 오키나와 정책은 류큐 내셔널리즘을 차단하고 최대한 일본 내셔널리즘으로 승화시키려는 과정이었다 해도 과언이 아니다. 1972년 오키나와 반환 이후, 역대 자민당 정권은 류큐 내셔널리즘의 봉쇄 정책에 많은 노력을 기울였다. 그동안 그들은 미국의 기득 권익에 협력하여 오키나와의 불만과 요구를 억눌러 왔다. 그것이 오키나와 정책의 본질이었다. 나는 류큐 내셔널리즘의 봉쇄를 반대한다. 미력하지만 류큐 내셔널리즘과의 공생을 통해 함께 나아가고 싶다는 의지를 보이고 싶다.

하토야마 내각에서는 결국 후텐마 이전 문제를 해결하지 못하고 좌절했다. 이는 오키나와 기지 반대 운동으로 이어지는 계기가 되었다. 비록 정치 상황은 더 혼란스러워지고 수습하기 힘들어졌다는 비판도 나왔지만, 결과적으로 '류큐 내셔널리즘을 해방'시킬 수 있었다. 미·일 동맹을 신성시하는 친미 보수파들에게 이만큼 성가신 일은 없다. 그들에게 류큐 내셔널리즘은 국익에 반하는 행동이자, 국가의 역적이라고 여겨졌다. 그러나 다른 한편으로 국가적으로 중대한 문제 제기가 되었다고 말하는 사람도 있다.

이에 대한 판단은 역사에 맡길 수밖에 없다. 나는 류큐 내셔널리즘의 해방이 대미 종속 정치의 태만함을 엄중하게 고발하고 있으며, 미국 보호령인 일본의 현실 타파를 위한 과감한 도전이라고 생각한다. 나는 그들의 행동에 대해 경탄과 경의의 자세로 예의 주시하고 있다.

미국 편들기로 결정된
이라크 공격 지지

국내에서 미·일동맹 강화 노선이 안고 있는 모순이 드러난 상황이 '오키나와'였다면, 국제적으로는 '중동'의 문제를 들 수 있다.

최근 몇몇의 극악무도한 이슬람 국가들이 활개치고 다니는 중동의 혼돈을 야기한 원인은 이라크 전쟁에 있다. 이라크 전쟁이 일어난 데에는 미국과 영국의 중대한 실수가 있었다. 일본 역시 실수를 인정하고 이를 교훈 삼아 앞으로의 외교 방위 정책을 새롭게 세워야 했다. 그러나 일본에서는 결과적으로 실패로 기록된 이라크 전쟁에 대한 어떤 검증도 없었으며 반성도 전혀 이뤄지지 않았다.

이라크 전쟁은 미국 부시(George W. Bush) 대통령이 사담 후세인(Saddam Hussein)을 제거하기 위해 '대량살상무기를 보유하고 있는 이라크를 용서할 수 없다'라며 먼저 촉발시킨 전쟁이었다. 그러나 그 후 이라크에 대량살상무기가 존재하고 있지 않았음이 판명되었다. 미국과 영국은 잘못된 정보에 기인한 이라크 전쟁에 관해 엄격한 검증을 실시했고 결국 사죄했다.

당시 이라크 전쟁에 강하게 반대했던 나와 민주당은 고이즈미 총리에게도 전쟁에 협조해서는 안 된다고 제의했다. 당 대표 토론에서 오카다(岡田) 민주당 대표는 "이라크 특별조치법에서 말하는 비전투 지역의 정의는 무엇인가"라고 질문했다. 이에 대해 고이즈미 총리가 "자위대가 활동하고 있는 지역이 비전투 지역이다"라고 엉뚱한 답변을 한 기억이 난다. 미국 내에서도 상원의원이었던 오바마를 비롯한 많은 사람의 반대가 있었으며 동맹국들의 대응도 나뉘었다. 전쟁 발발에 대한 주요국의 대응으로 영국은 미국과 함께 공격에 참가했고 일본과 이탈리아는 지지를 표명했으나 프랑스, 독일, 캐나다는 반대했다. 러시아와 중국도 반대했다. 어떤 이유에서 일본은 미국과 여러 나라에서 반대 의견이 있던 이 전쟁을 쉽게 지지해 버리고 협력했던 것일까?

당사자였던 미국과 미국에 강한 지지를 보냈던 영국에 대해 제3자 위원회에서 철저한 검증을 실시했는데, 부시 대통령과 영국의 블레어(Tony Blair) 총리가 소환되어 상당한 양의 보고서를 작성했다고 한다. 그 과정에서 잘못이 있었음을 스스로 인정했다.

그러나 일본에서는 이라크 전쟁에 대한 검증이 제대로 이뤄지지 않았다. 민주당 정권 막바지였던 2012년 외무성에서는 이라크 전쟁 검증을 위한 의원연맹 활동 등을 전달받고 검증 조사를 실시해서 보고서를 작성했다. 보고서의 개요는 2012년 총선거 직후인 12월 21일에 발표됐다.

그러나 외무성은 "이 보고서는 이번 전쟁에서 미국과 영국 및 기타 국가들의 무력행사에 있어서 일본 정부의 협조가 있었던 점에 관해 자체적으로 옳고 그름을 검증하기 위한 것은 아니다"라고 말했다. 불과 4페이지 정도의 대략적인 내용을 공표한 것으로, 전문은 '각국과의 신뢰 관계를 해칠 위험이 있다'는 이유로 비공개 처리되었다.

전문 공개와 투명성을 취지로 이루어진 미국의 조사 보고서는 500쪽 이상 자세하게 기록되어 있는 것에 비해, 일본은 너무 허술하게 다뤄지고 있었다. 이런 불충분한 검증 결과조차 비공개한 진짜 이유는 관계자의 책임 문제로 발전할 우려가 있기 때문이다.

정책 결정 과정에 관련된 사무소 책임자인 야나기사와 교지(柳澤協二) 전 관방장관보가 퇴임 후에 이라크 공격 지지는 잘못이었다는 취

지의 회상록(『검증 관저의 이라크 전쟁(検証 官邸 イラク戦争)』)을 출판했다. 그는 당시 일본의 선택은 '미·일동맹의 유지'가 최종 목적이 되어버린 결과를 낳았으며, 미·일동맹 유지를 위해서는 전쟁을 지지할 수밖에 없는 '분위기' 속에서 이뤄진 것이었다고 심각하게 회고하고 있다.

"(자위대의 이라크 파견은) 미국이 리드하는 세계에서 미국에 협력함으로써 일본의 국제적 위신을 높일 수 있는 좋은 기회였다. 그러나 고이즈미 정권 중에 안보리 상임이사국 가입의 꿈은 좌절되었고, '미국이 리드하는 세계'는 과거의 일이 되었다. 종합해 보면 일본이 이라크 전쟁을 지지한 이유였던 '상당한 플러스 효과'는 없었다."

야나기사와는 돈만으로는 국제사회에서 평가받을 수 없다는 트라우마[38]와 '전쟁 투입 지상군(Boots on the ground)'에 대한 미국 측의 요구도 있었으며, 어떤 식으로든 '자위대 파견'을 실현하고 싶었다는 속마음을 나에게 털어놓았다. 그렇게 하면 일본에 상당한 플러스 효과가 있을 것이라고 기대했었다. 하지만 그런 일은 없었다.

요컨대 외교 방위 정책에서 미국과의 일체화를 통해 국제적 지위 향상을 꾀하고, 나아가서는 UN 안보리 상임이사국 가입을 달성하려는 '대미 종속을 통한 정치대국 노선'은 실패했다는 결론이다. 이라크 전쟁에 관해서 일본의 엄격한 검증이 이뤄졌다면 당연히 내려졌을 결론

---

38 1990년 걸프 전쟁 당시, 일본은 약 100억 달러 이상의 천문학적인 비용을 지원했음에도 불구하고 평화유지군조차 파병할 수 없었다. 오자와 이치로 총리는 국제사회에 정상적인 주권을 행사하는 보통국가론을 주장하며 일본도 정규군을 갖추면서 경제대국·군사대국으로서 국제사회에서 영향력을 행사할 수 있는 나라를 만들어 다른 나라와 똑같이 주권을 행사하고자 했다.

이다. 그렇게 했다면 일본인 전체의 반성을 통해 다시 새롭게 '국가상'을 모색하는 계기가 되었을 것이다.

　안타깝게도 일본은 전쟁을 종합 분석하는 기술이 매우 서툰 나라다. 러·일 전쟁이나 태평양 전쟁 후에도 자주 지적되던 부분인데, 일본과 직접 관련된 가장 최근의 전쟁은 이라크 전쟁이다. 우리는 동시대에 일어난 이라크 전쟁에 대해서 제대로 분석하고 평가해야 한다. 일본은 러·일 전쟁이나 태평양 전쟁 후에도 그랬듯이 철저한 국민적 검증을 거치지 않음으로써 발전 없이 타성에서 벗어나지 못하고 있다. 아베 정권의 '국가안전보장 전략' 역시 그 연장선상에 있다고 할 수 있는데, 결국 미·일동맹 강화를 목적으로 한 집단적 자위권 행사 용인에 관한 해석 개헌이 성공하기에 이르렀다.

중동 분쟁에
깊이 관여하지 않을 각오

　　　　　　　　　　아베 정권은 안보법제 심의 중에 일본이 집단적 자위권을 행사하는 예로, 일본의 소해정(掃海艇)을 호르무즈 해협[39]으로 파견하는 것을 들었다.

39　Hormuz strait, 페르시아만과 오만만을 잇는 좁은 해협으로, 세계적 산유국인 사우디아라비아, 이란, 쿠웨이트의 중요한 석유 운송로이며 세계 원유 공급량의 30% 정도가 영향을 받는 곳이기도 하다. 핵문제와 관련하여 서방의 압력에 대항해 이란이 호르무즈 해협 봉쇄로 맞서 전 세계적으로 이슈가 되기도 하였다.

그런데 이란 대사는 이란의 호르무즈 해협 봉쇄 가능성에 대해 단호히 일축했다. 그러자 아베 총리는 급하게 화살을 이란에서 중국 위협론으로 바꿨다. 이란이 봉쇄 경고를 내렸던 호르무즈 해협으로 소해정을 파견하는 일은 「아미티지-나이 보고서」에서도 요구됐던 사항이다. 그러나 재팬 핸들러들이 일본에 요구하는 진정한 집단적 자위권 행사란, 중동에서 전쟁이 일어났을 경우 미국에 적극적으로 협력하는 일이다.

일본 국민 대다수는 센카쿠 지역에 안보조약 제5조가 적용된다는 말을 잘못 이해하고 있는 듯하다. 센카쿠에서 중국과 전쟁이 일어나더라도 미군은 자동적으로 도와주지 않는다. 개정된 미·일 방위 가이드라인에는 일본 본토에서 멀리 떨어진 섬들의 방위는 자위대의 책임으로 되어 있다. 또한 미군을 출동시키기 위해서는 의회의 승인이 필요하다. 센카쿠 열도 문제로 미국과 중국이 싸운다는 것은 있을 수도 없는 일이며 미국 의회가 승인할 리도 전혀 없다.

자위대가 집단적 자위권을 발동시켜서 호르무즈 해협으로 출동하면 미국과 이란은 전쟁 상황으로 돌입하게 된다. 이스라엘 역시 예전부터 이란의 핵개발에 반대하여 공격도 불사하겠다고 경고해 왔기 때문에, 이스라엘과 이란 사이에서 전쟁이 발발하면 미국은 이란을 공격하지 않을 것이라고 장담할 수 없다. 미국의 네오콘[40] 영향력을 바탕으로 시작된 부시 정권의 중동 전쟁 소용돌이에서 빠져 나오기 위해 오바마

---

40 공화당을 중심으로 한 미국의 신보수주의자들을 일컫는 용어.

정권은 많은 에너지를 소비했고, 원자력 개발을 기점으로 이란과 타협점을 찾아냈다. 나는 그 노력을 매우 높이 평가한다. 그러나 트럼프 대통령은 오바마 정권 때의 이란에 대한 정책에 비판적이며, 친이스라엘 발언을 계속 되풀이하고 있다.

트럼프 대통령은 대선 공약으로 이스라엘 내 미국 대사관을 예루살렘으로 옮길 것을 약속했었다. 과연 이 공약은 정말로 실행될까? 이는 '적극적 평화주의'가 전제되는 '국제협조주의'에 완벽히 위반되는 행위다. 이스라엘은 제3차 중동 전쟁에서 예루살렘을 완전 점령한 후, 예루살렘을 영구적인 수도로 지정하는 선언을 하고 각국에 대사관 이동을 요청했다. 그러나 이는 이스라엘 건국에 대한 당시의 UN 결정에 위반되는 일로, 어느 나라도 인정하지 않았다. 트럼프의 미국이 이것을 강행한다면, 중동에는 돌이킬 수 없는 엄청난 혼란을 초래하게 될 것이다.[41] 국제 테러가 늘어나고 또다시 전쟁을 야기할 수도 있다. 일본 아베 정권이 주창하는 적극적 평화주의에 입각한 국제협조주의에서 과연 '국제'란 무엇을 말하는 것인가? 미·일 두 나라를 의미하는지, 아니면 UN 중심의 다국간주의를 일컫는 것인지 냉정히 파악해야 할 문제다.

중동은 유대 기독교 문명과 이슬람 문명의 대립, 이슬람 내부 시아파

---

41 2018년 5월 14일 이스라엘의 미국 대사관은 공식적으로 예루살렘으로 이전했다. 종교적 특수성으로 이스라엘과 팔레스타인의 분쟁이 끊이지 않는 예루살렘을 미국이 이스라엘의 수도로 인정한 셈으로, 이스라엘·팔레스타인 간 유혈 사태가 벌어졌다.

의 대립, 해결이 어려워진 팔레스타인 문제, 핵보유국 이스라엘과 잠재적 보유국 이란과의 대립 등이 복잡하게 얽힌 여러 대립 요인을 배경으로 분쟁과 테러가 항상 들끓는 곳이다. 그런 곳에 일본이 '국제협조에 입각한 적극 외교 평화주의' 같은 슬로건을 내걸고 '자유민주주의, 인권, 법에 의한 보편적 가치를 공유하는 국가'를 외치며 함께 뛰어든다고 해도 해결되는 것은 아무것도 없다.

중동 분쟁에 깊이 관여하지 않기. 이 자세를 계속 유지해 가는 것이 일본의 안전에 도움이 되리라는 생각은 결코 이기적인 발상이 아니다. 국민의 안녕을 가장 우선시하는 것은 국가로서 당연한 의무다. 일본은 중동을 식민 지배한 적도 없으며, 종교 갈등으로 인한 투쟁도 전혀 없었다. 유럽 및 미국과는 확실히 역사적 입장이 다르다.

이라크 전쟁을 통해 얻은 결론은 일본은 앞으로 미국이 중동에서 일으킬지 모르는 전쟁에 대해 절대 관여하지 않을 각오가 필요하다는 점이다. 향후 이슬람국이 어떤 움직임을 취할 것인지, 그에 대해 트럼프 정권이 어떤 대응을 할 것인지 지금은 전혀 예상할 수 없다. 그러나 비록 트럼프 대통령이 이슬람국 타도를 선언하여 전쟁을 단행한다 하더라도 일본은 절대 관여해서는 안 된다. 바꿔 말하면 이제는 과감히 대미 종속에서 벗어나야 한다는 결의를 보여줘야 한다.

대일본주의인가,
탈대일본주의인가

지금까지의 논의를 정리해보면, 앞으로 일본은 어떤 국가로 나아가야 할 것인지 그 국가상에 따라 군사나 동맹 형태는 달라진다. 우선 지향하는 국가상을 세운 다음, 그것을 위한 수단으로 군사나 동맹 형태를 생각해야 할 것이다.

종전대로 대일본주의 발상을 기반으로 한 정치대국(그레이트 파워)을 목표로 할 것인지, 탈대일본주의 발상으로 중규모 국가(미들 파워)로의 길을 새롭게 걸어갈 것인지 두 가지 선택이 있다.

먼저 대일본주의의 길을 선택한다면 급부상하는 중국과 지역 패권국가의 지위를 두고 힘으로 싸우는 과정에 직면할 수밖에 없다.

그러기 위해서는 미·일동맹을 더욱 강화하고 미국과의 일체화로 세계질서 유지에 공헌해야 한다. 또 한편으로 아시아에서 서서히 약해지고 있는 미국의 패권을 지켜가면서 중국 포위망 만들기에 주력해야 한다. 이것이 현재 아베 정권, 또는 그를 지지하는 친미 보수 관료 세력이 추진하고 있는 노선이다.

이 노선의 한계는 극단적인 대미 종속으로 일본이 국가로서의 자립을 잃게 된다는 것이다. 일본 내 미군기지의 영속화와 만일 중동에서 미국이 전쟁을 일으켰을 때 일본은 억지로 미국에 협조해야 하는 상황이 발생할 수 있다. 이는 일본이 뜻하는 바와 어긋나는 일로, 정치대국은 고사하고 미국에 종속된 국가의 양상을 더 깊이 드러낼 뿐이다. 이라크나 아프가니스탄 사태에서 알 수 있듯이, 미국이 나름대로 세계질서 확립에 공헌한다고 믿었던 행동들이 결과적으로는 전 세계를 더욱 혼란에 빠뜨려 버렸다. 그럼에도 불구하고 일본은 미국에 협조하는 것만이 답이라고 생각하며 미국에 맞춰 따라가고 있을 뿐이다. 이것이 일본이 가야 할 길인가.

대일본주의의 또 하나의 수단으로, 핵무장과 항공모함 보유 등과 같은 중무장으로 자립국가를 모색하는 길이 있다. 이는 곧 일본이 앞장서서 NPT 체제를 붕괴시킨다는 의미로, 한국을 비롯한 주변 국가에 핵보유 경쟁을 부추기고 오히려 일본과 동아시아 지역의 안전을 해치는 사태를 초래할 것이다. 그렇지 않아도 한국 내에서 핵보유론이 점점 탄력을 받고 있어서 일본이 등을 떠미는 모양새가 된다면 한국은 틀림없이 핵을 보유하게 될 것이다. 이는 재정적으로도 많은 부담이 되고, 높은 세금 인상으로 국민 생활의 압박은 피할 수 없게 된다. 정치대국의 기반이 되어야 할 국민경제가 오히려 흔들려 버리는 결과가 된다. 국제 마찰과 거대한 재정 부담이 이 노선의 큰 장벽이다.

하지만 보다 본질적인 문제는 전후 일본이 걸어온 국제협조주의와 평화주의, 군사보다 국민 복지를 우선했던 국가 정책이 전면 부정되면서 국민적 합의를 전혀 얻을 수 없는 상황이 온다는 것이다. 자립의 수단이 되어야 할 군사력 강화 자체가 목적이 되어 버릴 수도 있는 위험성을 안고 있다.

시대 환경의 변화 속에서 대일본주의를 노리는 대국화 노선은 환상에 지나지 않았음을 자각해야 한다. 미·일동맹 강화를 통한 대국 지향, 국가 중무장에 의한 대국 지향 모두 시대적으로 적합하지 않다. 일본의 현재와 미래의 국력을 냉정하게 판단하여 이후의 진로를 생각한다면 탈대일본주의 국가에 대한 구상이 요구되는 것은 당연하다.

일본경제가 세계경제에서 차지하는 비율은 상대적으로 감소되고 있다. 1990년에는 GDP 세계 3위, 세계 15%의 점유율을 자랑하던 일본 경제였지만, 지금은 6%다. 인구 감소 추세와 거액의 재정 적자는 일본 국력의 한계를 보여주고 있다.

2010년대부터 중국이 일본을 대신해서 세계 제2의 경제대국이 되었으며, 세계 GDP의 20%를 점유하고 있다. 2000년대에 35%를 차지하던 미국은 현재 25% 정도의 비율이다. 머지않아 중국이 미국을 추월할 것이라는 예측이다.

폴 케네디(Paul Michael Kennedy)가 『대국의 흥망』에서 말했듯이, 경제력 변화는 국가 간 세력 관계에도 변동을 가져오고 언젠가는 패권이 교체될 것으로 내다보았다. 그러나 당분간은 군사적 의미에서의 미·중 패권의 전면 교체는 없을 것이다. 군사적으로는 미국이 크게 앞서 있다. 예를 들면 미국은 항공모함 11척을 보유하고 있는데, 중국은 한 척밖에 없다. 한 척이라도 위협적이라고 말하는 사람이 있겠지만, 세계 해양의 지배라는 점에서 미국의 압도적 우위는 변함이 없다.

전후 일본 외교는 세계 해양의 일인자인 미국과의 협력을 매우 중요하게 여겨왔다. 다만 대미 종속 관계를 벗어날 노력을 전제로 한다면 미국과 관계를 유지해 가는 것에 특별한 이견은 없을 것이다. 실제로 중국 해군은 미국 해군과 공동 훈련에 참여하고 있는 만큼, 미·일 관계가 쓸데없이 중국을 자극할 일은 없다. 중국이 해양 진출에 대한 의욕을 가지고 있다 하더라도, 그것이 일본의 자유로운 통상을 방해하는 사태로는 이어지지 않을 것이다. 이제 중국은 수출 의존도가 25%를 넘어서며 일본보다 훨씬 강한 통상국가로 인식되고 있다. 결국 일본과 중국은 서로 평화롭고 안정된 해양을 기대할 수밖에 없는 이해관계를 공유하고 있는 것이다.

중국 문명의 부활에 어떻게 대응할 것인가

경제 부문에 한해서 동아시아에서는 확실히 팍스 차이나 양상이 강해지고 있다. 일본을 포함한 대부분 아시아 국가들은 무역 구조에서 중국과의 무역이 차지하는 비율이 가장 높다. 일본의 무역 상대국 비율은 중국(홍콩 포함)이 25%, 미국이 16%다. 한국, 베트남, 필리핀, 오스트레일리아도 사정은 마찬가지다. 이는 거대한 인구를 거느린 중국의 고도 경제 성장으로 인한 자연스러운 현상이며, 정치적 영향력 증대와 함께 중국을 지역 패권국가로 상승시키는 결과로 이어질 것이다.

아시아에서 중국을 중심으로 한 중화권의 성립은 필연적인 역사의 흐름이라고 봐야 한다. 바꿔 말하면 이는 중국 문명의 부활로 인식해도 좋다. 거대한 문명이라는 것은 미국의 경우에서도 알 수 있듯이 배타적이고 이기적이다. 그들은 무조건 자신들의 보편성을 주장하며 남과 어울리기 어렵다.

거시적으로 봤을 때, 중국의 대두는 아베 정권이 염려하고 있는 중국의 군사적 위협으로 인한 것이 아니다. 아시아에서 부활하고 있는 중국의 문명에 그 답이 있고, 우리는 그에 어떻게 대처해야 할지 고민해야 한다. 헌팅턴(Samuel Huntington)의 "일본은 하나의 국가로 하나의 문명을 만들어 낸 특수한 예외 국가다. 근대 이전에는 중국 문명을, 메이지 유신 이후에는 서양 문명을 받아들이면서도 그 문화에 완전히 동화되지 않고, 동양적이지도 않으며 서양적이지도 않은, 작지만 독자적인 문명을 만들어 왔다. 중국이 거대한 문명권으로 부흥하려는 지금, 군사적 의미에서가 아닌 문명에 대한 대응책으로 일본은 과연 어떻게 독자적인 문명을 이뤄갈 것인지 생각해 봐야 한다. 그것이 중국의 대두에 대한 진정한 의미가 된다"는 말을 주목할 필요가 있다.

군사 억지력의 함정

위협이란, 주관적이며 상호적인 것이다. 냉전시대에는 누구나 소련의 위협을 두려워했다. 지금도 역시 러시아는 핵보유국이자 군사대국이지만, 일본에서 러시아의 위협을 목소리 높여 견제하는 사람은 거의 없다. 자위대 역시 러시아의 홋카이도(北海道) 침공에 대해서 예측하거나 대비하지 않는다. 이는 일본인들이 러시아를 바라보는 눈, 즉 주관이 바뀌었다는 것을 의미한다. 한국에서는 일본이 군사적으로 최대 위협적인 존재라고 주장하는 대통령 후보도 있었다. 보통의 일본인들이 봤을 땐 과대망상일 뿐이다.

이와 같이 위협이란 주관적인 것으로 때로는 크게, 때로는 작게 느껴지곤 한다. 어느 정도의 군비가 필요한가를 결정하는 것은 '상대의 위협에 대해 어떻게 대비할 것인가'에 따라 다르겠지만, 그것은 정치 쪽에서 판단할 문제이지 군사 관료의 판단에 맡겨서는 안 된다. 그러나 한편으로 '과잉 정치'로 생긴 포퓰리즘이나 내셔널리즘에 지배당하면서 잘못된 판단을 하게 되는 경우를 역사적으로 경험했다.

전후 일본 정치는 헌법이 정한 평화주의, 국제협조주의에 입각하여 전체적으로 '상대국의 위협에 대한 예측'을 최대한 억제하는 방향으로 이뤄져 왔다. 그러나 현재의 정치 상황은 포퓰리즘과 내셔널리즘이 과하게 확장되고 있다. 또한 정치가들은 군사 관료들이 판단한 이상으로 상대국의 위협에 대해 과민하게 받아들이며 필요 이상의 군비를 요청하고 있다.

역사적으로 전후 일본의 방위는 '소요(所要) 방위력 구상'과 '기반적(基盤的) 방위력 구상'이 서로 대립하고 있었다. 상대국의 침략 또는 위협 정도에 따라 자국의 군사력 규모를 정하는 것으로, 위협을 어떻게 가능할 것인가에 따라 군사력 규모는 큰 차이가 난다. 상대국의 '의도'나 '능력', 어느 쪽에 중점을 두고 판단할 것인가에 따른 차이이기도 하다.

'소요 방위력 구상'이란, 의도라는 것은 주관적이며 쉽게 바뀔 수 있는 것인 만큼 상대국 침략의 규모나 군사력의 실정을 미리 산정하여 이쪽에서 방위력의 규모를 예상하고 규모를 맞춰서 대항에 대비하도록 방위력의 예산과 군비를 연동적으로 마련하는 것이다. 그렇다면 국가는 항상 상대국보다 많은 군비를 비축해 놓아야 하며 군비는 점점 늘어나게 된다. 그러면 상대국 또한 군비를 늘리게 되고 결국 양국의 군비 확장 경쟁으로 번져 버린다.

'기반적 방위력 구상'은 상대의 의도를 파악하고 위협을 감소시키면서, 평상시에는 '거부력(拒否力)'만으로 최저한의 기반적인 통상 군비로 대처하는 것이다.

즉 기반적 방위력 구상은 정치나 외교를 중시하는 구상이며, 소요 방위력 구상은 정치, 외교에 별다른 의의를 두지 않는 군사합리주의적인 구상이라 할 수 있다.

기반적 방위력 구상은 미키(三木) 내각 당시, 방위청 내의 문관 구성원인 양복파(背広組)들이 그전까지 주를 이루던 소요 방위력 구상을 대신하여 만들어 낸 일본의 독자적인 이론이다. 당시부터 현재까지 제복조(制服組)[42]나 군사 마니아 정치가들에게는 평판이 나빴으나, 어찌되

---

42 방위성의 별정직 국가 공무원인 자위대원 중 육·해·공 자위대에서 명령을 받아 대무를 수행하는 자위관의 통칭. 이른바 무관, 군 출신. 제복 착용 의무가 있기 때문에 이 이름으로 불렸다.

었건 40년에 걸쳐 지속돼 왔다.

　그러나 안보조약의 해석 확대에 따라서 최근에는 새로운 '동적(動的) 방위력 구상'으로 변경되었다. 내가 총리에서 퇴진한 후 친미 보수 노선이 부활한 간 나오토 정권 시대의 일이다. 곳곳에서 소요 방위력 구상으로 다시 돌아간 것 아니냐는 비판이 있었다. 이는 중국의 위협에 대비한다는 명분을 세워 미국의 군사 행동을 더 적극 지원하기 위한 개정이라고 할 수 있다.

　태평양 전쟁 이전부터 이미 세계적으로 미국이 대두되기 시작했는데 일본은 이에 대비하여 소련 공산주의에 함께 맞섰으며 중국의 민족주의도 적으로 삼는 등 모든 위협에 군사적으로 대응하는 군사 합리성을 우선시하는 국가였다. 대본영 참모였던 세지마 류조가 훗날 회상하기를 "일본 해군은 미국을 가상의 적국으로 여기고 메이지 이후 군비를 증강해 왔다. 하지만 그것은 미국을 진짜 가상 적국으로 여겨서가 아니라 군비 증강을 위한 구실로 삼은 것이었다. 원래 미국과의 전쟁 따위는 예견되어 있지 않았다. 전쟁 억지 군비가 때때로 전쟁 촉진 군비가 되는 일은 군비가 가지는 습성이라고 할 수 있으며 (미국을 가상의 적으로 삼은) 일본 해군 역시 그 전철을 밟았다(『태평양 전쟁의 실상』)"고 말하고 있다.

　중국의 위협과 북한의 돌발, 거기에 이스라엘 과격파들의 테러에도 대비해야 한다는 구실로 군사합리주의를 원칙으로 나아간다면, 과거와 같이 전쟁 억지 군비가 전쟁 촉진 군비로 전환되어 버리는 실수가 일어나기 쉽다.

일본뿐만 아니라 전 세계적으로 '강한 국가를 만든다'는 말로 국민들의 내셔널리즘 감정을 부추기는 포퓰리스트 정치가들이 떠오르고 있다. 국가의 군사력을 강화하면 상대국의 긴장감을 고조시킨다. 결과적으로 이쪽에서는 상대의 위협 정도를 높게 잡을 수밖에 없다. 그렇게 되면 다시 국가의 군사력을 더 도모하게 되는 군사 억지력의 함정에 빠져버리기 쉽다.

군부와 혁신 관료들 그리고 좌·우익 정치가들에게 이끌려 과잉 군비에 빠져 버렸던 태평양 전쟁의 아픈 역사를 되풀이하지 않도록 전후의 국제협조주의를 발전적으로 계승하고, 내셔널리즘을 막을 수 있는 방위 구상이 요구되는 바다.

전수방위를
일관하는 결의

정치적으로 센카쿠 문제를 안정시킨다면 중국의 위협은 훨씬 줄어들 것이다. 그리고 일본이 유연하게 대응하면 가능하다. 과거 중·일 국교 정상화 때(1972년), 다나카 가쿠에이 총리와 저우언라이 총리는 센카쿠 문제에 관하여 서로 암묵적으로 보류하기로 합의했는데, 이에 대해 일본 정부나 미디어는 환영의 뜻을 보였다. 센카쿠 문제가 보류되던 그 시절로 돌아간다면 좋겠지만, 그

일로 인해 일본은 어떤 불이익도 당하지 않을 것이다.

　중국과 다른 나라 간의 영토 분쟁에 관해서는 원칙적으로는 냉정하게 국제법 준수를 주장해야 한다. 하지만 그곳에 자위대 함선을 파견하거나 관계국이라 하더라도 소해정이나 순시선을 제공하는 등의 행동은 중국에 노골적인 적대 행위로 받아들여지므로 삼가야 한다.

　남중국해 영토 분쟁의 경우, ASEAN 국가들이 남중국해를 규율하는 행동규칙에 법적 구속력을 요구하며 중국의 도발적인 움직임에 제동을 걸고 있다.

　이에 대해 일본은 개입을 자제하고, 오히려 당사국 간 노력을 격려하고 촉진해야 한다. 쓸데없이 중국 위협론을 부추길 목적으로 개입해서는 안 된다. 타국의 영토 분쟁에는 개입하지 않는 것이 일본의 기본 원칙이다. 남중국해 영토 분쟁에 개입하면 일관된 입장을 위해서 다른 아시아 나라들 간의 영토 분쟁에도 끼어들어야 한다. 그것은 불가능한 일이며, 해서도 안 된다. 미국이 북방 영토나 독도, 센카쿠 문제에 중립을 표명하듯이, 초강대국조차 타국의 영토 문제에 얽히는 것은 주저한다.

　나의 견해는 과거의 '기반적 방위력 구상'에 가깝다. 상대국의 위협은 정치적 노력으로 충분히 감소시킬 수 있다. 그리고 자위대 역시 국토 방위에 필요한 최소한의 무력 조직, 즉 소규모의 한정적이고 돌발적인 상대 공격에 대한 최소한의 '거부력'을 갖추고 있으면 괜찮다. 그 정도의 억지력이면 충분하며, 탈대일본주의의 국가 구상에 어울리는 방위 구상이라고 생각한다. 즉 전후 일본이 고수해온 전수방위의 입장을 향후에도 계속 관철해갈 것을 재차 결의해야 한다.

일본이 전수방위를 벗어나 군사력을 강화시키고 미·일동맹에 더 주력한다면 그것은 당연히 중국이나 북한에는 큰 위협으로 비치고, 그들도 거기에 대항하기 위해 군사력 강화에 더욱 전력하게 된다. 우선시해야 할 것은 군사력이나 미·일동맹의 강화가 아니라, 군사력의 의미를 축소시키려는 국제 체계의 실현에 보탬이 되도록 노력하려는 의지다. 중국이나 북한과의 대화 노선을 강화하고, 서로 협력할 수 있는 분야에서 최대한 노력하여 신뢰 관계 향상에 힘쓴다면 일본에 대한 양국의 위협은 자연스럽게 감소될 수 있다. 내가 일본에서 동아시아 공동체 구상을 강력하게 호소하는 것 또한 이런 이유에서다.

적과 아군이 계속 바뀌는 다국화 시대 동맹

과거에 닉슨 쇼크라는 것이 있었다. 전후 일본은 미국의 요구에 따라 베이징 정부 대신 대만을 공식 중국 정부로 지지하는 정책을 취하고 있었다. 그런데 닉슨 대통령은 일본과 아무런 논의도 없이 갑자기 중국 방문을 발표하고, 미·중 협력을 단행했다. 동맹국에 대한 노골적인 배반 행위였으며, 일본의 보수 정계는 곤혹감과 분노를 감추지 못했다. 그 충격으로 사토 내각은 퇴진했으며,

이어서 다나카 내각이 중·일 국교 정상화를 체결했다.

트럼프의 TPP 이탈 선언은 당시 충격에 버금갈 정도의 충격적인 일이며, 동맹국 일본에 대한 미국의 있을 수 없는 배신 행위다. 나는 원래 TPP를 반대했었지만, 그토록 열심히 추진하던 아베 총리는 왜 제대로 화를 내보지도 못한 걸까? 상대가 "다음번에는 미·일 양국 간 협정으로(결정합시다)"라고 말하면 "아, 그럴까요?"라고 명령에 그대로 따른다. 이런 이상한 대화는 없다.

정권이 교체되면 이전 정권의 국제 합의는 일방적으로 파기해도 상관없는 것이라면, 내가 총리가 되기 전에 합의됐던 후텐마 기지의 헤코노로의 이전 합의를 내가 총리 자격으로 일방적으로 백지화를 내세웠을 때 누구도 반대하거나 불만을 나타내지 말았어야 했다. 그런데 미국도 외무성도 국제 합의를 내세워 엄청나게 반대를 했다. 오바마 대통령 자신도 정권 교체 직후였으므로, 후텐마 기지의 이전 문제에 관해서 유연하게 생각했을 것이다. 그러나 서서히 미국 정부의 의향을 알아챈 일본의 외무, 방위 관료들에게서 유연성이란 찾아볼 수 없었다.

어째서 미국에는 국제 합의의 백지화가 허용되고, 일본에는 허용되지 않는 걸까? 미국이 패권국가이고, 일본은 종속국이기 때문이라고밖에 말할 수 없다.

미국 단독 행동주의를 선언한 미국 신정권은 앞으로도 이렇게 동맹국에 대한 노골적인 배반 행위나 부당한 요구, 나아가 국제협조주의를 무시하는 상황을 자주 일어으킬 것이 뻔하다. 그러나 다국화 시대의 동맹 관계란 애초에 그런 것이다. '춘추무의전(春秋無義戰)' 즉『춘추』라는 책에는 정의로운 전쟁이란 기술되어 있지 않다. 적과 아군이 끊임없이 바뀌는 세계다.

미·일동맹에 대한
과잉 기대, 과잉 의존

현재 트럼프는 친러, 반중 태도를 보이고 있다. 일본의 중국 위협론자들은 미·중 대립은 일본에 아주 좋은 기회라고 환영한다. 그러나 지금까지의 설명에서 알 수 있듯이 미국과 중국은 때로는 대립하고, 때로는 협조해 가며 깊은 관계를 유지하고 있다. 미·중의 정기 각료회담인 경제 전략대화는 부시 정권 이후 10여 년간 계속되고 있으며, 매년 정상회담도 정기적으로 열리고 있다. 중·일 관계보다 미·중 관계가 훨씬 긴밀하다. 닉슨 쇼크와 같은 사태가 다시는 일어나지 않는다고 장담할 수 없다.

일본은 자립을 위해 노력하지 않으면 안 된다. 현재의 아베 정권처럼 미·일동맹을 신성시하고 동맹 유지를 국가의 절대적 목적으로 두는 일은 반드시 개선되어야 할 사항이다. 냉전 이후 외무 방위 관료주의를 배후에 둔 친미 보수 노선은 미·일동맹이 세계의 공공재라고 표명하며 안보조약의 적응 범위를 조금씩 넓혀 왔다. 전 세계 국가들이 일본에 대해 위협의 강도를 증가시켰기 때문에 안보조약 해석이 확대된 것은 아니다. 그보다는 안보조약의 해석을 확대해야 한다는 주장들이 오히려 위협에 대한 확대 해석을 불러일으켰다고 보는 편이 사실에 가깝다.

아베 정권의 외교 방위 정책의 과정은 다음과 같다.

① 소련 대신 중국을 가상의 적으로 간주하고, 군사적·경제적 중국 포위망 만들기에 주력

② 중국의 센카쿠 열도 군사적 점령이 가능하다는 시나리오를 만들어 위기감 조성

③ 일본은 미국이 일본에 대해 집단적 자위권을 발동해 줄 것을 기대하여, 센카쿠 지역이 안보조약 적용 범위라는 것을 미국에 확인 요구함

④ 몇 해 전부터 미국이 요구해 온 중동 전쟁 지원을 의미하는 집단적 자위권 행사 용인의 해석 개헌을 행함

⑤ 미국과의 군사적 일체화를 진행해 가며, 영국처럼 미국의 최고 동맹국이 되기 위해 노력

⑥ 미국의 후원을 얻어 정치대국의 상징인 UN 상임이사국 가입을 노림

이 사항들이 결국 벽에 부딪히게 된 이유에 대해서는 앞에서 설명했다.

무모한 대일본주의 지향과 중국의 군사적 위협을 지나치게 우려한

잘못된 외교 방위 정책으로 인해 미·일동맹에 대한 기대와 의존은 갈수록 더 심해졌다. 이는 결국 일본이 외교에서 자유를 상실해 가는 원인이 되었다고 말하지 않을 수 없다.

'공생'을 통한 '자립'

나는 그 누구보다도 일본의 '자립'을 희망한다. 그런데 그것이 '중국과의 적대적인 자립'인지, 아니면 '중국과 공생하는 자립'을 지향하는 것인지에 따라 일본의 미래는 크게 달라질 것이다. 일본이 선택해야 할 길은 '공생'을 통한 '자립'이 되어야만 한다. 그것이 대일본주의 혹은 탈대일본주의의 갈림길이다.

나의 주장은 다음과 같다.

① 중국을 가상의 적으로 지목하는 것을 중단한다.
② 센카쿠에 관해서는 중·일동맹 성명, 중·일 평화우호조약 정신을 재확인한 뒤 보류한다. 네 개의 정치문서(후술) 등을 존중하며 중·일 관계를 안정시킨다.
③ 중국과의 '공생'을 통해 다면적인 신뢰 양성 노력을 하고, 동아시아 긴장을 완화함과 동시에 '동아시아 공동체 구상'을 추진한다.
④ 미국과 관련된 전쟁에 대규모로 협력하는 미·영동맹은 미국과 공

동 운명체 존재다. 그러나 미·일동맹은 미·영동맹과 같은 노선으로 가서는 안 된다.

⑤ 미군기지는 단계적으로 축소하며 지위협정도 전면적인 개정을 시도한다.

⑥ UN 상임이사국 가입을 추진하지 않는다. 미국의 최고 동맹국이라는 배경으로 정치대국이 되려는 길을 단념한다.

⑦ UN을 비롯한 다국 간 국제협조주의에 입각한다.

이것은 반미적 제안이 아니다. 미·일동맹의 과잉 부담을 줄이고, 일본의 외교적 자주성을 회복하기 위한 제안이다.

패전과 점령의 잔재인 미군기지의 축소와 미·일 지위협정 개정은 원래는 냉전 종언 후 바로 시작됐어야 할 과제였다. 같은 패전국인 독일은 재빨리 이를 단행한 결과, 기지의 대폭적인 축소와 지위협정 개정을 완수했다. 독일이 미국에 이 사항들을 요구했다고 하여 '미·독동맹 관계는 깨진다' 등의 이유로 반대한 정치가나 관료는 없었다. 일본에서도 국민들이 이에 동감하여 일치단결한다면 기지의 단계적 축소도, 지위협정 개정도 충분히 실현 가능하다.

또한 중국 친화적인 제안도 아니다. 전후 70년 계속된 미국과의 협력 관계를 유지하면서 중국과의 협조 체제를 이루기 위한 제안이다.

미국 종속 관계에서 벗어났는데 또다시 중국의 영향권 안에 들어가는 것 아니냐는 우려에 관해서도 잘 알고 있다. 그러나 지금 많은 나라가 중국이 지역 패권국가가 되었을 경우 뒤따르게 될 잠재적 위협과 실질적인 이익을 저울질하고 있다. 중국과 우호 관계를 높이기 위한 전략적 중요성을 인식하는 한편, 미국과의 적당한 거리를 재어가며 움직이고 있다. 세계 모든 나라가 여러 동향을 살피며 관찰하는 전방위 외교를 취하고 있는 시대에 오로지 일본만이 미·일동맹을 신격화하면서 쓸데없이 중국 포위망에만 신경 쓰는 것은 진심으로 국익에 반하는 일이라고 말하지 않을 수 없다.

그리고 미·일동맹과는 관계없이 중국과 일본은 서로 동맹 관계에 있는 이상, 가장 중요한 양국 간 관계는 지속될 것이다. 때문에 일본이 미국으로부터 외교적 독립을 이룬다 하더라도 다시 중국에 종속 관계가 성립되는 일은 없다. 중국과 일본 양국이 서로 교환한 네 개의 정치문서를 양국이 이해하여 지켜 나간다면, 양국은 종속 관계에 빠져드는 일 없이 대등한 관계를 확립해 나갈 수 있다.

네 개의 정치문서는 다음과 같다.

① 양국의 국교 정상화 당시, 중·일 공동성명
② 중·일 평화우호조약
③ 오부치(小淵) 총리와 장쩌민(江澤民) 주석의 중·일 공동선언(1998년)
④ 후쿠다(福田) 총리와 후진타오 주석의 중·일 공동성명(2008년)

①, ②는 일본과 중국 간 전쟁을 일으키지 않는다는 약속, 반패권과

평화 5원칙, 평화 10원칙을 다루고 있다. ③은 중·일 관계가 '가장 중요한 양국 관계'임을 강조하고, 무라야마(村山) 담화의 준수를 분명히 밝혔다. ④는 양국이 전략적 상호 관계에 있음을 확인하고, 정기적인 정상회담을 약속한 내용이다. 이 외교 문서는 양국 관계가 '협상' 관계에 있다는 사실을 입증한 문서라고 해도 좋을 것이다. 최근 이 문서를 가볍게 여기는 쪽은 오히려 일본이라고 생각된다.

70여 년 전까지 대제국(大帝國)으로 아시아에 군림하던 일본이 아시아의 일인자 지위를 잃고, 중규모 국가의 운명을 감수해야 한다는 사실은 나로서도 매우 가슴 아픈 일이다. 그러나 우리는 중국이 지역의 패권국가로 확대되는 현실을 어쩔 수 없는 역사의 흐름으로 용기 있게 받아들여야 한다. 다만 일본을 포함한 동아시아 국가들은 이로 인해 치명적인 국가적 손실을 입지 않도록 확실한 국제 체계를 만들어야 한다. 또 그러기 위해서는 서로 열의를 가지고 힘써야 한다.

이제는 대일본주의에 대한 환상을 버리고 스스로 힘의 한계를 자각해야 한다. 중규모 국가 일본이 얻을 수 있는 국익이 무엇인지 파악하는 것, 이것이 일본의 외교 방위 정책에 새로운 지평을 열게 될 것이라 믿는다.

내가 '동아시아 공동체'를 구상한 이유가 바로 여기에 있다. 미국 단독 행동주의를 내건 미국 신정권의 탄생은 국제 환경에 커다란 변동을 가져왔다. 지금이야말로 일본이 나서서 새롭게 동아시아 공동체 구상을 추진할 시기다. 우리는 아시아·태평양 지역의 신뢰 양성에 노력하고, 이 지역에 새로운 다국 간 안전보장과 경제 협력의 기초를 다지도록 확고한 결의를 가지고 앞장서서 나아가야 한다.

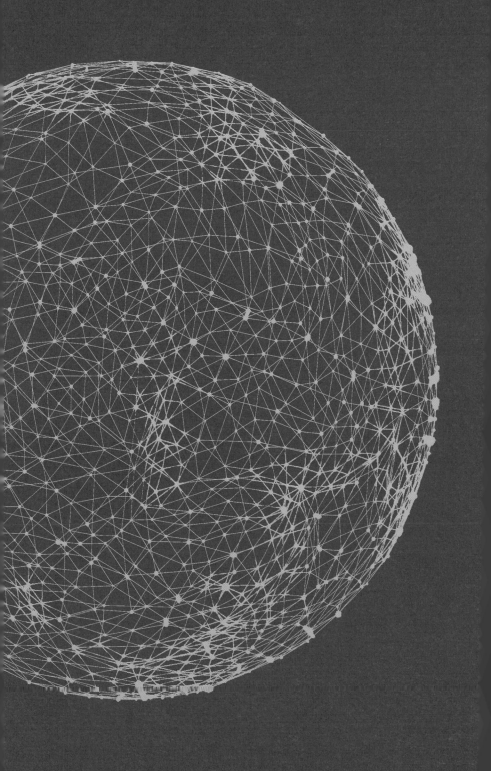

제3장

'성숙의 시대'를 위한 국가의 모습

: 성장 전략에서 성숙 전략으로

이루지 못한
대일본주의의 꿈

2008년 중국에 그 자리를 빼앗기기 전까지 일본은 약 40년간 미국에 이어 세계 제2위의 경제 규모를 유지하였고 최고 성장기 때에는 세계 GDP의 18%를 차지했었다. 냉전 종언 직후 미국에서조차 '소련보다 더 큰 위협은 일본의 경제력이다'라는 주장이 매우 설득력 있을 정도였다. 아마도 세계사에 기록될 만큼 가장 자랑스러운 일본 문명의 절정기였다고 해도 좋을 것이다.

당시의 일본경제 절정기를 그리워하며 '꿈이여, 다시 한번'을 염원하는 일본인들이 많다. 그러나 그것은 7대양을 지배했던 옛 대영제국을 그리워하는 영국인들과 마찬가지로 이루어질 수 없는 대일본주의의 꿈이라고 말할 수 있다.

1980년대 후반 일본은 버블경제의 시기를 맞이했다. 각 지역들은 점점 난개발이 이뤄졌고, 일본 전역에 골프장이 생겼으며, 언제까지나 이런 봄날이 영원히 이어질 듯한 분위기가 전국을 뒤덮고 있었다. 그러나 버블은 금세 붕괴됐다. 당시에 공적 자금을 대담하게 도입해서 한 번에 파산 처리를 했다면 상황은 조금 더 나아졌을 것이다. 일본 정부는 은행과 대기업 등에 달콤한 정책을 폈을 뿐이며, 버블의 후유증은 장기간 이어졌다.

버블 붕괴 이후 20여 년간, 일본의 성장률은 평균 1% 정도로 큰 변화가 없었다. 일본 정부에서는 이것을 비정상적인 경제 상태라고 판단하여, 이를 회복하고자 다양한 경제 정책을 내놓고 실행해 왔다. 처음에는 전통적인 재정출동[43]에 의한 경기 대책과 제로 금리 정책, 거기에 신자유주의적 규제 완화 등의 경제 구조 개혁이 펼쳐졌다. 이것을 모두 총동원한 것이 소위 현재의 아베노믹스다. 결과적으로 금융 완화 정책은 일시적으로 엔화 약세와 주가를 올려 수출 기업은 혜택을 보았다. 그러나 일본 기업의 펀더멘털(fundamental, 경제 기초)을 본질적으로 개선시킨 것이 아니었기 때문에 그 외의 정책은 어떤 효과도 없이 현재에 이르기까지 일본경제 성장률을 예전과 같은 수준으로 돌리지 못했다.

원래 재정출동이나 금융 완화는 1, 2년간 단기간 실행하면 성장력이

---

43 財政出動, 경기의 안정·향상을 도모하는 경제 정책의 하나. 세금이나 국채 등의 재정자금을 공공사업 등에 투자함으로써 공적 수요·총수요를 증가시켜, 국내총생산(GDP)이나 민간 소비 등의 증가 촉진을 도모한다. 수요 증가에 의한 실업자의 고용 기회 창출도 전망된다. 불황기의 경기 자극책으로 이용되는 정책.

회복되는데, 그 실행을 멈추더라도 어느 정도 성장 궤도를 달릴 수 있도록 하는 것을 전제로 한 정책이다. 하지만 그렇게 되지 않았다. 실행을 멈추는 순간 속도를 잃게 된다. 그래서 더욱 규제 완화를 단행한다. 이것이 바로 성장 전략이라는 '아베노믹스 제3의 화살'의 주장인데, 과연 옳은 일이었을까?

이런 일본경제 저성장 상황을 '잃어버린 ○○'라고 부르고 있는데, 거기에 10년, 20년, 25년 등으로 계속 이어지고 있는 이상 오히려 지금의 실질적 1% 전후의 성장이 정상적인 상태라고 봐야 할 것이다. 여기에는 여러 복합적인 이유가 있겠지만, 확실한 것은 일본경제를 둘러싼 내외 환경이 냉전 이후의 시대와는 크게 다르다는 점이다.

'성장의 시대'에서 '성숙의 시대'로

보다 명백해진 것은 사회주의 경제권이 사라지고 전 세계가 자본주의 경제권이 되었다는 사실이다. 옛 자본주의 경제권은 서양 플러스 일본, 즉 10억 명에 미치지 않는 인구 규모의 경제였다. 그 밖에 소련과 중국을 중심으로 하는 사회주의 국가와 제3세계라고 불린 다수의 개발도상국들이 있었다. 냉전 이후 자본주의는 약 50억 명의 경제로 확대됐다. 이 국가들은 예전에는 사회주의 경제였거나, 거기에 영향을 받아 자원 국유화 등 수입 대체 산업 육성을 중시한 경제 정책을 취했었다. 그러나 냉전 후에는 선진국의 자본과 기술을 도입하여 수출 제조업을 육성하는 것을 경제 성장의 목표로 삼았다. 전후 고도성장 시대에 일본이 했던 것과 같은 경제 전략이다.

특히 중국, 한국, 대만, ASEAN의 공업화 진전은 일본에 큰 영향을 미쳤다. 아시아 국가들이 일본의 자본과 기술을 도입하고 일본의 부품을 수입하면서 자국의 싼 노동력을 사용하여 일본이 만든 것과 똑같은 공업제품을 만들어 수출하게 되었다.

예를 들면 고도성장기의 사토 정권 당시, 일본 섬유제품의 대미 수출이 커다란 경제적 마찰을 일으킨 적이 있다. 하지만 지금은 일본 섬유제품(의류)의 90%가 수입되고 있으며, 그중 60%는 중국에서 들어온 것이다. 1990년대까지는 외화 벌이의 주역이었던 가전제품도 지금은 수입이 수출을 상회하고 있다. 물론 여기에는 현지에 진출한 일본 기업의 제품이 많이 포함되어 있다. 일본에서 만들 수 있는 물건들을 자국에서 더 싸게 만들어서 수출하는 나라들이 주변에 늘어나면 늘어날수록 일본의 물가는 내려가며 기업들은 보다 더 싼 노동력을 찾아 해외에 공장을 만들기 때문에 자금도 상승하지 않는다.

결국 아시아의 경제 통합이 활성화되면서 국내에서는 자금 하향 압력이 거세지고, 내수가 정체되는 과정들이 성장력 저하의 큰 요인임에는 틀림없다.

한 가지 더 확실한 요인은 인구 감소와 고령화다. 일본의 인구는 메이지 유신 시절 약 3000만 명, 종전 당시 약 8000만 명, 고도성장기에는 1억 명을 돌파했으며, 최고일 때 1억 2800만 명을 넘어섰다. 2006년 무렵부터 감소하기 시작하여 50년 후에는 5000만 명으로 떨어질 것으로 예측되고 있다. 게다가 1억 명을 돌파했을 당시의 65세 이상 고령자 비율이 7%였던 것에 비해서, 인구 1억 명 이하가 되면 고령자의 비율이 40% 정도가 될 것으로 추측되고 있다. 일본은 놀랄 정도의 빠른 속도로 고령화되고 있다.

노동자 수와 1인당 노동시간을 보면 이미 1990년대 이후 계속 감소되고 있다. GDP를 결정하는 것은 '노동, 자본, 기술'이라고 한다. 인구가 감소해도 기술 혁신으로 성장할 수 있다는 이론도 있다. 물론 그런 노력도 중요하지만 역시 급속한 인구 감소는 국가의 성숙 또는 온건한 쇠퇴 현상이라고 봐야 한다. 또한 예전과 같은 고도성장을 받쳐줄 만한 국내적 조건은 없어졌다고 봐야 한다.

인구가 줄고 고령자가 증가하고 있는 일본의 상황을 비유해서 말하자면, 한쪽에서는 인구 70만 명 규모의 도시가 매년 하나씩 소멸하고, 한쪽에서는 고령자만 살고 있는 60만 명 규모의 도시가 매년 하나씩 증가하고 있는 것과 같다. 아무리 생각해 봐도 내수의 축소는 필수이며, 이 또한 성장력 저하의 커다란 요인이라고 말할 수 있다.

한 국가의 발전 단계를 생각해 볼 때 고도 경제 성장기의 시기는 한 번뿐이라고 생각하는 것이 좋다. 도로와 철도 등의 산업 인프라를 급속히 정비하고, 경제 파급 효과가 큰 중공업이 발전할 때다. 일본과 다른 선진 공업국도 모두 이 시기를 거쳤다. 저성장은 일본뿐만 아니라 고도

성장기에 있는 많은 신흥국에까지 영향을 끼친다. 저출산·고령화가 급속히 진행되는 일본은 저성장의 폐해가 더 심각할 수밖에 없다.

우리는 일본이 '성장의 시대'에서 '성숙의 시대'로 들어섰다는 것을 자각하지 않으면 안 된다. 그러나 이것은 반드시 비관적인 것이 아니다. 새로운 시대 환경에 맞춰서 국가를 재정비해 나가면 보다 행복도가 높은 일본을 만들 수 있을 것이라 믿는다.

일본 정부의 성장 전략

버블 붕괴 이후 역대 내각에서는 일본경제의 성장력 회복을 목표로 '성장 전략'을 책정해왔다. '성장 전략'이란 중기적인 경제 성장률을 목표 수치로 세우고, 거기에 필요한 정책들을 각 성(省)에서 제출받아 최종적으로 경제산업성이 정리한 문서다. 하시모토 내각의 '경제 구조 변혁과 창조를 위한 프로그램'으로 시작되었으며, 다음 내각에서 비슷한 경제 구조 개혁안을 책정하는 것으로 상례화되었다.

'성장 전략'이라는 명칭을 처음 사용한 것은 고이즈미 내각 때 '신경제 성장 전략 방침'을 제시한 때부터였다. 이때 처음으로 10년간 연 2.2%의 실질 성장률을 목표로 하는 구체적인 목표 수치가 명기되었다. 이후 제1차 아베 내각은 '성장력 가속 프로그램 ― 생산성 5배 증가를 목표로', 후쿠다 내각은 '신경제 전략', 아소(麻生) 내각은 '미래 개척 전략 ― J 리커버리 플랜', 하토야마 내각은 '신성장 전략(기본 방침) ― 빛나는 일본을 목표로', 간 내각은 '신성장 전략 ― 활기가 넘치는 일본 부활의 시나리오', 노다 내각은 '일본 재생 전략 ― 프런티어를 개척하는 공창(共創)의 나라를 목표로', 그리고 제2차 아베 내각은 '일본 부흥 전략 ― JAPAN is BACK(매년 개정되었으며, 2016년에는 '일본 부흥 전략 2016')' 등과 같이 성장 전략 문서는 연중 행사처럼 만들어져 왔다.

하토야마 내각은 역대 자민당 정권에서 진행해온 선심성 경기 대책이나 신자유주의적인 고이즈미의 구조 개혁에 대해 비판적이었다. 때문에 처음에는 전 정권의 정책을 반드시 이어갈 의사는 없었다. 그러나 리먼 쇼크 이후 불황이 심각해지고 자민당과 재계에서 경기 대책을 요구하는 소리가 커졌다. 이는 자연스럽게 '민주당 정권에서는 성장 전략이 없다'라는 틀에 박힌 비판으로 이어졌다. 그래서 당시 간 나오토 부총리 겸 국가전략담당 장관의 지휘로 민주당의 성장 전략을 세우게 되었다.

인간을 위한 경제 사회

2009년 12월 30일 내각회의에서 결정된 하토야마 내각의 '신성장 전략(기본 방침) ― 빛나는 일본을 목표로'는 이전까지 이어온 민주당의 정치 이념을 존중하는 것을 기반으로 경제산업성에서 담당하여 정리했다. 각 항목 3%, 실질적인 성장 목표 수치 2%는 자민당 정권 때의 목표치를 이어갔지만, 총론만큼은 민주당의 색깔을 상당히 드러냈다. 조금 길지만 인용한다.

일본경제는 이전에 성공했던 두 가지 경제 정책에 얽매여 있다.

첫 번째는 공공사업을 통한 경제 성장이다. 전후 고도성장기였던 1960년대, 1970년대에는 공공사업으로 국가와 지역을 정비하는 것이 미래의 비전을 보여주는 '성장 전략'으로 유효했다. 생산성이 낮은 농촌 지역으로부터 도시 쪽으로 노동자가 유입되었고, 생산성이 높은 제조업으로 취업자가 몰려들었다. 그 결과 소비＝수요로 확대되어 일본경제는 높은 성장을 이뤘다. 국가 전체의 총 수요가 확대되는 가운데, 신칸센과 고속도로를 중심으로 한 교통 인프라의 투자 효과는 매우 컸다. 따라서 그 자체가 일본경제 성장에 크게 기여했다.

그러나 1980년대 들어 인프라가 정비되자 대도시에서 거둬들인 세수를 각 지방에 획일적으로 공공사업의 공사비 형태로 배분하는 '토건형 국가 모델' 구조가 정착되며 정치가와 관료들에 의한 이익 분배 구조, 세금 리베이트 구조를 만들어냈다. 공공사업은 농촌 지역의 고용 유지와 도시와 농촌 간의 격차를 줄이는 데 성공했다. 그러나 독자적인 지역 경제와 생활 기반을 잃게 만들었으며, 결과적으로 일본 전체의 경제 성장으로는 이어지지 않고 거액의 재정 적자를 쌓게 했다.

두 번째는 2000년대 '구조 개혁'이란 이름으로 추진된 공급 사이드의 생산성 향상에 따른 성장 전략이다. 규제 완화와 노동시장의 자유화를 진행하는 등 시장 원리를 활용하여 기업의 생산성을 늘림으로써 경제 성장을 이루려는 정책으로, 동시에 공적 금융의 민영화도 함께 진행되었다.

그러나 일부 기업들의 생산성 향상에는 성공했으나, 선택된 기업에만 부가 집중되었고 중소기업의 폐업은 증가했다. 금융의 기능 강화로 이어지지도 않았다. 전체 국민 소득도 향상되지 못했으며, 실감 나지 않는 성장과 수요의 침체가 계속됐다. 소위 '워킹 푸어(일하는 빈곤층)'로 대표되는 양극화의 확대가 사회 문제로 대두되었으며, 국가 전체의 성장력을 저하시켰다.

우리는 공공사업과 재정에만 의존한 '첫 번째 방법', 이미 지나간 시장 원리주의인 '두 번째 방법'도 아닌 '세 번째 방법'을 채택했다. 그것은 2020년까지 환경, 건강, 관광의 세 분야에서 100조 엔이 넘는 '새로운 수요의 창조'에 의한 고용 창출, 국민 생활 향상에 주목한 '신성장 전략'이다.

근대 일본 부흥기를 상징하는 '언덕 위의 구름'[44]을 목표로 한 '개발도상국형' 경제 운용이 아니라, 지구 규모의 과제를 해결하는 '과제 해결형 국가'로서 아시아와 더불어 살아가는 국가를 실현한다.

---

44 『坂の上の雲』(1968~1972, 산케이신문에 연재). 시바 료타로(司馬遼太郎)의 역사소설로 메이지 유신의 성공으로 근대국가를 시작하고 러·일 전쟁까지의 일본 부흥기를 그린 작품.

2008년에 발생한 미국발 금융위기는 세계경제 구조를 바꾸어 놓았다. 미국을 중심으로 수요가 세계적으로 증발한 현재, 지금까지의 방식 그대로 물건을 만들어 팔려고 해도 그것을 흡수할 수요가 존재하지 않는다. 이제 우리는 새로운 현실에 직면하게 되었다.

일본경제의 현상을 봤을 때 국내의 수급 차이가 현저히 나타난다. 2007년 515조 엔에 도달하던 일본 GDP는 473조 엔(2009년)까지 감소할 것으로 전망한다. 그러나 국민 생활과 관련된 과제를 적극적으로 해결하려고 한다면 잠재적인 수요가 넘쳐날 것이다.

첫 번째 과제는 지구 온난화(에너지) 대책이다. 세계 최고 수준의 저탄소형 사회 실현을 목표로 사회 전체가 움직이기 시작하면서, 생활과 관련된 분야와 운수 부문, 지역 개발 등 많은 분야에서 새로운 수요가 생겨나고 있다.

두 번째 과제는 저출산·고령화 대책이다. '안심하고 아이 키우기' '몸과 마음이 함께 건강한 장수를 이루고 싶다'라는 인류 공통의 목표를 달성하기 위해, 건강 대국 일본을 실현하고자 한다. 이 과제에 대한 처방책을 제시함으로써 사회 변혁과 새로운 가치를 만들고 결과적으로 고용을 창출한다.

일본이 세계에서 이런 과제들을 해결하는 선구자 역할의 '국가 모델'이 되는 것은 일본의 연구 개발력과 기업 체질의 강화에도 직결된다. 디플레이션에서 탈피하기 위해서는 수요의 창조와 공급력 강화의 호순환(好循環)을 이뤄야 할 것이다.

이런 체제를 만드는 정부의 역할도 성장 전략의 열쇠가 된다. '그린 이노베이션' '라이브 이노베이션' 등을 전략적인 이노베이션 분야로 지목하여 인재 육성과 기술 개발을 후원하고 수요를 창조하는 동시에, 철저히 이용자 입장에서 사회적 규율의 변경에 힘써야 할 것이다. 그리고 정부는 새로운 분야에 도전하는 사람들을 지원한다. 재정 조치에 지나치게 의존하지 않고 국내외 금융자산의 활용을 촉진하면서 시장 창조형 '규정 개선'과 '지원'의 적절한 조합을 추구한다.

우리는 사회 변혁으로 이어지는 기술과 시스템이 아시아 지역 등 해외 각지로 전개되는 것을 도모한다. 일본발 '과제 해결형 처방책의 수출(시스템 수출)'에 의한 아시아 수요의 창조라 말해도 좋다. 세계의 성장 센터인 아시아의 활력을 이어받아 아시아와 함께 더불어 살아가는 것이 새로운 일본 활력의 원천이 될 것이다. 세계에 개방된 매력 넘치는 국가로 변화하기 위해서 사람과 물건, 돈의 입구가 되는 공항과 항만 등 공공 인프라를 선택해서 집중 투자한다.

우리는 행복도와 만족도라는 새로운 지표와 가치관도 제안한다. 성장 전략을 실현하는 가운데 지역 활성화, 문화, 예술 등과 관련된 '새로운 공공' 담당자를 양성하고, 누구에게나 안식처가 되는 나라를 만든다.

'인간을 위한 경제 사회'를 세계에 널리 전한다. 이것이 신정권의 역사적인 사명이다.

역사는 스스로 창조하지 않으면 안 된다.

이 나라가 다시 찬란한 빛을 되찾기 위해―.

아직 성장 신화를 완전히 벗어나지 못한 부분이 있지만, 나의 글로벌리즘 비판의 논문 등도 참고해서 작성한 것이다. 시대 인식은 대체로 바르게 정리되었으며 공공사업에 대한 의존과 신자유주의에 관한 명확한 비판은 과거 자민당 내각의 성장 전략에는 없는 것이었다.

구체적인 항목으로 ①그린 이노베이션에 의한 환경·에너지 대국(저탄소 사회의 실현, 재생 가능 에너지의 보급 등) ②라이프 이노베이션에 의한 건강 대국 전략(의료·간병, 건강 관련 산업의 성장 견인 산업화) ③아시아 경제 전략 ― '가교 국가'로서 성장하는 일본(아시아 산업 통합에 적극적으로 참가하여 내수권화(內需圈化)를 목표로 한다) ④관광 입국·지역 활성화 전략(관광 입국의 추진, 지역 자원의 활성화에 의한 지방 도시 재생) ⑥고용·인재 전략(최저임금 인상, 여성·고령자·장애인의 취업률 향상, 안심하고 아이들을 낳아 기를 수 있는 환경의 실현을 통한 출생률 향상 등)의 6가지 항목을 들고 있다.

'대국'이라는 단어를 많이 사용한 부분이 걱정되지만, 나의 우애 이념과 동아시아 공동체 구상 등을 고려한 문서가 되었다. 수출 제조업 지원이 줄어드는 상황에서 환경·의료·간병·관광 등의 분야에서 새로운 내수를 창조하자는 방향을 명확하게 나타냈다. '경제를 위한 인간 사회'가 아니라, 생명을 소중히 하는 '인간을 위한 경제 사회'를 만들자고 주장하는 부분이 그 이전과 이후에도 없던 하토야마 내각의 성장 전략의 특색이며, 이는 '성숙 전략'에 가까운 발상이 되었다.

그러나 내가 퇴진하자 다시 관료 지배가 부활했고, 이후 민주당 정권의 성장 전략 문서에도 영향을 끼쳤다. 간 내각의 '신성장 전략'은 하토야마 내각의 문서를 기본적으로 이어갔지만, 재무성에서 요구한 소비세 증세에 영향을 받아 "'강한 경제' '강한 재정' '강한 사회보장'의 일체화 실현에 주목을 둔 '성장 전략'"으로 변경되었다. 7번째 항목으로 '금융 전략'이 추가되었고 '종합특구제도'의 창설 등 글로벌리즘적 향방도 부활했다. 노다 내각의 '일본 재생 전략'에서는 TPP 가입이 추가되어 글로벌리즘적 향방은 더욱더 가속화됐다. 당연히 사라졌어야 할 '첫 번째 방법'과 '두 번째 방법'이 서서히 부활하여 '금융 전략'과 함께 제2차 아베 내각의 '일본 부흥 전략'에 이르게 되었다.

콘크리트에서 사람으로

　　　　　　　　나의 정권 기간은 매우 짧았기 때문에 세 번째 방법인 생활과 환경 중시의 경제 정책으로의 전환에 거의 손을 쓸 수가 없었다.

　하토야마 정권 발족 당시, 리먼 쇼크로 인한 불황이었던 만큼 유권자들의 경기 대책에 대한 기대감은 컸다. 국민들의 기대에 부응하지 않으면 안 된다는 생각과 다른 한편으로는 그때까지 역대 자민당 정권에서 해왔던 선심성 공공사업과 신자유주의적 규제 완화 정책이 디플레이션 해결책으로 효과적이었던 것은 아니었는지, 아니면 오히려 양극화 사회를 초래한 것은 아니었는지에 대한 문제의식이 있었다. 이것이 앞서 말한 '신성장 전략'의 기본 내용이다.

바꿔 말하면 '공급 면의 구조적 문제가 아니라 수요 측면의 문제가 아닐까?' 하는 궁금증이 생겼다. 일본 GDP의 60%는 개인 소비에 의해 이루어지는 만큼 산업과 기업의 예산을 배분하기보다 국민에게 직접 예산을 배분하는 편이 재분배 정책으로 맞지 않는지, 경기 대책으로 그 방법이 개인 소비를 불러일으키고 경제를 활성화시키지 않는지, 그리고 중간 조직을 거치지 않고 국민에게 직접 배분하면 관료들의 낙하산이 줄어들고 국민에게 가야 할 몫이 중간에 착취되는 일이 없지 않는지… 등과 같은 사항이다. '아동 수당'과 '농민 수당' 그리고 '고교 수업료의 무상화' 등은 구체적인 정책으로 시작은 했지만 새로운 선심성 정책이라는 자민당의 비판으로 인해 소기의 목적을 달성할 수는 없었다.

하토야마 정권은 '콘크리트에서 사람으로'라는 공약을 내세웠는데, 무모한 공공사업을 폐지하는 것을 목표로 했으며 대신에 아동 수당과 고교 무상화 정책을 기획했다. 이 기획은 매우 올바른 선택이었다고 생각한다. 하지만 공공사업의 전면적 중단을 계획했거나 공공사업이 모든 악의 근원이라고 생각하지는 않는다. 단, 시대가 변해감에 따라 세상이 필요로 하는 공공사업의 종류는 달라진다고 생각한다. 정·관계 유착 구조 속에서 굳이 필요 없는 공공사업을 계속 진행하는 일은 좀처럼 바뀌지 않았다. 쌀이 부족했던 시대에 시작된 간척사업이 쌀이 넘

처 남아도는 시대에 반드시 필요하지는 않다. 그러나 그만둘 수도 없다. 얀바댐(八ッ場ダム) 건설사업에서 볼 수 있듯이 물의 이용, 관리, 발전, 그리고 환경 면에서 그 필요성이 의심되는 댐 건설사업은 아직도 여기저기에서 많이 행해지고 있다. 시대와 맞지 않는 기존의 공공사업들이 아직도 많이 남아 있다.

경기 대책으로서의 공공사업은 확실히 유효성을 상실하고 있다. 공공사업의 파급 효과는 고도성장기였던 1970년대에는 2.0이었으나 지금은 1.1 정도로 떨어졌다. 예전에는 1조 엔의 예산을 쓰면 2조 엔이 되어 돌아오는 경제 효과를 기대할 수 있었다. 하지만 지금 그런 효과는 거의 찾아볼 수 없다.

오늘날 공공사업의 역할은 그것을 지속하는 것으로 지방의 기간산업인 토목건설업의 경영을 지탱하고, 지역의 고용을 유지하는 정도의 의미로 변하고 있다. 지방의 경우 댐과 도로, 토지 개량사업이 정말로 필요한지 아닌지는 2차적 문제이며, 그에 따라 중앙정부에서 내려오는 돈이 없으면 지방자치체도 지방의 기업들도 움직일 수 없는 것이 현실이다. 얀바댐 역시 그런 전형이라고 할 수 있다.

토목건설업을 대신해서 지역 사회의 기간산업을 일으킬 수 있는 방법은 무엇일까? 토목건설업에서 파생되는 고용 유지 역할을 무엇이 대체할 수 있을까? 이것은 성숙 단계의 일본이 해결해야 할 하나의 과제다. 민주당의 '콘크리트에서 사람으로' 정책에 문제가 있었다면, 그 설명이 부족했기 때문이었을 것이다.

그런 의미에서 하토야마 내각의 '신성장 전략'이 내세웠듯이 공공사업의 내용을 산업 인프라의 정비에서 환경과 복지, 의료 등의 사회 인프라 정비로 전환해 가는 것은 성숙 단계에 있는 일본에 매우 필요한 과제다.

의료, 간병 분야의 확충은 연금, 복지와는 달리 제도의 설계나 개정뿐만 아니라 고용과 시설의 확대를 동반하기 때문에 산업적이며 경제 파급 효과가 큰 분야다. 지역 밀착형 산업임과 동시에 고용 창출 효과가 상당한 미래의 주요 산업이다. 성숙 사회의 공공재로서 의료와 간병 서비스를 담당하는 산업을 내수형 주력 산업으로 육성하고, 그 분야의 급여, 노동 환경 개선을 목표로 하는 것은 성숙 국가의 과제다.

동의하지 않을 수도 있겠으나, 하토야마 정권에서는 장애인 제도 개혁을 크게 진전시켰다고 생각한다. 장애를 안고 사는 많은 분과 함께 장애인 차별 금지법 제정을 목표로 적극적인 대화를 정부 내에서 진행했다. 그 결과, 완벽하지는 않지만 2016년 4월부터 장애인 차별 해소법이 시작되었다. 아직 차별 금지법까지의 과정이 남아 있지만 장애인들이 하루하루 일상 속에서 어려움 없이 걷고, 쇼핑을 하고, 식사할 수 있는 기본적인 인프라를 정비할 필요가 있다. 여기에도 성숙 국가로서의 책임이 있다.

그리고 하토야마 정권은 지구 환경 문제를 중요시하는 입장에서 고정 가격 매입 제도를 태양광 발전에 적용시켰다. 처음에는 잉여 전력 매입부터 시작하여 3년 후에는 그 대상을 태양광 발전 이외의 재생 가능한 에너지로까지 확대했다. 그리고 잉여 전력뿐만 아니라 전량 매입 제도로까지 적용을 크게 확대했다. 나는 총리 재임 중에 지구 환경을 생각하는 입장에서 단계적 에너지로 원자력 발전을 용인했었다. 그러나 동일본 대지진으로 인한 후쿠시마 제1원전 사고를 눈앞에서 보고 난 이후, 지진의 나라 일본에서 원전은 적합하지 않다고 확신했다. 안전보장 측면에서도 한시라도 빨리 원전 없는 일본이 되어야 한다. 그런 의미에서 하토야마 정권에서 시작된 성숙 국가로 거듭나기 위한 '자연 에너지의 국가 일본'으로 향하는 과정이 기득 권력에 의해 억압받고 있는 현실이 매우 우려스럽다.

양극화 사회에 대한 대응

하토야마 정권은 파견노동(派遣勞動)을 줄이기 위해 충분히 노력했으며, 그 결과 일용직 파견의 원칙적인 금지를 포함한 노동자 파견법 개정을 시행했다. 당시 리먼 쇼크 이후의 불황으로 파견노동자에 대한 불안정한 고용 상황이 심각한 사회 문제가 되었다. 현재 비정규 고용의 증대와 근로시간의 불평등 확대는 일본 사회의 심각한 문제가 되고 있다. 냉전 후, 규제 완화 정책에 따라 일본의 노동시장에서는 파견노동자들이 생겨났고 비정규 고용이 증대됐다. 원래 한정적으로 허용되던 파견노동 분야는 점점 더 확대되어 갔으며, 2003년에는 제조업에까지 규제가 풀리면서 단숨에 퍼져갔다. 비정규 고용은 1990년대에는 20% 정도였지만 지금은 40% 가까이 이르렀다.

아베 정권의 '일본 부흥 전략'에서는 '그동안 고용 정책의 기본을 간과했던 고용 유지형에서 노동 이동 지원형으로 대전환한다'고 발표했는데, 2015년 실제로 노동자 파견법이 재개정되었다. 종래 같은 회사에서 5년 이상 근무할 경우 본인의 희망 여부에 따라 정규직으로 전환할 수 있던 규제를 3년 이상 근무로 완화했다.

서양에서는 동일 노동, 동일 임금의 원칙을 준수하는데 일본에서는 그렇지 않다. 학교를 졸업하고 정규 직원이 된 사람과 비교해서 비정규 직원의 평생 임금은 3분의 1정도인데, 이는 매우 불평등하다. 동일 노동, 동일 임금에 대한 제도적 보장이 확실히 지켜지지 않은 채, 성장 전략을 명분으로 파견노동을 비롯한 비정규 고용을 확대시키는 것은 빈곤과 양극화를 더 심화시키지 않을까 우려된다.

하토야마 내각에서는 자민당 정권에서 시행하던 종래의 경기 대책과 글로벌리즘 경제 정책을 전환해야 한다는 문제의식은 가지고 있었지만, 사상적·정책적으로 충분히 체계화되기도 전에 사임했기 때문에 엉거주춤한 채로 끝나버렸다. 간 내각 이후에는 관료 의존도가 강해져서 재정(財政)과 재건(再建)을 이끌고 나가려는 재무성, TPP와 경제특구, 원전 수출을 주장하는 외무성, 경제산업성 주도의 글로벌리즘 노선으로 회귀하고 있다.

비정상적인
아베노믹스

아베 정권의 아베노믹스는 이른바 '세 개의 화살'이라고 하여 다음과 같은 세 가지 특징을 내세웠다. 첫째 과감한 금융 완화, 둘째 재정출동에 의한 공공사업, 셋째 신자유주의에 바탕을 둔 규제 완화를 중심으로 한 '성장 전략'으로 일본의 성장력이 회복될 것이라는 기대감이다. 엔화 약세 효과로 수출 제조업은 환차익으로 크게 이득을 보았으며, 그에 따라 닛케이 평균 주가는 상승했다. 그러나 지방 중소기업의 대부분은 원자재를 수입해서 가공하여 판매하기 때문에 엔화 약세로 인해 경영이 한층 더 어려워졌다. 결과적으로 대도시와 지방의 격차는 더 벌어졌다. 만 4년이 지난 지금도 내각의 최대 목표이자 공약이었던 2% 물가 상승, 3% 경제 성장률은 실현되지 않고 있다. 실질 성장률은 민주당 정권 당시보다 낮을 정도다.

아베 총리는 아베노믹스 세 개의 화살이 기대만큼 효과를 보이지 않자, 2015년 9월 '새로운 세 개의 화살'을 발표했다. 그것은 ①2020년 GDP를 600조 엔까지 높이기 위한 희망을 창출하는 강한 경제 ②출생률을 1.8까지 회복시키는 꿈을 쌓는 육아 지원 ③개호 이직(介護離職)[45]으로 인한 이직률을 0으로 하기 위한 안심 사회보장이다. 다만, '새로운 세 개의 화살'은 목표를 나타내는 말로, 화살보다는 과녁의 의미에

---

45 '개호'는 '간병'을 뜻하는 일본식 표현이고 '이직'은 관직에서 물러난다는 것으로, 개호이직은 늙은 부모의 병수발을 들기 위해 중년의 직장인이 회사를 그만두는 사회 현상을 말한다.

더 가깝다. 나는 미래를 나타내는 '과녁'을 제시하는 것이 나쁘다고 생각하지 않으며, 필요하다고 생각한다. 그러나 그것을 위해 어떤 정책을 펼칠 것인지 충분한 정책적 의견 수렴이 있었는지 의심스럽다.

트럼프 대통령은 "일본은 엔화 약세의 환율 유도 정책을 취하고 있다"고 비판했는데 상황을 잘 판단하고 꿰뚫어 보고 있다고 할 수 있다. 일본은행이 국채를 대량 매수하는 대폭적인 금융 완화 정책이 엔화 약세 유도 정책인데, 예를 들면 적자 국채를 기초 자금으로 해서 수출 제조업에 보조금을 내주는 것과 같은 것이다.

재정출동에 의한 공공사업은 농업과 토목업의 선심성 사업인데 대대적인 금융 완화로 인한 엔화 약세라는 간접 수단으로 선심성 사업의 대상이 수출 제조업까지 확대되었다. 아베노믹스로 어떤 일이 벌어졌느냐 묻는다면 이것뿐이다. 엔화 약세, 주가 상승으로 이익을 올린 대기업에 막대한 이익 잉여금이 쌓여가는 것일 뿐, 일자리 창출이나 부의 확산과 같은 트리클다운(trickle-down)[46] 현상은 일어나지 않았다.

아베 총리와 간 관방장관, 구로다 일본은행 총재까지 합세하여 트럼프 대통령의 엔화 약세 유도 비판에 대해서 엔화 약세 유도 정책을 취하지 않았다고 재차 강조했었다. 그러나 트럼프 당선 직후 간 관방장관은 인터뷰에서 "나의 중요한 위기관리의 하나가 환율이다. 환율을 가만히 지켜만 보고 있는 것이 아니라, 우리가 환율 위기관리를 잘하고

---

[46] 사회의 최고 부유층이 더 부유해지면 더 많은 일자리 창출 등을 통해 그들의 부가 서민층에게로도 확산된다고 보는 이론.

있기 때문이다"라고 말했다. 정부 주도로 환율관리가 이루어지고 있음을 인정한 것이다. 트럼프 대통령의 비판에 대해서 속국 근성을 드러내며 "하지 않았다. 하지 않았다"라고 부정할 것이 아니라 "했습니다. 하지만 미국이 먼저 대규모 금융 완화에 의한 달러 약세 정책을 펼쳐왔던 것 아닙니까?"라고 강하게 나갔어야 했다.

구로다 일본은행 총재는 공약이었던 '물가 상승률 2%' 목표 달성 기간을 다섯 번에 걸쳐서 미뤘다. 결국 그의 임기 중에는 목표를 달성할 수 없게 되었다. 2016년 가을 일본은행에서 일반 상식을 깨는 과감한 금융 완화의 '총괄적 검증'을 발표했는데, 목표를 달성하지 못한 원인으로 원유의 약세, 소비세 증세, 신흥국가들의 경제 침체 등을 들고 있다. 심지어 일본인의 물가 의식의 특수성까지 언급했다. 이것은 사전에 예상이 가능했던 요인들이며, 만약 이 상황을 충분히 예측하지 않고 제로 금리에서 또다시 마이너스 금리로 바꾸는 매우 과감하고 특이한 완화 정책으로 극약 처방을 낸 것이라면, 당사자의 책임이 매우 엄중하다고 말할 수밖에 없다. 4년이나 지났음에도 공약 달성이 어렵다면 이 정책 자체가 잘못된 것임을 반성하며 사죄하고 과감히 바꿔야 할 것이다.

나는 애초부터 아베노믹스의 기본 사상에 위화감을 느꼈다. 아베 정권은 2013년 6월 내각회의에서 '일본 부흥 전략'이라는 제목으로 성장 전략 문서를 만들 것을 결정했다. 여기에는 동일본 대지진 및 후쿠시마 원전 사고에서 벗어나 다시 부흥하자는 의미도 있었다고 본다. 하지만 '부흥'이란 말에서 알 수 있듯이, '예전처럼 높은 경제 성장을 바탕으로 강한 국가로 부활시키자. 그러면 외교도 잘될 것이고, 재정 적자도 해결되고, 사회의 양극화 현상도 해소된다'는 성장 신화를 설명하고 있다. 이를 위해서 '규제·제도 개혁과 관영사업 개방을 단행하여 글로벌 경쟁에서 계속 살아남을 수 있는 제조업을 부활시키고, 부가가치가 높은 서비스 산업의 창조를 이끌어낸다' '고용 정책의 기본을 간과한 고용 유지형에서 노동 이동 지원형으로 과감하게 전환한다'라며 신자유주의 정책에 기울고 있다.

특히 비정상이라고 느꼈던 점은 강한 경제의 부흥을 위해 '기업 경영자들은 결단하고 행동하여 세계와 싸울 각오를 하지 않으면 안 된다', 그리고 '지금이야말로 일본의 젊은이들은 세계 젊은이들에 맞서 경쟁에 나서야 한다. 따라서 전 세계에서 승리할 수 있는 인재를 육성해야 한다'며 마구잡이식 글로벌 경제 전쟁을 강조하며 국민들에게 싸울 각오를 다지게 하는 부분이다. 아베 정권의 성장 전략은 거국적으로 '싸울 수 있는' 글로벌 기업 지원책이며, 글로벌 기업을 짊어질 '싸워 나갈' 인재 육성책이라 해도 무방하다.

무엇을 위한
성장인가

'일본 부흥 전략'은 매년 개정되었는데, 2016년에 '일본 부흥 전략 2016'으로 4회째를 맞이했다. 여기에는 '생산성 혁명을 실현하는 규제·제도 개혁'이라는 항목이 있는데 주로 농업, 의료, 교육, 고용 등의 분야에서 현행 제도나 규제를 '암반규제(巖盤規制)'라고 하여 규제 완화의 대상으로 하고 있다. 그리고 '국가전략 특구'를 만들어 암반규제를 개혁할 수 있도록 하고 있다. "민간의 능력을 충분히 발휘할 수 있는 '세계에서 가장 비즈니스하기 좋은 환경'으로 만들어 경제 성장으로 이어지도록 한다" "일본을 '세계에서 가장 활동하기 좋은 나라'로 만드는 것을 목표로 하여 'GDP 600조 엔의 경제' 실현을 목표로 사업자의 생산성 향상을 위한 규제 완화를 추진한다" 등 자신감 넘치는 말들이 난무했다.

아베 정권의 성장 전략 중 '암반규제'라고 이름 지어진 모든 분야는 시장경제와 가장 잘 어울리지 못하는 분야들이다. 물론 거기에는 갖가지 다양한 문제들이 내포되어 있다. 하지만 규제를 완화시켜 시장에 맡긴다고 해서 그 문제가 한 번에 해소되는 종류의 이야기는 아니다. 또한 그것이 일본경제의 성장력 향상으로 이어지는 것도 아니다. 게다가 암반규제의 폐지나 암반규제 개혁을 위한 특구제도의 도입은 미국에서 만든 '연차 개혁 요망서'를 근원으로 한 것이다. 정확히 말하면 '세계에서 가장 기업이 활동하기 좋은 나라'에서 말하는 '기업'이란 '미국의 다국적 기업'을 일컫는다. 자칫하면 일본 의료보험제도와 농업과 교육의 근간을 붕괴시킬 수도 있는 위험을 안고 있다. 이에 관해선 제1장에서 설명했다.

더욱이 의문이 드는 것은 '세계에서 가장 기업이 활동하기 좋은 나라'로 만드는 것이 일본 정치의 목표에 맞는 것인가, '세계에서 가장 비즈니스하기 좋은 환경'을 만드는 일을 정치 목표의 우선순위로 삼는 것이 과연 국민 생활의 안녕으로 이어지는 일인가 하는 점이다. 오히려 우선순위가 반대 아닐까? 과거 세계에서 가장 근면했다고 알려진 일본은 확실히 세계에서 제일 빠른 속도로 성장했다. 하지만 그렇다고 일본인이 과연 세계에서 가장 행복한 국민이었을까? 흔히 세계 제일을 목표로 한다면 그것은 정말 멋진 일이라고 생각한다. 그러나 이왕에 세계에서 1등을 목표로 한다면 '세계에서 가장 행복한 국민'을 목표로 해야 하지 않을까?

아베노믹스의 기본 사상은 당연히 목적이 되어야 하는 인간을 성장의 수단으로 보고 있으며, 나의 우애 이념과는 근본적으로 맞지 않는다. 일본의 모든 기업이 글로벌 기업도 아니며, 글로벌 경제 경쟁을 하는 수출 제조업도 아니다. 일본의 고용과 GDP의 70% 이상은 지방의 비제조업과 서비스업에 의한 것이다. 그러나 여기에는 관심도 없다. 강한 국가는 막대한 수출 제조업 덕분으로 유지되므로, 국가는 총력을 다 해서 글로벌 경제 전쟁을 치를 글로벌 기업을 지원해야 한다는 발상뿐이다.

이것은 '인간을 위한 경제 사회'를 목표로 한 하토야마 정권과는 정반대의 방향성이다. 앞장에서 '무엇을 위한 동맹인가?'를 물었는데 이번 장에서는 '무엇을 위한 성장인가?'에 대해 질문을 하고 싶다. 4년이 지났어도 '일본 부흥 전략'을 목표로 한 명목상 성장률 3%는 실현되지 않았다. 어째서일까? 그 이유는 성장 전략이 성숙 단계에 놓인 일본 경제 사회에 적합한 정책이 아니었기 때문이다.

급속히 진행되는
계층화

아베 정권의 성장 전략인 '일본 부흥 전략'에는 미국의 신자유주의 시대 30년을 검증하는 관점이 빠져 있다.

이것은 아베 정권의 외교 방위 전략인 '국가안전보장 전략'에서 이라크 전쟁을 계기로 시작된 미국 독주시대의 검증과 반성이 빠진 것과 다를 바가 없다. 외무성과 경제산업성은 일본의 글로벌리즘 추진 관청인데 정치를 담당하는 외무성이 '국가안전보장 전략'을 작성하고, 경제 담당인 경제산업성이 '일본 부흥 전략'을 작성했다.

두 문서의 공통점이라면, 모두 글로벌리즘에 대한 어떤 비판도 없이 그에 순응하는 제도나 인재를 만들어내는 것이 국가의 정책이라는 발상이 문서 여러 곳에서 발견된다는 점이다. 이는 아베 정권의 대일본주의 지향과 글로벌리즘에 대한 추종, 즉 미국 추종으로 인해 생긴 극히 자연스러운 현상이라고 할 수 있다.

트럼프 대통령을 탄생시킨 시대 배경은 누구나 다 알고 있다. 30년간의 미국 신자유주의 시대의 귀결은 양극화와 빈곤의 확대, 국내 산업의 쇠퇴였으며, '1%의 부유층과 그 밖의 사람들'로 나뉜 사회였다. 바야흐

로 글로벌 피로감이 트럼프, 샌더스 현상을 만들어냈다. 은감불원(殷鑑
不遠)[47]이라 할 만하다.

일본의 양극화와 빈곤 현상도 상당히 심각한 양상을 띠고 있다. 경
제협력개발기구(OECD)의 통계를 보면, 일본의 상대적 빈곤율은 16%
인데 이스라엘(20.9%), 멕시코(20.4%), 터키(19.3%), 칠레(18%), 미국
(17.3%) 다음으로 여섯 번째로 높은 순위다. 미국을 제외한 선진국 중
가장 높으며, 한국(14.4%)보다도 높다. 소득 불평등을 나타내는 지니계
수(Gini coefficient)에서도 세계에서 아홉 번째로 높은 일본은 상당한
양극화 사회로 진행되고 있음을 알 수 있다. 게다가 대도시와 지방, 글
로벌 기업과 지방 기업, 대기업과 중소 영세기업, 정규 고용과 비정규
고용과 같이 양극화의 확대는 중층구조(中層構造)로 진행되고 있다.

무자산층(無資産層)도 급속도로 확대됐다. 주식도 예금도 없는 세대
의 비율이 1990년대에는 그다지 높지 않았는데 지금은 35%에 이른다.
세 세대 중에서 한 세대는 무자산층 계급이라는 뜻이다. 자녀의 빈곤율
은 16.3%로 상승했다. 교육 양극화로 저소득층과 빈곤층이 세습화되
고 있다. 일억총중류(一億総中流)[48]로 불리던 시대는 과거의 일이 되었
으며 일본에서도 계층화가 급속하게 진행되고 있다. 미국에서 일어나
고 있는 일이 일본에서도 일어나고 있다.

---

47 거울삼아 경계해야 할 전례(前例)는 가까이 있다는 뜻으로, 다른 사람의 실패를 본보기로 삼으라는 말.

48 일본에서 1970년대와 1980년대에 걸쳐 나타난 평등한 국민 의식 또는 평등한 사회 현상을 지칭한다.

냉전 이후 오늘날까지 미국발 글로벌리즘은 신앙처럼 이어지고 있다. 규제를 완화하면 벤처 기업이 생겨나고 새로운 산업이 육성되어 경제 성장률은 높아질 것으로 믿어왔다. 그러나 현재의 결과들을 검증해 보면, 현실적으로 전혀 다른 상황이 나타나고 있다.

유망한 새로운 산업은 전혀 창출되지 않았으며, 기존 제조업의 국제 경쟁력은 오히려 저하되었고 임금은 오르지 않았다. 비정규직 고용은 늘어났으며, 양극화와 빈곤은 확대되었다.

일본이 아직 글로벌화가 덜 이루어진 것으로 볼 것인지, 아니면 글로벌리즘 그 자체에 무언가 큰 결함이 있는 것으로 볼 것인지의 판단에 따라 향후 일본이 나아갈 방향은 크게 바뀔 것이다.

앞서 말한 바와 같이 아베 정권이 성장 전략으로 내세우는 것은 그들이 말하는 암반규제, 즉 농업, 의료, 교육, 고용 등의 기존 제도를 없애거나 바꾸는 일이다. 우리가 이미 과거의 경험에서 배웠듯이, 이 개혁들이 새로운 성장으로 발전해 가기는커녕, 새로운 양극화를 초래할 것이라는 예상을 누구나 쉽게 할 수 있을 것이다.

나는 새로운 성장력을 가진 기업이나 산업을 양산해 낼 필요성이 분명히 있다고 본다. 그러나 신자유주의를 바탕으로 한 성장 전략으로는 한계가 있다고 생각한다.

성숙 국가의
성숙 전략

후세의 정치가들은 고이즈미 정권 이후의 10여 년 시절을 '성장 전략의 시대' '모든 내각이 경제 성장을 정치적 목표로 내걸었으나 실현되지 않은 시대'로 기술할지도 모른다. 나는 나의 정권에 대한 반성과 함께 '성장 전략'이라는 단어를 이제는 그만 사용하는 편이 낫겠다고 생각한다.

'성장 전략'이라는 단어가 사람들에게 많이 회자되었던 탓에 오히려 그 단어가 가지는 의미에 대해 간과하게 되었다. 지방자치체와 기업 경영자들은 국가 재정에 의한 선심성 경기 자극책을 기대하게 되고, 수출 산업에서는 엔화 약세 유도책을 바라게 된다. 각 업계에서는 산업 보조 정책을 당연하게 기대한다. 한쪽은 규제 완화, 시장 개방 등 공급 중시 경제학(supply-side)[49]의 개혁이야말로 공급 전략이라는 신자유주의적 입장이다. 다른 한쪽은 고용 창출, 임금 인상 등의 수요 중시 정책 (demand-side) 개혁이 성장 전략이 될 것이라고 보는 사회민주주의 입장도 있다.

재정출동, 금융 완화, 규제 완화 어느 것이든 그것을 단기적으로 시행함으로써 공약 목표인 3%의 명목 성장률을 달성할 수 있다면 문제가

---

49 세율의 감소가 기업과 부유한 개인의 생산적 투자를 자극하여 전체 사회의 효용이 증가될 것이라고 주장하는 경제학 이론. 이러한 공급 측 경제학은 국민소득 수준, 물가 수준을 결정하는 데 수요의 측면보다 공급의 측면이 더 중요하다고 생각한다.

없다. 하지만 그런 방법들을 반영구적으로 계속 시행해야 한다면 일본의 재정, 금융, 경제 사회 전반은 혼돈에 빠지게 될 것이며, 사회의 건전함을 잃게 되는 사태를 불러일으킬 수도 있다.

따라서 특히 재정출동이나 금융 완화는 조만간 그만두거나 줄여야 하는 상황인데 그 타이밍이 매우 어렵다. 그 사이 기업이 이노베이션을 성공시키고 펀더멘털즈(fundamentals)[50]가 호전되면 기회를 잡을 수 있을 것이다. 하지만 현재 상황에서는 좀처럼 멈추기 힘들어 보인다. 이런 특효약들은 서서히 효과를 보는 것이 아니라, 단시간 안에 빠른 효능을 낸다. 그러므로 갈수록 더 강력한 특효약을 투입하지 않으면 살아가기 힘들어지는 위험성이 있다.

일본은행은 지금 매년 80조 엔의 국채를 사들이고 있다. 국가가 발행하는 국채의 두 배다. 상식적으로 생각해도 이런 상황이 언제까지나 계속될 수 있을지 아무도 모른다. 과감한 금융 완화 정책도 한계에 이르렀다고 생각한다. 아베노믹스의 이론적 지주인 하마다 히로가즈(浜田宏一)와 내각부참여(內閣府參与)[51]조차 "디플레이션은 머니터리 현상이라고 말하는데 이것은 잘못된 것이다. 제로 금리에서는 양적 완화가 먹히지 않는다. 재정출동을 더욱 가해야 한다"고 할 정도다. '일본은행에서 직접 국채를 인수하는 것을 허용하고, 대대적으로 돈을 풀어라!'라

---

50 경제 성장, 물가, 국제수지 등 국제경제 안정에 필요한 기초적인 조건들을 말한다.
51 내각부의 정책 분야에 대하여 정보 제공·조언을 실시하는 일반 국가공무원. 전문 분야의 전문가 중에서 내각 총리가 임명한다.

고 말하고 싶은 것인가. 제로 금리로는 금융 정책에 효과가 없다는 것은 거시경제학의 상식이며 나와 같은 비전문가도 아는 사실이다. 나는 솔직히 왜 그러는지 이해가 안 된다.

재정 면에서도 매년 몇조 엔이나 되는 경제 대책을 반복하고 있지만 경제 파급 효과는 나타나고 있지 않다. 지방경제는 정부와 관공서의 수요에 의존하는 경향이 보다 강해지고 있다. 규제 완화 등의 신자유주의 정책은 이제 더 이상 해서는 안 되며, 계속 지속하다가는 폐해가 너무 커지게 된다. 이에 대해서는 앞장에서 설명했다. '성장 전략'이라는 이름으로 높은 성장 목표를 세웠지만, 구체적인 방책은 현재 점점 사라져 가고 있다.

도대체 왜 3%의 명목 성장률을 실현해야만 하는가? 일본이 개발도상국이라면 이해할 수 있다. 보다 풍요로운 생활을 추구해서 높은 성장률을 목표로 정부와 민간이 일체가 되어 노력할 필요가 있다. 하지만 일본처럼 대부분의 국민이 어느 정도 안정된 생활이 가능한 나라에서 굳이 3%의 경제 성장을 목표로 할 필요는 없다. 왜 반드시 경제 성장 목표를 세우려고 하는 걸까?

정치의 목적은 '성장'이 아니라 '인간'이 되어야 한다. 경제 정책의 목표를 아베 정권이 말한 것처럼 '높은 경제 성장'과 '세계에서 기업이 가장 활동하기 좋은 나라'에 둘 것이 아니라, 하토야마 정권처럼 '인간을 위한 경제 사회'에 둬야 한다고 거듭 말하고 싶다. 이것이 성숙 국가의 경제 정책이며, 성장 전략이 아닌 '성숙 전략'이라고 말해야 할 것이다.

지금까지 각 내각에서 만든 성장 전략 시책 중에서 '성숙 전략'으로 취할 만한 것도 있다. 예를 들면 '관광입국(觀光立國)'[52]은 성장 전략이라기보다 성숙 전략일 것이다. 외국인 관광객을 상대로 외화를 버는 일은 과거에 번영했던 성숙 국가의 전략이다.

　하토야마 정권의 '신성장 전략(기본 방침)'에는 '일본을 방문하는 외국인을 2020년 초까지 2500만 명을 목표로 하며, 그에 따른 경제 파급 효과는 10조 엔, 신규 고용 56만 명'이라는 항목이 있다. 작년 외국인 관광객 수는 중국인 관광객의 비약적 증가 덕분에 이미 2400만 명을 넘어서면서 인원수는 목표를 달성해 가고 있다. 경제 효과의 수치는 정확하게 알 수 없지만, 중국인의 대량 구매가 다소 줄었음에도 불구하고 여전히 상당한 파급 효과가 있다고 생각한다.

　또 하나의 예를 더 들면 '신성장 전략(기본 방침)'에는 '스톡(stock) 중시의 주택 정책으로의 전환'이라는 항목이 있는데, '좋은 물건을 만들고 잘 관리하여 오래오래 잘 사용한다' '몇 세대에 걸쳐서 이용할 수 있는 장기 우량 주택의 건설, 적절한 유지 관리, 유통 시스템을 구축함과 동시에 소비자가 안심하고 적절한 리폼을 할 수 있는 시장 환경의 정비를 도모한다'라는 제안이 있다. 이것 역시 일종의 성숙 전략이다. 일본의 '빈 집 비율', 즉 총 주택 수에서 빈 집이 차지하는 비율이 현재 14%에 이르렀으며, 30년 후에는 40%를 넘을지도 모른다는 예상이 나

52　국내의 특색 있는 자연 환경, 도시 광경, 미술관·박물관 등을 정비해 국내외의 관광객을 끌어들여, 사람들이 쓰고 가는 돈을 나라의 경제를 지지하는 기반의 하나로 만드는 것.

오고 있다. 어느 다른 곳에서는 신축 건물이 계속 공급되고 있다. 일본에서는 경기 자극책으로 신축 주택의 건설을 계속 촉진해 왔으며, 민간들 역시 신축을 중시하는 공급 시스템에 일조해 왔다. 이것을 전환하는 일도 성숙 국가로 가는 하나의 과제다. 앞에서 장애인 차별 금지법을 언급했는데, 배리어 프리(barrier free)[53]와 같은 장애인과 고령자가 안심하고 살기 좋은 마을 만들기도 성숙 국가의 중요한 과제다.

지금까지 역대 15대에 걸쳐 영향을 끼친 '성장 전략' 문서를 검증하고, 글로벌리즘 현상과 한계를 확인했다. 우리는 '경제 성장'이 아닌 '인간'을 목적으로 한 '성숙 전략'으로 재편성할 것을 요구한다. 여러 사람들의 지혜를 모아 성숙 전략을 구상하고 '인간을 위한 경제 사회를 세계에 널리 알리는 것'이야말로 성숙 국가 일본의 사명이다.

성숙 전략 ①: 대일본주의 탈피

구체적인 성숙 전략을 고려할 때의 관점을 정리해 보자. 여기에서는 하나하나 세세한 정책에 관한 것이 아니라 성숙기 국가로서 일본이 해야 할 일, 해서는 안 될 일, 그것을 판단할 때의 원칙에 관해서 가치 선택의 문제로 다뤄 보겠다.

---

[53] 고령자나 장애인들도 살기 좋은 사회를 만들기 위해 물리적·제도적 장벽을 허물자는 운동.

첫째는 대일본주의의 경제대국 부활에 대한 희망을 버리자는 것이다. 경제적 측면에서 봤을 때 대일본주의에서 탈대일본주의로의 전환은 성장 전략에서 성숙 전략으로의 전환을 의미한다.

'대국'에 대한 집착이 클수록 강한 경제에 매달리고, 강한 경제는 강한 수출 산업, 강한 산업은 강한 국제 경쟁력, 강한 국제 경쟁력은 결국 규제 완화와 엔화 약세로 이어질 수밖에 없다. 그러나 역사적 경험에서 알 수 있듯이 선진 공업국이 제조업 수출로 줄곧 세계 1위를 지켰던 사례는 없다. 수출이 증가하면 통화 강세가 되어 수입이 늘어난다. 그것을 금융 완화를 통한 엔화 약세 유도 정책으로 막는 것은 단기적으로는 가능하겠지만 장기적으로는 어렵다. 따라서 성숙 국가라면 어느 정도의 통화 강세는 받아들여야 한다. 자원과 에너지를 수입에 의존하는 국가라면 엔화 강세는 불리하지 않다.

물론 국제적 투기 세력에 의해 단번에 극단적인 엔화 강세에 말려들면 위험하기 때문에 막아야겠지만, 일본 제조업은 1달러＝90엔 정도의 수준이면 충분히 할 만하다. 일반적 의미로 '강한 나라'란 강한 통화를 가지고 있으며, 국채 신용도가 높은 나라다.

흔히 일본의 경제 구조는 외수 의존 경제라고 생각하고 있지만, 실제로는 그렇지 않다. 일본의 수출 의존도는 15% 정도다. 그러나 일본은 에너지, 식량, 광물 자원 등을 오로지 수입에 의존하고 있다. 아무리 성숙 국가라 하더라도 매년 30조 엔 정도는 최소한 수출로 벌어 놓아야 한다.

앞서 지방 기간산업을 토목건설업에서 환경과 의료 등의 산업으로 바꿔야 할 필요성을 말했다. 그러나 이 내수형 산업은 지역의 고용을 유지하는 역할, 또는 제조업이 해외로 이전하면서 일자리를 만들어주는 역할을 기대할 수는 있겠지만, 외화를 벌어들이는 역할은 기대할 수 없다. 성숙 국가의 사회 기반을 지지하는 내수형 산업과 함께 국제 경쟁력을 가진 고부가가치 산업을 필요로 하는 것도 사실이다. 그러나 이와 같은 산업은 정부의 산업 정책으로 자동적으로 만들어지는 것은 아니다.

아베 정권은 성장 전략의 일환으로 오스트레일리아에 잠수함을 수출하고, 베트남에 원자력 발전소의 수출을 목표로 했었으나, 모두 다 실패했다. 잠수함 수출은 한때 결정 직전까지 갔었으나 결국 프랑스에 수주를 뺏겨버렸다. 오스트레일리아 정부가 일본에서 무기를 수입하는 것이 중국을 자극하게 될 것을 두려워했기 때문이었다. 베트남으로의 원전 수출도 아시아 지역으로 원전을 수출하는 모델케이스가 될 것으로 정부와 업계가 크게 기대했지만 재정난과 현지 주민의 반대 등으로 무산됐다.

수출 제조업을 지원하는 형태의 국가에 궁극적인 성장 전략은 무기수출과 거기에 따른 군사 예산의 확대다. 이것은 대일본주의 발상에서 나온 잘못된 선택이며, 이에 대해 강하게 반대한다. 무기 수출은 잘못하다간 다른 나라와 긴장감을 높이게 될 수도 있으며, 거기에 의존하기 시작하면 일본의 경제를 군사 케인스주의의 잘못된 구조로 만들게 될 위험마저 생긴다. 원전에 관해서는 일본 내에서도 반대 여론이 많았으며, 모든 나라에서도 점점 반대의 목소리가 세지고 있다. 정부 간의 합의가 있더라도 시민운동과 맞서야 할 상황이 올지 모른다. 원전 수출은 중국, 러시아, 한국이 힘을 기울이는 분야다. 신칸센 수출이라면 어떨지 모르겠으나 원전 등으로 경쟁할 필요는 없다.

아베 정권은 기존의 수출 제조업에 대해 과도한 지원을 하고 있다. 특히 무기 수출이나 원전 수출에 많은 후원을 하고 있는데, 이는 매우 심각한 일이 아닐 수 없다. 무기와 원전의 수출은 자제하는 한편, 제약이 많은 상황 속에서 제조업이 살아남을 방법을 모색해야 할 것이다. 그것이 성숙 전략의 원칙이다.

성숙 전략 ②:
동아시아 경제 공동체 추진

두 번째는 아시아의 경제 통합을 적극적으로 추진하는 입장에서 성숙 국가 일본을 구상하는 것이다.

정치적인 것을 떠나서 경제적으로 일본, 중국, 한국, 대만, ASEAN은 운명 공동체. 아시아 국가들의 공업화 성공은 한편으로는 일본 제조업을 곤경에 빠뜨리는 일이 되어 버렸다. 미국에 이어 최강의 자본주의로 고도성장기에 있던 일본 제조업은 임금 상승 부분을 가격에 전가할 수 있었지만, 냉전 이후 아시아 국가들의 제조업들과 경쟁하게 되면서 가격도 임금도 아시아 수준으로 내려야 하는 압력을 받게 되었다.

그 결과 국내총생산의 성장률이 낮아지면서 직원 해고, 비정규 고용, 저임금화, 생산 거점의 해외 이전이 가속화됐다. 한편 아시아 국가들의 제조업에 필요한 로봇 기계나 부품 등의 자본재를 수출하는 수평 분업 구조가 이뤄지면서, 일본경제는 아시아 나라들의 경제 성장의 도움을 받는 형태로 변하고 있다. 그런 의미에서 아시아는 운명 공동체화되어 가는 것이다.

일본 제조업의 공동화(空洞化)는 1980년대의 미국 제조업 공동화와는 성격이 다르다. 미국 제조업은 대부분 일본을 비롯한 다른 국가의 기업에서 만드는 것으로 대체되었다. 이에 반해 냉전 후 일본의 공동화는 제조업의 생산 거점 해외 이전으로 생긴 것이다. 일본 기업들은 중국을 비롯한 외국에 공장을 건설하고, 거기에서 제품을 제조하여 일본과 세계에 수출하고 있다. 이것은 일종의 외화 벌이와 같아서 국내총생산은 감소하지만 국민총생산 또는 국민총소득이 반드시 감소한다고 할 수 없다. 바꿔 말하면, 일본 내수권의 확대라고 생각하는 편이 더 정확할 것이다. EU가 독일경제의 내수권이라는 말과 같은 의미다.

바야흐로 아시아는 거대한 공급 사슬(supply chain)[54]로 결합된, 사실상 '동아시아 경제 공동체'가 성립되었다. 이를 무시한 경제 정책이 성공할 리가 없다. 이제 와서 "대대적인 금융 완화로 싸게 설비 투자 자

---

54 상품의 연쇄적인 생산 및 공급 과정.

금을 빌릴 수 있다"고 해도 "아, 그래요?"라고 정부의 말을 믿고 국내로 생산 거점을 다시 되돌릴 기업은 아마 없을 것이다. 아시아의 국가들은 가전제품 공업화 성공 등으로 중간계층이 늘어나고 있다. 그들의 소비력은 하루가 다르게 늘어나고 있으며, 인구 감소로 침체에 빠진 일본의 국내 소비를 보완해 줄 것으로 기대하고 있다. 일본 제조업이 살아남을 길이기도 하다.

이미 ASEAN 경제 공동체(AEC)는 발족했으며 동아시아의 경제 통합 흐름은 앞으로도 계속될 것이다. 일본은 이 흐름에 적극적으로 가세해야 한다. 이것은 미국과 중국 양국이 얽힌 국제 정치적 선택과도 관계된 원칙이다. 아시아 경제 통합에 도움이 되는 시행에는 적극적으로 참여하고, 거기에 저해되는 행동은 하지 않으며 그런 행동을 하는 나라와는 얽히지 않도록 해야 한다. 이런 의미에서 일본은 동아시아 나라들의 관계를 분단시킬 염려가 있는 TPP에는 소극적이지만, 한국·중국·일본 3개국의 FTA와 RCEP에는 적극적인 자세를 갖춰야 한다. 이 또한 내가 동아시아 공동체 구상을 주장하는 또 하나의 이유이기도 하다.

성숙 전략 ③: 공정한 사회 성립

세 번째는 '공정한 사회'의 성립을 경제 정책의 목표 세울 것을 주장한다.

저성장은 양극화와 빈곤이라는 심각한 사회 문제를 가져온다. 다르게 말하면, 확실히 높은 경제 성장이 사회의 여러 병을 치료해주는 특효약이라고 할 수 있다. 그러나 그 특효약이 더 이상 듣지 않을 때, '저성장 속에서 새로운 재분배 구조의 구축'이라는 과제를 해결해야 할 것이다. 성숙 국가의 정치적 역할은 무엇보다도 사회의 왜곡을 바로잡아 공정한 사회를 실현하는 것이다.

양극화와 불평등의 확대는 민주정치의 기반을 위태롭게 만든다. 신자유민주주의 경제 체제의 정치적 결말은 결국 중간계층의 해체, 포퓰리즘의 대두다. 이런 추세에 맞춰 따라가지 않고 어떻게든 제동을 거는 경제 정책을 제시해야 한다.

국내외 역사적 경험에서 보면 저성장하에서 시장 원리주의와 규제 완화 정책은 양극화의 확대와 계층 고정화를 확대시킨다는 사실이 명확해지고 있다. 상류층 일부가 부유해지면 그들의 부가 하위계층으로 이어질 수 있다는 낙수 이론(trickle-down)은 환상에 지나지 않다.

일본에서도 빈부격차와 불평등이 심각하다고 말했는데 일본은 미국처럼 유권자들의 반란까지 이르고 있지는 않다. 그 이유 중 하나는 기존의 사회보장제도에 의한 재분배가 상당히 잘 이루어지고 있기 때문이다. 성숙 국가에서는 재분배 정책을 한층 더 확충시켜야 할 것이다. 특히 육아 지원, 교육 지원 등 젊은 노동층에 대한 지원책은 출생률 향상과 소비 확대를 위해 필수적인 성숙 전략이다. 이를 위한 재정 부담은 피할 수 없다.

문제는 그에 대한 수익과 부담에 대해 국민적 합의가 성립되지 않았다는 점이다. 냉전 후 정계에서는 큰 정부로 갈 것인지, 작은 정부로 갈 것인지, 아니면 미국식 자조사회(自助社會)를 추구할 것인지, 유럽식 복지국가를 추구할 것인지와 같은 다양한 방법이 제기됐다. 논의 과정을 생략하고 사실상 일본인들은 유럽식 복지사회를 선택했다. 이제 와서 작은 정부와 미국형 자조사회로 만드는 것은 불가능하다. 이 사실을 인정한 다음, 이후의 경제 정책을 구상해야 한다.

　2017년도 예산에서 일본의 사회보장 관련 비용은 32조 4735억 엔으로 세출 총액 97조 4547억 엔의 33.3%를 차지하는 최대 항목이다. 이에 비해 세입 총액 35%에 해당하는 34조 4320억 엔이 공채 수입이며, 그중 소위 적자 국채는 28조 3820억 엔(29%)이다. 적자 국채를 멈추고 사회보장비를 제로로 한다면 균등 재정, 작은 정부가 되겠지만 그렇게 될 가능성은 없다.

　일본의 국민 부담률은 41%로, 선진국 중에서는 미국(31%)보다 높지만 영국(45%), 독일(52%), 프랑스(55%)보다는 낮은 수준이다. 그러나 41% 안에 적자 국채가 29조 엔 정도를 차지하고 있는데, 만약 이것을 소비세로 처리한다면 서양의 복지국가와 비슷한 20% 이상의 소비세율이 될 것이다.

　일본은 유럽형 복지국가가 되고 있지만 그 비용은 세금이 아닌, 적자 국채 발행으로 부담되고 있다. 적자 국채를 사는 곳은 국민의 저축 예금을 관리하는 은행과 우체국, 보험회사이므로 결과적으로 국민이 부담하고 있는 것과 같다. 그러나 이것 역시 개인 금융자산 총액 1700조 엔의 한도 내에서 가능한 사실이다. 매년 30조 엔 정도의 적자 국채를 계속해서 사게 되면 이후 10여 년 안에 한계에 도달하게 된다. 그때는 심각한 상황을 맞이할 수밖에 없다.

시기와 순서는 나중에 생각하더라도 중장기적으로 국민 부담률이 커질 것에 대한 마음의 준비를 해두어야만 한다. 해결 방법으로 소비세뿐만 아니라 금융자산과 상속세에 대한 과세 확대 등 신중하게 검토할 것이 많다.

그동안 하토야마 정권의 과제이면서 이루지 못했던 정·관계 유착 구조 타파를 위한 행정 구조 개혁을 피해갈 수는 없다.

생각해보면, 민주당 정권이 탄생했던 당시의 선거에서 민주당은 낙하산 인사를 비롯한 쓸데없는 행정을 철저하게 없앨 것이라고 주장하여 갈채를 받았다. 그리고 관료들의 낭비 지출을 철저하게 없애기 전까지는 소비세 증세는 하지 않겠다고 약속하여 정권을 획득했다. 그렇지만 기득권에 모여드는 벌레들을 전부 퇴치하지 못한 채, 소비세 증세를 발표함으로써 국민들로부터 철퇴를 당했다. 다시는 이와 같은 과오를 반복해서는 안 된다. 중장기적인 국민 부담률의 인상은 국민들에게 이해를 구하지 않으면 안 된다. 따라서 기본적으로 근본 원인을 없앤 후 행정 개혁을 단행함으로써 국민들이 느끼는 불공평함을 불식시켜야 한다.

고도성장 시기의 행정 구조를 계속 이어가려 하고 기득권을 지키기 위해 대국 지향의 성장 전략을 고집하는 본말전도의 모습이 보이고 있다. 성숙 국가의 행정 구조로 바꾸기 위해서는 기존의 좋지 않았던 관행의 근본 요인을 완전히 없애는 행정 개혁을 이뤄야 할 것이다.

성숙 전략 ④ : 국민국가 통합 중시

네 번째로는 국민국가 통합을 위협하는 사항에는 신중하게 대응해야 한다는 점이다.

국민국가 통합을 저해하는 요인으로 많은 사람이 우려하고 있는 것이 외국인 노동자 수용에 관한 문제다. 경제계와 정부는 성장 전략의 하나로 현재의 여러 규제를 없애고 단순 노동에 종사하는 외국인을 적극적으로 수용해야 한다는 입장으로, 대다수가 찬성하고 있는 듯하다. 그러나 유럽 공동체 각국에서 이민 노동자 배척 운동이 심각하게 전개되고 있는 사실을 타산지석으로 삼아야 한다.

외국인 노동자의 수용 문제는 경제적인 시점만 판단할 문제가 아니다. 일본 사회를 유지하기 위해서는 이제 일본인만으로는 절대적으로 노동력이 부족한 분야에서는 외국인 노동자로 대체할 필요가 있다. 이때 외국인 노동자들에게 일본인과 동등한 조건을 제시해야 한다. 단순 노동이 아닌, 예를 들면 IT 등과 같은 첨단 분야에서는 우수한 외국인이 활약할 수 있는 환경을 제공할 필요가 있다. 그러나 경제 합리성의 추구를 위하는 길이 오히려 국민국가의 통합을 저해하는 경우에는 경제 합리성보다는 국민국가 통합을 우선으로 할 것을 원칙으로 해야 한다.

나는 기본적으로 일본을 동경하고 일본에 정착하고 싶은 사람들에게 일본은 개방되어 있어야 한다고 생각한다. 그리고 많은 외국인이 전 세계에서 가장 살고 싶은 나라로 일본이 선택되기 위해 국민 모두가 노력하는 것이 매우 중요하다고 생각한다.

시리아에서 유럽 각국으로 모여든 난민의 수는 약 410만 명이다. 이렇게 많은 사람이 난민으로 몰려 들어오면, 난민을 수용하는 국가에서도 간단한 일이 아니다. 난민 배척 운동이 일어나더라도 충분히 이해할 수 있다. 일본 정부는 향후 5년간 300명 규모로 시리아 난민을 수용할 것을 표명했는데, 나는 이 정도 수용 인원은 선진국으로서 너무 적어 부끄러울 정도였다. 2016년 일본에 난민 인정을 신청한 외국인은 10만 901명이었는데 그중에서 난민으로 인정받은 사람은 불과 28명이었다. 난민 대부분은 정치 난민으로 전 세계를 떠돌아다니는 사람들이다. 자립과 공생의 성숙 국가로서 일본에 도움을 요청하는 이들을 더 많이 수용해야 한다. 그러나 이 문제와 값싼 노동력을 얻기 위한 외국인 노동자 수용 문제는 전혀 다르다.

일본에서 처음으로 외국인 노동자 수용에 대해 논의된 것은 고도성장기였던 이케다 내각 무렵이었다. 특히 경기 호황으로 일손 부족에 힘들어 하던 섬유업계를 중심으로 한 경제계에서는 과거 서독이 외국인 단순 노동자들의 유입을 단행했던 사실을 예로 들어 정부에 외국인 노동자를 받아들일 것을 요구했다. 그러나 당시 이케다 내각은 이시다 히로히데(石田博英) 노동성 장관의 강한 반대로 인정하지 않기로 방침을 결정했다.

그 이유로 외국인 노동력의 일시적인 체류일 것이라고 추측한 경제계와는 달리, 외국에서는 이미 외국인 노동자들의 정착으로 이어졌으며, 경제 후퇴기에는 외국인의 실업이 심각한 사회 문제화되어 정착한 외국인과 그 가족들의 처우를 둘러싼 인권 문제가 생길 위험이 있다고 보았다. 이후 일본에서는 이 사항이 노동 행정의 기본 방침이 되었는데 그런 판단은 당시로서는 대체로 정당했다고 말할 수 있다. 실제로 1964년 도쿄 올림픽 이후 불황이 닥치자 경제계에서 내세웠던 외국인 노동자 유입론은 한 번에 가라앉았다.

버블기에도 노동자 수용에 대한 요구가 거셌는데, 이를 추진하는 정계와 당시 통상산업성과 가깝게 지내는 논객들, 그리고 반대파인 노동성과 보수계 논객들 사이에서 격한 논쟁이 있었다. 그 결과 남미의 일본계 사람에 대해서는 직종에 관계없이 일본에서의 취업이 인정되어 현재의 '외국인 기능 연수제도'가 시작되었다. 그러나 버블 붕괴 후, 일본계 노동자의 실업과 귀국 문제가 심각해지면서 일본 정착을 선택한 사람들이 지역 사회와 통합되는 과정에서 곤란한 문제들이 발생했다. 또한 기능 연수제도가 기술 연수를 위한 것이라는 명목상 목적으로 이용되면서, 불법 브로커들의 중개로 단순 노동력 수용 제도로 취급되면서 갖가지 사회 문제를 일으키는 것도 사실이다.

한편 건설 현장, 대규모 경영의 농업 법인과 전업농가, 일부 제조업, 간병, 서비스 산업 등에서는 저임금 외국인 노동자가 없으면 유지되지 않는 분야도 있는 것이 현실이다. 특히 요즘처럼 경제 호황기에는 그 수요가 급증한다. 기능 연수제도가 그런 역할을 맡고 있는 것도 무시할 수 없다. 동일 노동과 동일 임금은 일본인과 외국인의 차별 없이 똑같이 적용해야 하며, 외국인이라는 이유로 싼 임금으로 일을 시키는 것은 차별이다. 이것이 불만으로 이어져 사회 문제를 야기하는 원인이 될 가능성도 부정할 수 없다.

그리고 많은 잉여 노동력을 가지고 있는 개발도상국들이 일본에 단순 노동력 수용을 요청할 경우, 아시아 지역의 경제 통합 추진 관계를 잘 생각하여 어떻게 대응할 것인지 고민해야 한다.

경제협력협정 체결과 함께 간병, 간호 분야에서 2008년부터 아직 소수이기는 하지만 인도네시아, 필리핀, 베트남에서 인력을 받아들이고 있다. 일본에서는 간병, 간호 분야에서 일하기 위해서는 요양보호사, 간호사 자격을 취득해야만 한다. 자격증 취득을 위해서는 일본어 마스터가 필수이므로 어학의 어려움으로 인해 아직은 좁은 문이다. 그들은 결코 단순 노동자가 아니라 일본에는 필요한 인재이기 때문에 어학연수를 통해 어학 실력을 쌓으며 시험을 볼 수 있도록 하는 유연한 도입체제를 만들어야 할 것이다.

외국인 노동력의 유입은
신중하게

일본은 호황기에는 외국인 노동자 유입론이 거론되고 불황기에는 가라앉는 것이 외국인 노동자 문제의 특징이다. 외국인 노동자들을 항상 저임금 노동력으로만 쓰려 하는, 멀리 보지 못하는 경제 대책 때문이다.

호황기와 불황기에 따라 외국인 노동력을 기계적으로 늘리고 줄이는 것은 불가능하다. 유럽에서는 여러 가지 귀국 추진 정책을 시도해 봤지만 대부분 실패했다. 많은 이민 노동자에게 자국민과 같은 공공 서비스를 제공하고, 교육 기회를 부여하며, 사회보장제도를 적용함으로써 그들이 지역 사회의 구성원으로서 자국민과 같은 책임을 지고, 좋은 시민으로 지역 사회에 통합되어 가기를 기대하는 것은 매우 힘든 일이다. 유럽 국가의 이민 노동자들이 슬럼화된 열악한 환경에 방치된 채 최저 소득층으로 고정된 생활을 하며 살아가는 현실에 마음이 매우 무겁다. 그것이 테러의 온상이 될 수 있다고 한다.

일본에는 그 정도로 많은 이민자가 없기 때문에 그런 사회 문제까지는 아직 거론되고 있지 않다. 하지만 앞으로는 수많은 이민자의 인권을 지키고 좋은 시민으로 지역 사회에 융합되어 가는 사회를 만들기 위한 고민이 필요하다. 이런 문제를 제대로 해결하지 못하면서 많은 이민자를 받아들이는 것은 매우 신중하게 다뤄져야 할 것이다.

현재에도 정부나 여당 일부에서는 '2020년에는 간병 분야에서 25만

명, 건설 분야에서 80만~90만 명의 노동력이 부족해진다. 따라서 부족한 인력을 외국인 노동자로 채워야 한다'는 논의가 일어나고 있다. 인구 감소 사회에서 경제 활력을 유지하기 위한 목적에서 나온 성장 전략의 하나라고 할 수 있다. 그러나 외국인 노동자를 일본인보다 싼 임금으로 일하게 해서는 안 된다. 또한 앞으로 매년 70만 명씩 줄어드는 일본의 인구 감소 문제를 전부 이민과 외국인 노동자로 대체한다는 것은 도저히 납득할 수 없는 이야기다.

나 같은 단카이 세대(団塊世代)[55]가 고령자가 되는 시기에는 간병인이 많이 부족할 것이라는 예측이다. 간병은 꽤 어려운 노동으로 오랜 기간 일하는 사람이 적다고 한다. 부족한 인력을 일본인으로 감당할 수 있다고 생각하면 오산이다. 간병인이 되기 위해서는 장기간의 실무자 연수가 필요하기 때문에 간호 복지 수험자는 매년 감소하고 있다고 한다. 따라서 부족한 인력의 간병인이나 요양보호사를 외국인에게 맡기지 않으면 안 되는 구조가 되고 있다. 그러나 이 분야는 단순 노동이 아니다. 이 직업을 선택하는 외국인 노동자들에게는 좀 더 엄격하게 자격을 부여해야 한다고 생각한다. 2020년 도쿄 올림픽 무렵까지 건설노동자의 부족 현상이 이어질 것이다. 그러나 이런 수요는 매우 일시적인 것이므로, 이를 위해 외국인 단순 노동자를 한꺼번에 많이 받아들여서 해결하려는 방침에는 매우 신중해야 할 것이다.

---

55 1947년에서 1949년 사이에 태어난 일본의 베이비붐 세대를 가리킨다. 1970년대와 1980년대 일본의 고도 성장을 이끌어 낸 세대다.

종전 이후 일본에 남아 있는 재일 한국 및 조선계 사람들은 현재 약 50만 명이며 버블기의 유산인 일본계 외국인 정착자도 수십만 명 정도라고 한다. 최근 재일 한국 조선인들에 대한 혐오 발언이 늘고 있으며, 위안부 문제와 독도 문제로 그들의 생활에 영향을 미치는 행동에 안타까움을 금할 수 없다. 영주(永住) 외국인에 대한 지방 참정권 문제도 아직 실현되고 있지 않다. 차별 의식으로 일어난 다양한 문제들이 전부 다 해소된 것은 아니다.

아무리 일손이 필요하다 하더라도 100만 명 정도 규모의 단순 노동력을 수용할 때, 일본 사회 전체가 부담해야 하는 사회적 비용은 매우 큰 만큼 확실히 각오를 다져야 할 것이다. 그들과 공생해 갈 착실한 준비도 하지 않은 채 경제 합리주의 관점으로만 결론지어 버리는 것은 충동적 사고다. 일본인들이 자연스럽게 그들과 함께 더불어 살아갈 수 있는 의식을 키우도록 해야 한다. 외국인 노동자들을 경제 합리주의적인 관점에서가 아닌, 같은 지역의 동포로 받아들일 준비가 갖춰졌을 때 사회적 비용도 줄어들게 될 것이다.

저성장 속에서 값싼 노동력만을 위한 외국인 단순 노동력 유입은 새로운 양극화와 계층화를 불러일으킨다. 저소득 외국인 노동력이 사회 빈곤계층으로 유지되는 나라는 성숙 국가로 나아갈 수 없으며, 외국에서도 그렇게 평가하지 않을 것이다. 이 문제는 국민국가의 통합을 방해하지 않는 범위 내에서 신중하게 다룰 문제다. 당장 싼 노동력 때문에 외국인 단순 노동자들의 수용을 인정할 것이 아니라 같은 노동, 같은 임금을 전제로 맞아들이거나 기존의 기술 연수제도를 재조정하여 대응해 나가야 할 것이다.

글로벌리즘의 병폐, 영어 공용화

　　　　　　　　　　일부 행정부와 경제계에서 논의 중인 '영어 공용화'에 대해 말하고 싶다. 이 역시 경제적 관점이 아니라 국민국가의 통합을 우선하여 생각할 문제다.

아베 내각의 '일본 부흥 전략'에는 "쇠는 뜨거울 때 두들겨라"라는 일본의 속담을 인용하며 '초·중등 교육 과정에서 영어 교육을 강화하고 … 세계와 경쟁하는 인재를 육성한다'라는 문항이 나온다.

나는 초·중등교육 과정에서 영어 교육이 충분하다고 생각하지는 않는다. '외국인과 대화할 때 일상 회화 정도로 말할 수만 있다면 영어와 친숙해질 수 있을 텐데'라고 생각하는 사람도 많을 것이다. 일본인 영어 선생님으로부터 문법만 배우다 보니 회화를 잘할 수 없다는 것을 나 역시 경험했다. 이런 부분에서는 영국인이나 미국인 교사의 고용으로 굳이 수업 시간을 늘리지 않아도 해결할 수 있을 것이다.

그러나 '일본 부흥 전략'에는 그 정도 내용이 아니라 '세계 공통어인 영어는 글로벌 기업에 반드시 필요한 언어다. 영어를 자유자재로 구사할 수 있는 인재를 늘리면 이는 곧 경쟁력 강화로 이어진다. 그러므로 일본인은 전부 영어를 할 수 있어야 한다'는 단순한 발상이다.

미국의 다국적 기업 관계자 중에 일본어를 비관세 장벽으로 보는 사람이 있다는 이유로, 그리고 "일본을 '세계에서 가장 기업이 활동하기 좋은 나라'로 만든다"가 목표이기 때문이라면 당연히 영어를 공용어로 하는 편이 좋을 것이다. 그렇게 되면 다국적 기업이 일본에서 장사하기에는 편해질 것이다. 그러나 당연히 잃는 것도 많다. 일본 고유의 전통 문화에 대한 존경심이 사라져 버리는 것은 자명한 일이며, 모국어에 대한 자긍심과 영어 이외의 언어에 대한 존중감 역시 사라질 것이다. 이것도 글로벌리즘에 대한 신앙이 낳은 병폐 중 하나다. 거기에는 자립정신도 공생의 정신도 없다.

아무리 경제적인 면에서 논의한 것이라 하더라도 한 나라의 경제력과 영어 실력은 전혀 상관관계가 없다. 영국의 식민지였던 나라들을 제외하면 경제 선진국에서 영어를 공용어로 하는 나라는 없다. 영어를 공용어로 사용하고 있는 나라는 거의 대부분 개발도상국이다.

메이지 초기에 문부대신을 역임한 모리 아리노리(森有礼)는 일본어는 빈약하고 불완전한 언어이며, '영어를 사용하는 국민들이 세계를 휩쓸고, 그들의 상업적인 실력은 세계시장을 지배하고 있다'며 근대화를 위해서는 영어를 모국어화하는 것이 지름길이라고 주장했다.

이에 대해 자유민권운동의 투사였던 바바 다쓰이(馬場辰猪)는 반대론을 주장했다. 두 사람 모두 긴 유학 생활을 경험했으며, 영어를 자유자재로 읽고 쓸 수 있는 당시 최고의 지식인이었다.

바바는 일본어는 견고한 문법이 있는 언어이며 어휘를 확충해 가면 충분히 근대화를 위한 언어가 될 수 있다고 주장하였다. 만약 영어가 모국어로 된다면 일본인은 영어를 할 수 있는 지배층과 할 수 없는 피지배층으로 계층이 발생할 것이고, 두 계층 간에 공통적인 민족 감정이 사라지면서 국민국가의 통합을 잃게 될 것이라고 말했다.

"모리는 영어 채용으로 생길 당장의 눈앞의 국제적인 이익만을 고려했다. 영어를 채용한 경우에 일어날 사회적 귀결, 즉 그로 인해 일본의 하층계급이 국민 생활에서 저해당할 위험에 관해서는 전혀 생각하고 있지 않다."(하기하라 노부토시(萩原延壽),『바바 다쓰이(馬場辰猪)』)

일본 근대사에서 위대함을 찾는다면, 많은 지식인이 외국어를 통해 습득한 지식과 기술을 번역하여 그것을 국민에게 널리 알려 공유함으로써 서민층에도 서양 문명에 접근할 수 있는 균등한 기회를 보장하여 근대화를 짊어질 많은 인재를 육성하고 성공시킨 일이다. 메이지 국가는 모든 국민이 일본어로 모든 전문 지식을 배울 수 있는 사회를 만들었다. 이것이 일본이 비백인, 비기독교 세계에서 유일하게 근대화에 성공한 커다란 요인이라는 점을 부인할 수 없을 것이다.

메이지 시대에 일본인이 만들어 낸 문자인 '정치' '경제' '사회' '문화'는 중국과 한국에서도 현재 사용되고 있다. 나는 손문(孫文) 탄생 150주년을 축하하는 자리에서 리자오싱(李肇星) 중국 전 외교부장이 "'혁명'이라는 말도 일본인이 만든 단어지요?"라고 물어서 매우 놀란 적이 있다. 오히려 최근 일본어는 영어를 그대로 가타가나(カタカナ)로만 표현

한 것이 많아서 일본어 번역 능력이 퇴화되고 있다는 점이 걱정이다.

일본의 정·관계에 있는 사람들에게 "EU의 공용어가 무엇인지 아세요?"라고 물어보면 정확하게 대답하는 사람이 거의 없다. 정답은 'EU 가맹국의 공용어가 EU의 공용어'다. 현재는 24개 언어가 EU의 공용어다. 영어, 프랑스어, 독일어 3개 언어의 사용 빈도가 높은 것은 사실이지만, EU가 다언어주의를 지역 통합의 중요한 원칙으로 삼고 있는 것은 높이 평가해야 할 일이다. 언어라는 것은 국민국가의 아이덴티티와 관련된 매우 중요한 요소다. TPP 교섭 과정에서, TPP 구역 내에서의 공용어는 가맹국의 모든 공용어로 해야 한다고 주장한 일본의 교섭관은 한 사람도 없었다. 일본이 목표로 하는 경제 질서의 본질이 어디에 있는지를 알 수 있는 부분이다.

내가 구상하고 있는 '동아시아 공동체'의 공용어도 가맹국들의 공용어로 해야 한다고 생각한다. 각 가맹국의 공용어를 공용어로서 지장이 없도록 공동체를 운영하기 위해서는 EU로부터 배울 필요가 있다.

물론 영어가 전 세계적으로 많이 통용되고 있는 만큼 영어를 배우는 일은 매우 의미 있는 일이다. 국제적인 학회나 다양한 이벤트에서 영어가 중심 언어로 사용되고 있기 때문에 어느 정도 영어를 배울 필요는 있다. 그러나 유·소년기에 중요한 것은 자국어를 확실히 배우고, 세계 다른 나라에도 일본어처럼 다른 많은 언어가 존재하며, 그 사람들과 함께 어울려 살아가야 하는 마음을 기르는 일이다. 일본의 유명한 소설가인 나쓰메 소세키(夏目漱石)와 정치가인 후쿠자와 유키치(福沢諭吉) 등도 바바 다쓰이와 같은 의견을 보였다. 우리는 메이지 시대의 선각자 정신에서 배워야 할 것이다.

홍콩에서 거주하고 있는 조쿠(淨空) 법사는 내가 존경하는 고승(高僧) 이다. 그분께서 "일본은 중국, 한국, 베트남과 손을 꼭 잡고 나아가시 오"라고 나에게 말씀하셨다. 네 나라의 뿌리가 원래 한자문화권이기 때문이다. 한자문화권의 나라들은 역사적으로 '이화위귀(以和為貴, 화합 으로 귀하게 된다)'의 공통된 마음이 있으며, 이런 마음을 서양에 널리 펼 쳐서 세계 평화를 실현하기 위해 네 나라가 지도적인 역할을 해야 한 다고 말했다. 역사적으로 우애정신은 서양이 아닌 한자문화권에서 먼 저 만들어졌다는 것이다. 국제적인 정치·경제와 과학 분야에서 활약하 기 위해 영어를 배우는 것은 좋다. 하지만 일본인이라면 한자 문화를 좀 더 존중할 필요가 있지 않을까.

미래를 준비하는
성숙 국가의 시대정신

성숙 국가에는 고도성장기의 경제 합리주의 추구와 미국 독주시대의 글로벌리즘 신앙과는 다른 시대정 신이 필요하다.

관광 산업을 예로 들자면, 단지 외국인 관광객을 끌어 모아 숙박과 토산품으로 돈을 벌어들이면 된다는 경제 합리주의만으로는 성립되지 않는다. 자연 환경, 역사적 경관, 전통 문화라는 유형·무형의 관광 자원을 보존하고 정비해 가는 것에 대해 국민적인 열정이 필요하다.

경제 합리성의 추구는 경제 성장기의 주요 시대정신이었다. 경제 활동을 원활하게 하기 위해 옛 성터 주위의 연못을 모두 메워서 도로를 만들거나, 자연 환경을 바꿔서 댐을 만드는 것도 그런 의미에서는 합리적인 선택이었다. 그러나 이제는 다시 각지에서 성터를 복원시키고 전통적인 마을로 재건시키면서 도시 경관을 정비하고 자연 환경을 보전하려는 움직임이 활발하다.

여기에는 관광 자원을 위한 경제적 발상도 있지만, 보다 본질적으로는 평소의 일상 속에서 자연스럽게 외국인과 접촉하는 문화를 형성하는 가운데, '일본이란 어떤 나라인가?' '일본이 세계에 내세울 만한 것은 무엇인가?'에 관해 일본인 스스로 묻고 답을 얻는 시대가 열렸다는 것을 의미한다.

우리는 스스로 자연 환경을 지키고, 전통 문화를 존중하고, 그것이 경제 활동에도 자연스럽게 반영되어야 한다는 의식이 있다. 건전한 내셔널리즘 감각이라고 할 수도 있다. 또한 그것은 후세에 물려줄 성숙기 일본의 문화유산을 창조하는 준비이기도 하다. 성숙 국가는 미래의 준비를 돕는 역할을 충실하게 이행해야만 한다.

자국의 자연과 전통에 자부심을 가지면서도 세계의 다양성을 이해하고 존중하는 태도, 요컨대 자립과 공생을 목표로 하는 우애의 정신이야말로 성숙기 일본의 시대정신이다.

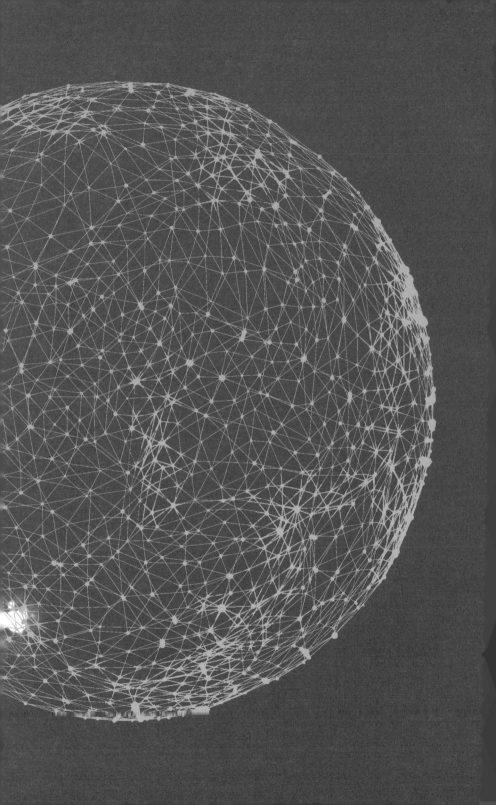

제4장

탈대일본주의를 향하여

: 팍스 아시아나를 맞이하는
중규모 국가의 자세

불안한 '일본 내셔널리즘 해방 노선'

민중은 항상 민주적인 것을 지지한다고 할 수 없다. 역사적으로 히틀러의 사례가 가장 대표적이다. 민중들의 전폭적인 지지를 받고 등장한 반민주주의(反民主主義) 정치가와 정치 세력을 어떻게 중재해야 할지 몇 번이고 괴로워하고 갈등하며 현대의 민주주의는 발전해왔다. 그리고 지금도 세계는 글로벌리즘으로 인한 정치적 포퓰리즘과 내셔널리즘이 비정상적으로 확대되는 상황에 직면했다. 세계화에 질린 여러 나라에서 분열된 사회를 내셔널리즘으로 조장하여 통합하려는 우파 포퓰리즘 세력이 힘을 얻고 있다. 이와 같은 현상은 미국뿐만 아니라 프랑스, 네덜란드 등 많은 유럽 나라에서도 볼 수 있다. 일본 또한 이런 세계적인 추세 속에 있다.

최근에는 잠잠해졌으나, 아베 총리는 정권 초기 무렵 '전후 체제에서 탈피'를 공언하고 태평양 전쟁의 일본인 A급 전범들을 단죄했던 도쿄 재판에 대해서도 강하게 비판했다. 서양에서는 그에게 '역사 수정주의 자'라는 낙인을 찍기도 했다. 그가 야스쿠니 신사에 참배하고 무라야마 담화[56]와 고노 담화[57]의 재검토에 대해 언급했을 때, 미국 역시 당황하며 깊은 우려를 표했다. 아베의 언동이 혹시라도 미국을 순종하고 받들어 모시는 현재의 모습에서, 과거의 도전적이고 충동적인 모습으로 바뀌는 것이 아닌지 긴장했기 때문이다. 지금도 아베 본인은 야스쿠니 신사에 참배하고 싶은 마음을 버리지 못하고 있는 것 같다. 어찌되었건, 미국과의 관계를 무너뜨리는 듯한 아베의 발언은 자발적인지 타의적인지 모르지만 다시 친미 보수 노선으로 수정되어 갔다.

'전후 체제'는 일반적으로 '샌프란시스코 강화조약 체제'를 가리킨다. 샌프란시스코 체제의 내용은 다음과 같다.

일본은 전쟁과 침략 행위를 반성하고 도쿄재판의 결과를 겸허히 수용하며, 군국주의를 불식시킴으로써 평화적 민주국가가 될 것을 맹세했기에 국제사회로의 복귀를 인정한다.

---

56 1995년 일본 무라야마 총리가 태평양 전쟁 당시 일본의 식민 지배에 대해 공식적으로 사죄하는 뜻을 표명한 담화.

57 1993년 8월 고노 요헤이(河野洋平) 당시 관방장관이 일본군 '위안부'에 대해 사과한 담화.

즉 UN의 구성국으로 받아들인다는 내용이다. 그런데 전후 체제에서 '탈피'를 희망한다는 것은 샌프란시스코 강화조약, 즉 전승국이 주도한 세계질서에 이의를 주장하는 상황이 되는 것이다.

나는 연합국은 '선'이라서 승리했고, 일본은 '악'이라서 패배했다는 연합국 정통 사관에 큰 위화감을 느낀다. 또는 연합국은 이겼기 때문에 '선'이고, 일본은 패배했으므로 '악'이라고 할 수 없다고 생각한다. 물론 일본이 일으킨 만주사변과 진주만 공격 등의 행위에 대해서는 정통성에 의문이 생길 정도로 일본의 과오를 인정하지 않을 수 없다. 그러나 한편으로는 연합국의 정통성에도 실증적으로 많은 문제가 있으며, 원자폭탄 투하나 무차별 대공습 등 국제법상의 문제도 많다. 이것은 역사 연구를 통해 실증적으로 계속 연구해야 할 과제로서 정치에서는 이것을 조용히 지켜보는 데 의의가 있다고 생각한다. 앞서 이라크 전쟁과 관련해서도 언급했으나 일본은 전쟁 이후 엄격한 총괄 검증을 하지 않았다. 쇼와 천황의 책임 문제로 이어질 것을 두려워했기 때문이라고 생각한다. 그러나 천황이라도 어찌할 수 없는 거대한 파도가 일본을 전쟁으로 돌격하게 만들었다고 생각하며, 다시는 일본인을 전쟁으로 몰아가는 일이 없도록 태평양 전쟁에 대한 대대적인 총괄 검증이 이뤄져야 할 것이다.

그러나 무조건 일본이 잘못했다고 여기는 연합국 정통 사관이라는 점에서는 미국이나 중국, 러시아(연합국은 아니지만)나 한국도 마찬가지다. 그뿐 아니라 제2차 세계대전 말기에는 세계 거의 대부분의 나라가 연합국 편이었다. 전쟁 종반에 이탈리아도 연합국으로 참가하게 되면서 추축국[58]은 일본과 독일만 남게 되었다. 두 나라는 지금도 UN 헌장에 구 적국이라고 명시되어 있다. 만약 일본이 UN 안보리 상임이사국을 목표로 한다면, UN 헌장의 구 적국 조항을 없애는 일이 먼저 이뤄져야 할 것이다. 야스쿠니 신사 참배나 도쿄재판에 대한 비판이 한국과 중국뿐만 아니라 유럽과 미국에서도 엄청난 비판의 화살을 맞을 것은 당연한 일이다. 학계나 언론에서는 태평양 전쟁을 긍정적으로 평가하더라도 큰 문제가 없을 수 있다. 하지만 현실에서 이 문제가 정치적으로 대두되어 이의를 제기한다면, 샌프란시스코 강화조약에서 일본이 국제사회에 복귀한 조건을 거부하게 되는 것으로, 세계를 상대로 다시 한번 전쟁을 치를 정도의 각오가 필요하다.

아베 총리가 진심으로 샌프란시스코 체제를 깨려는 의도는 아니라고 생각한다. 아마도 일본 우파 세력의 영향을 받은 것으로, 전후의 일본을 혐오하고 적대시하는 마음에서 나온 말일 것이다.

바꿔 말하면 전후 미국이 점령 정책으로 밀어붙였던 민주주의의 멍에로부터 일본인의 내셔널리즘을 해방시키고 싶다는 의미에서 나온 말이 아닐까 생각한다. 아베 총리가 '전후 체제에서 탈피' 또는 '일본을 되살리자' 등을 외치는 이유는 아마도 일본 고유의 내셔널리즘을 해방시키고 싶다는 의지를 나타낸 것이 아닐까 싶다. 내셔널리즘을 억누르

---

58 제2차 세계대전 당시 연합국과 싸웠던 나라들이 형성한 국제동맹을 가리키는 말로 독일, 이탈리아, 일본의 세 나라가 중심이었다.

고 있는 모든 장치, 즉 헌법과 교육기본법 등의 전후 법제들, 전후 민주주의를 담당했던 진보적 문화인들, 그들의 소굴이 된 아사히신문과 이와나미 서점(岩波書店) 등의 매스컴, 논단, 일본 교육노조 등의 노조들, 이들에게 지지를 받고 있는 좌익 정당. 이것들을 모두 하나하나씩 부서뜨리고 싶다는 열정이 아베를 움직이게 만들고 있는 것 같다.

그의 바람대로 일본 내셔널리즘을 방해하는 모든 것을 없애버린 다음, 즉 일본 내셔널리즘이 완전히 해방된 이후 그는 어떤 국가를 만들려고 하는 걸까. 그것이 명확하지 않기 때문에 모두 불안해하는 것이다. 강한 나라를 만들고, 세계 중심에서 빛나는 일본으로 만들 것이라며 포퓰리즘을 선동하여 지지율을 높이는 일은 쉽다. 그러나 군사력을 높일 수밖에 없는 일본 내셔널리즘이 국제사회에서, 특히 주변 국가들에게 괜한 긴장감을 부추기는 것이 아닌지 걱정된다.

현재 미국 패권은 서서히 쇠퇴되고 있으며, 중국은 현저한 발전을 이루고 있다. 이런 급박한 국제 환경 속에서 일본은 저성장과 인구 감소가 계속 이어지고 있다. 아베 총리뿐 아니라 많은 일본인이 '일본은 결국 중심에서 벗어나 주변화되는 것이 아닐까' '아시아의 소국으로 전락해버리는 건 아닐까'와 같이 과잉 위기감에 사로잡혀 있는 것 같다. 어느새 일본인은 미국에 이은 세계 경제대국이라는 자신감을 상실하고 정체감의 위기에 빠져 있다. 이런 시대 상황과 국민 심리에 아베의 '일본 내셔널리즘 해방 노선'은 잘 맞아떨어진다.

외무성은 아베의 일본 내셔널리즘 해방 노선이 반미 내셔널리즘의 방향으로 빠지지 않도록 교묘하게 친미 보수 노선으로 유도해 왔다. 그것이 효과를 봤는지 아베는 최근 '전후 체제에서 탈피'를 전혀 언급하고 있지 않다. 그 결과 아베 정권의 성향은 대미 종속과 대중 견제 자세가 눈에 띄고 있다. 현재 아베 정권의 내외 정책은 친미·반중의 정치 대국화 노선에 가깝다고 할 수 있다.

일본인의 내셔널리즘은 과거 점령국이었던 미국이나 공산주의 소련을 대상으로 했지만, 지금은 주로 중국과 한국을 대상으로 삼고 있다. 미국에 대한 열등의식 대신, 중국과 한국에 대해 우월의식을 가지려는 듯이 보인다. 일본 국민들의 반중, 혐한 내셔널리즘에 편승하여 미국이 지지해 줄 것을 기대하고, 지역 패권국가의 지위를 두고 중국과 경쟁하는 대일본주의가 아베 정권 정치의 큰 그림이다.

'해결책'으로서의
지역주의

현대 사회는 글로벌 피로감에 빠진 채 빈부격차나 빈곤 등으로 사회적 갈등과 분쟁이 갈수록 심화되고 있다. 국민국가의 통합이 갈수록 더 어려워지고 있는 현실에서 국가적, 사회적 통합을 다시 이루기 위한 두 개의 방법이 있다.

하나는 목소리 높여 내셔널리즘을 고취하는 방법이며, 또 하나는 분배 구조를 재정비하여 사회적 평준화를 목표로 하는 방법이다.

현재 세계적인 추세는 전자다. 요컨대, 내셔널리즘을 국가 통합 수단으로 이용하는 방법이다. 이것은 국내 정치적으로는 합리적인 선택일 수 있지만 국내 정치적 합리성을 계속해서 끝없이 추구해가다 보면 국제 정치적으로 어려움에 빠져 버린다. 내셔널리즘의 원리주의적 추구는 국가를 스스로 옭아매고, 가까운 국가들과의 외교적 타협을 불가능하게 만든다. 만주사변 이후의 일본이 그랬다.

국제사회란 모든 국가의 내셔널리즘이 함께 존재하는 장소다. 각 나라들은 적절히 알아서 자신의 우리 안에 들어가 관리하지 않으면 큰 사태로 번지게 된다. 각 나라가 서로 내셔널리즘이라는 맹수를 풀어 놓으면 어느 한 녀석이 쓰러져 죽을 때까지 싸우게 되는 최악의 상황을 맞이하게 된다.

일본이 다시는 그런 길을 걷지 않도록 글로벌리즘과 내셔널리즘에 맞설 만한 대항 세력을 갖춰야 한다고 나는 생각한다. 이것은 후배 정치가들에게 전하고 싶은 나의 절실한 바람이다. 그러기 위해서는 아베 내각의 정치대국 지향과 성장 전략에 제동을 걸 만한 명확한 방책을 세우지 않으면 안 된다. 그런 방책들이 집결된 것이 내가 주장해온 탈대일본주의의 길이다.

나는 반(反)글로벌리즘이 다시 자국 중심의 내셔널리즘에 빠지지 않기 위해서 글로벌리즘과 내셔널리즘의 중간인 지역주의(regionalism, 열린 지역주의)를 하나의 해결책으로 두고 싶다. 국가의 단독 중심주의도, 글로벌리즘 예찬도 아니다. 글로벌만으로는 좀처럼 해결할 수 없는 일을 가까운 이웃 나라와 대화하고 협조함으로써 평화를 유지하고 빈곤과 양극화 등의 사회적 문제를 해결해 가는 방법이다. 일본이 동아시아 지역에서 중심적인 역할을 담당할 수 있도록 동아시아 공동체를 주장하는 바다. 글로벌리즘 사고가 대일본주의라고 한다면 지역주의는 결국 중일본주의(中日本主義)라고 불러야 할까?

UN 상임이사국을
목표로 하지 않는다

탈대일본주의 길을 걷기 위해 일본은 다음 두 가지 국가 방침을 확실히 해야 한다. 첫째, UN 안전보장이사회의 상임이사국이 될 것을 목표로 하지 않는 것이다. 둘째, 원자력 발전을 그만두는 일이다. 두 분야는 일본이 오랜 기간 동안 정치대국의 상징으로 추구해 온 국가 정책이었으며, 일본의 글로벌리즘 추진 관청인 외무성과 경제산업성에서 관할하고 있다. 지금도 두 관청의 주요 이익의 원천이 되는 분야로, 외무성과 경제산업성에서 강하게 추진하고 있는 이유이기도 하다.

UN 안보리 상임이사국이 되는 것은 정치대국화를 목표로 한 전후 일본의 상징적 목표였다. 외무성은 장기간에 걸쳐 그 목표 달성을 위해 엄청난 인적, 금전적 노력을 해왔다. 국민들 역시 일본이 UN에서 지도적인 지위를 얻는 것은 경제대국과 매우 잘 어울린다고 여기며 당연한 과정이라고 생각했다. 많은 여성이 에르메스나 샤넬, 루이비통 가방을 좋아하고 그것을 들고 다니고 싶어 하듯이, 상임이사국이 되면 어떤 일을 할 것인가가 아니라, 어떻게든 상임이사국이 되었다는 그 자체가 곧 대국이 되었다는 증명이라고 생각한다. 소위 목적이 되어버린 것이다. 그러나 이것이 곧 환상이라는 것을 깨닫기까지 시간은 조금 걸렸지만, 국민들도 서서히 정신을 차리기 시작했다.

일본은 경제대국이 된 이후 미국 다음으로 거액의 UN 분담금을 부담하고 있다. 그만큼 상임이사국이 될 자격이 있고, 반드시 되어야 한다고 말한다. 하지만 원래 상임이사국이란 그런 성격의 조직이 아니다. 세상에는 아무리 노력해도 능력으로 안 되는 일이 있으며, 아무리 돈이 있어도 살 수 없는 것이 있다. 예를 들면 황실의 신분 등과 같은 것이다. 상임이사국 지위는 곧 신분이다. 제2차 세계대전 전승국들이 만든 국제질서의 상징이다. 과거의 추축국이었던 일본이 상임이사국이 되는 것은 낙타가 바늘구멍을 통과할 정도로 어려운 일이다.

상임이사국은 국제사회의 특권적 신분이면서 핵보유를 인정받는다. 비록 침략 행위를 하더라도 UN은 어떤 비난도 제재도 할 수 없다. 파나마 침공과 헝가리 침공에 대한 비판 의결은 미국과 소련의 거부권 앞에서 단호히 일축되었다. 5개의 상임이사국이 이런 특권을 앞장서서 포기할 이유가 없다. UN 헌장에는 상임이사국의 자격 요건에 관한 어떤 규정도 없다.

중국은 일본의 UN 상임이사국 가입을 반대하는 이유로 '안보리의 정통성은 제2차 세계대전에서 이룬 성과에 의거한다'를 들고 있다. '안보리 개혁이라는 명분으로 제2차 세계대전의 결론에 의문을 던지는 행위에 단호히 반대한다'는 중국의 주장은 중국뿐 아니라 미국, 영국, 프랑스, 러시아 4개국에도 공통된 속마음일 것이다. 중국어로 '국제연합'은 지금도 '연합국'이다. 자국이 패전한 날을 '종전 기념일'이라고 부르며 전쟁의 패배를 인정하지 않는 나라에서는 충분히 있을 수 있는 이야기라고 생각한다. 그런데 그들이 의식적으로 한 일인지, 무의식적으로 한 일인지 잘 모르겠으나 패전 후 일본은 'United Nations'를 '국제연합'으로 번역하면서 '국제'라는 단어를 삽입했다. 마치 공정하고 완전한 새로운 국제조직이 전후 세계에 탄생한 것 같은 인상을 국민들에게 심어준 것은 모두를 기만하는 행동이었다.

상임이사국이 되고 싶어 하는 나라의 이웃 국가들은 감정과 실리적인 측면에서 반대로 움직인다. 이웃 나라가 거부권이라는 특권을 가진 상임이사국이 된다는 것은 만약 이웃 나라가 자국을 공격해 오더라도 UN으로부터 어떤 도움도 받을 수 없다는 것을 받아들이고 인정하게 되는 셈이다. 당연히 이웃 나라가 상임이사국이 되는 것을 반대할 수밖에 없으며, 이것은 국가의 본능이다. 중국과 한국이 '독일은 괜찮지만 일본은 안 된다'며 반대하듯이 독일에는 이탈리아가, 인도에는 파키스탄이, 브라질에는 아르헨티나와 멕시코가 감정적으로, 그리고 국익 차원에서 강하게 반대 입장을 굽히지 않고 있다.

일본이 상임이사국에 진입할 수 있었던 시기가 있었는데, 냉전 종언 직후였던 1990년대 초반이었다. 미국은 UN의 군사 행동 참여를 전제조건으로 일본과 독일의 상임이사국 가입을 인정할 수 있다는 의향을 드러냈다. 이 보고를 받은 외무성은 세계 유일의 강대국이 된 미국과 일체화를 이루며 미국의 뒤를 따르는 전략을 취했다. 국제질서 유지 활동에 협력하는 한편, 미국에 충실히 원조하면서 상임이사국 가입에 박차를 가했다. 이것이 소위 '보통국가' 노선이다.

이때는 소련이 붕괴되고 미국 독주 체제가 확립되던 시기로 러시아는 혼란에 빠져 있었으며, 중국은 경제적·군사적으로 아직 미약했던 때였다. 그러나 이런 국제 환경 분위기는 오래가지 못한 채 조금씩 변화하기 시작했고, 지금은 완전히 바뀌어 버렸다. 다극화 시대를 맞이하면서 미국을 밀어주는 역할로 상임이사국이 되려는 전략은 이제 타당성을 잃고 있다. 그러나 외무성은 아직도 이 전략을 버리지 못하고 있다. 정치대국을 꿈꾸는 이상 물러설 수는 없을 것이다.

UN 창설 60주년이었던 2005년 일본은 독일, 인도, 브라질(G4) 4개국의 상임이사국 진출을 주요 골자로 하는 안보리 개혁 결의안을 제출했으나 결국 체결에는 실패했다.

당시 고이즈미 총리의 야스쿠니 참배 문제로 중국과의 관계가 극단적으로 악화되면서 중국과 정면으로 대립하던 중에 UN 총회를 맞이하게 되었다. 외무성의 필사적인 다수파 공작[59]에도 불구하고, ASEAN 국

---

59 어떤 주장이나 요구에 대해 지지자를 늘려 세력을 강화하기 위해 다양한 움직임을 실시하는 것. 특히 정계에서 보다 많은 찬성표를 얻기 위해서 행해지는 시도.

가같이 일본의 경제 원조를 장기간 받았던 나라들조차도 중국의 의향을 살폈으며, 공동 제안국이 되어준 나라는 단 한 나라도 없었다. 믿고 있던 미국도 이라크 전쟁에서 독일과 프랑스의 협력이 부족했던 것에 불만을 가지고 'G4 결의에 대해서는 반대하지만, 일본과 그 외 한 나라 정도라면 생각해 보겠다'는 표현으로 반대했다.

2010년 UN 65주년 때에도 G4가 안보리 개혁 결의안을 제출하려고 했으나, 한국과 이탈리아, 파키스탄 등의 컨센서스 연합(UFC)[60]을 비롯한 전 세계 광범위 국가들의 반대로 결의안 제출을 단념했다. G4 결의안에 찬성한 나라는 80개국으로, 성립에 필요한 3분의 2(128개국)를 훨씬 밑도는 수치였다. 이에 비해 그해 5월 로마에서 개최된 컨센서스 연합의 반(反)G4 회의에는 120개국이 참가했다. 찬성 쪽으로 기울지 않을까 생각했던 아프리카 연합제국(54개국)도 중국의 공세 앞에 차례로 무너져 12개국 찬성으로 종결됐다.

이후 일본의 안보리 개혁 활동은 그저 요란한 구호로 그쳐 버렸으며, 실질적인 활동은 중지된 상태다. 중국, 한국과의 정치 관계가 다소 개선되었다 하더라도 또다시 상임이사국 가입을 위해 나서기는 힘든 상황이다. 결과적으로 상임이사국 진출을 위한 외무성의 노력은 모두 좌절되었다고 할 수 있다. 다만 아직도 어떻게 해서라도 상임이사국이 되

---

60 UFC(Uniting For Consensus) 한국, 이탈리아, 멕시코 등 중규모 국가 12개국이 모인 그룹으로 "상임이사국 증설에는 반대하고 선거를 통해 뽑히는 비상임이사국 증설을 통한 안보리 개혁과 민주화를 지지한다"는 입장이다.

고 싶은 미련이 남아 있다면, 이웃 나라인 중국, 한국과 의미 있는 화해를 하고, 그 과정에서 일본이 양국을 진심으로 존중하는 마음으로 대하는 것이 선결 과제다.

그동안 일본은 상임이사국이 되면 무엇을 이룰 것인지에 대해 국민적 논의가 전혀 없었다. 오로지 미국의 최대 동맹국이 되는 것을 목적으로 한 나머지, 일본이 솔선하여 나서야 하는 핵군축이나 무기 수출 제한 등과 같은 논의에 대해서는 제대로 목소리도 내지 못한 채, 오로지 ODA[61]의 선심성 외교만 지속해왔다. 상임이사국 가입이 최대 목표였던 만큼, 일본은 오히려 스스로 자기 발언을 규제하는 발언자주규제(發言自主規制) 외교에 빠져버렸다고 해도 과언이 아니다.

UN은 다국간주의의 국제 조직이다. 지나친 미·일동맹에 대한 의존은 다국간주의[62]와 양립될 수 없다. 일본의 최고 목표를 상임이사국 가입에 두다 보니 미국이 도와줄 것을 기대하게 되고, 미·일동맹을 극대화하여 강화시키는 것에 힘을 쏟게 된다. 결과적으로 최근의 국제 흐름인 다국간주의보다 양국간주의(二国間主義)를 우선하는 외교를 펼치게 되었다. 지금껏 도를 넘어선 미국의 단독 행동주의에 대해 아무 말도

61　ODA(Official Development Assistance) 개발도상국의 경제 발전·사회 발전·복지 증진 등을 주목적으로 하는 원조로, 공적개발원조 또는 정부개발원조라고도 함.

62　국가 간의 통상적인 외교와 통상 관계에서 가장 일반적인 상호 협력적 외교 정책. 양국간주의 외교는 상호 협력적인 외교 정책으로 여러 선택의 기회를 제공하지만, 시스템이 불안정하기 쉽고 약소국은 강대국에 의존하게 될 염려가 있다. 하이테크 분야에서 미국과 일본의 교섭, 농작물 분야에서 미국과 EU의 교섭 등이 양국간주의의 대표적인 예다.

못하고 있던 나라가 앞으로 국제사회에서 지도적 역할을 하는 대국이 되겠다고 나서면 그 누가 수긍할 수 있겠는가. 항상 미국과 똑같은 행동을 취할 것이라면 굳이 상임이사국이 될 필요는 없지 않을까. 이 같은 견해가 일본을 바라보는 다른 나라들의 진정한 속마음이다.

나는 국제회의에서 아시아 국가들로부터 '일본의 입장은 안 들어도 다 알 수 있어요. 어차피 미국과 같을 테니까요'라는 야유를 자주 받았다. 국제사회에서 일본은 바보 취급을 당할 뿐이다. 일본은 미·일 협조를 중시하면서도 다국 간의 틀 속에서 냉정하고도 의연히 발언할 수 있는 국가로 나아가야 한다.

오랜 기간 동안 UN 상임이사국 진출 외교는 정치대국화 노선의 상징적 의미를 가지는 일이었다. 상임이사국 진출의 꿈을 포기하는 것은 탈대일본주의의 국가상을 더욱 선명하게 만들 수 있다.

나아가 지역 패권국가의 지위를 두고 일본이 중국과 경쟁하게 되는 태세를 부정하는 동시에, 중규모 국가로서 동아시아 나라들과 공생해가는 결의를 명확하게 제시할 수 있다.

또한 더 이상 대미 종속을 통해 정치대국의 꿈을 이루고자 하는 환상에서 벗어나, 자주적인 일본 외교를 넓혀갈 수 있을 것으로 믿는다.

원자력 발전을
포기한다

'UN 상임이사국'과 함께 대국화의 지표로 생각해 온 것이 '원자력'이었다. 원자력, 즉 '핵기술'을 보유하는 것이 대국의 조건이라는 생각은 전후 보수 정계에 널리 존재해 왔던 일이다.

전쟁 이전부터 중기에 걸쳐 일본 군부는 원자력 연구를 진행해 왔다. 그러나 패전 후 미국이 일본을 통치하고 점령했던 1945년 이후부터 1950년대 중반까지 일본에서는 원자력 발전 연구가 금지되었다. 나카소네 야스히로(中曾根康弘) 전 총리는 당시를 다음과 같이 회상했다.

"나는 일본을 방문한 덜레스(John Foster Dulles) 특사에게 독립 후에 원자력의 평화적 이용을 제한하지 않을 것을 특별히 요청했다. '21세기의 최대 발견'인 원자력의 평화적 이용이 강화조약으로 금지되면 일본은 영원히 4등 국가로 만족해야만 한다. 이 점을 걱정한다."(『정치와 인생(政治と人生)』)

전쟁 전, 일본은 제1차 세계대전 전승 5대국으로 국제연맹 이사국이자, 스스로 세계 '1등 국가'라고 자부해 왔다. 나카소네 전 총리는 독자적인 원자력 기술을 개발하는 것이 '1등 국가'로 복귀하는 조건이라고 인식했다.

전후 일본의 원자력 연구와 원자력 발전소의 실용화는 기시 내각 시대에 본격화되었으며, 기시 내각에 이어서 과학기술청 장관이 된 나카

소네와 쇼리키 마쓰타로(正力松太郎, 요미우리신문사 사주)가 주도적으로 추진했다. 기시 전 총리는 "원자력 기술은 그 자체로 평화적으로 이용할 수 있으며, 무기로 사용할 수도 있다. 어떻게 이용할 것인지는 국가 정책에 달렸으며, 국가 의사의 문제다. … 평화적으로 사용한다 해도 기술이 진보함에 따라 무기가 될 가능성은 자동적으로 높아진다. 일본은 핵무기 보유국은 아니지만 잠재적 가능성을 높이는 것만으로도 군사 축소나 핵실험 금지 문제 등에 대해서 국제무대에서 발언권을 강화할 수 있다(『기시 노부스케 회고록(岸信介回顧錄)』)"고 말했다.

결국 원자력 발전은 강대국의 조건인 핵무기 보유를 목표로 연구되었으며, 핵무기 보유의 잠재적 능력을 확보하기 위해 정치 주도로 계획되고 추진되었던 것이다. 이는 매우 당연한 일이었지만, 미국의 경계심을 불러일으켰다. NPT가 합의되던 시기에 일본과 독일은 눈부신 경제 성장을 이루고 있었다. 미국은 일본과 독일 양국의 군사(핵) 대국화를 저지하고 연합국의 정치 질서 속에 양국을 가둬두려고 했다. 이에 불만을 가진 역대 자민당 정권은 NPT 조인과 비준을 13년간 보류했었다.

NPT 체제의 굴레 속에서 원자력 발전 추진 정책은 일본의 대국화 길을 열어주기는커녕 오히려 정치적·경제적 자립을 저해하는 결과를 가져왔다. 원자력 발전의 연료가 되는 천연 우라늄은 캐나다와 오스트레일리아에서 구입하여 미국과 프랑스로 가져가 농축한 뒤 가공해 온다. 다 사용한 핵연료는 프랑스와 영국에서 재처리해 오는 구조다. 일본은 이 국가들과 양자 간 협정을 맺고, 계속해서 그 나라들의 양해를 얻고 감시를 받지 않으면 안 된다. 원자력 발전의 연료 구입, 가공, 재처리 과정에서 다양한 '대일 규제'가 생기고 있다. 결과적으로 NPT 체제에서는 일본이 핵을 자유롭게 다루지 못하게 하는 차별 의식이 기본적으로 구축된 구조이기도 하다.

여담이지만 2012년 4월, 나는 원자력의 평화적 이용이라는 이름 아래 핵무기 개발을 몰래 하고 있는 것 아니냐는 의심을 받고 있던 이란을 방문하여 아흐마디네자드(Mahmoud Ahmadinejad) 대통령과 회담을 했다. 그 자리에서 나는 아무리 평화적 이용을 위한 것이었지만, 원전 사고를 일으킨 일본의 경험을 이야기하며 정부의 무책임이 컸음을 밝혔다. 물론 여러 가지 불공평한 부분도 있지만, 일본은 NPT 체제를 지키려고 노력했으며, 시간이 걸리긴 했지만 결국 미국과 유럽의 신뢰를 얻을 수 있었다. 이란도 이들로부터 신뢰를 얻기 위해서는 인내심을 가지고 교섭해 가기를 바란다고 말했다.

그 후 로하니(Hassan Rouhani) 대통령으로 바뀌었는데, 이란이 끈기를 가지고 계속 교섭을 이어간 결과, 서양 국가들과 핵의 평화적 이용에 관한 합의를 이뤄낸 것을 보고 매우 기뻤다. 오바마 대통령 시대에 타협의 노력 속에서 겨우 이뤄냈던 합의였는데, 이스라엘 편에 선 트럼프 대통령의 출현으로 이 합의는 파기될 위기에 놓였다. 만약 실제로 파기된다면 이란과 미국, 이스라엘의 관계는 또다시 험악한 상황을 맞이하게 될 것이다. 그렇게 되지 않도록 트럼프 대통령과 공화당의 자제가 요구된다.

핵연료 사이클은 다 쓴 핵연료를 재처리하고 재활용할 방법을 찾아내서 외국으로부터의 규제에서 벗어나고자 고안된 것인데, 고속증식로[63]와 이것이 잘 작동되지 않을 때를 대비해 만들어진 플루토늄 경수로 사용(plutonium-thermal use)이 대표적이다. 그러나 이 또한 너무 위험도가 높아서 다른 선진국에서는 이미 손을 뗀 기술이다. 사고가 끊이지 않던 고속증식로 몬주[64]는 드디어 폐로가 결정되었는데, 30년간 1조 엔 이상의 세금이 투입되었으며 실용화되지도 않은 상태에서 매일 5000만 엔이나 되는 유지비가 드는 엄청난 골칫덩이가 되었다. 원자력 발전은 원자력 시설이나 발전소가 있는 지역으로 막대한 보조금과 사고대책비가 계속 투입되고 있다는 점을 생각하면 결코 싼 비용이라고 할 수 없다.

전후 역대 자민당 정권이 일본에서 원전을 추진해 왔던 숨겨진 의도는 원자력의 평화적 이용이란 명목으로 핵무기 개발의 잠재적 능력을 확보하려는 것에 있었다. 그러나 실제로 군사적인 면이나 에너지 정책 면에서 일본이 핵무기에 관해 자유를 얻었다고 할 수도 없다. 원자력 발전 추진은 대국화라는 목적으로 시작된 만큼 엄청난 노력에 비해 실익은 보잘것없는 어리석은 정책이었다.

---

63 소모되는 핵연료에 비해 더 많은 새로운 연료가 만들어지는 이상적인 원자로로, '미래의 원자로'라고도 불린다.

64 일본이 독자적으로 개발한 고속증식로의 하나로, 1995년 8월 발전을 시작했다가 3개월여 만에 냉각제로 쓰이는 나트륨 유출로 화재가 발생하는 등의 사고가 잇따르면서 가동이 중지됐다. 그러다 2018년 3월 몬주 폐로 계획이 정식으로 인가됐다.

원자력 발전은 방사성 폐기물을 처분할 방법이 없다는 치명적 결함을 안고 있는 에너지다. 만일 사고가 일어나면 그 피해는 상상도 할 수 없을 정도로 막대하다. 최근 세계 선진국들의 에너지 정책은 원자력에서 재생 가능 에너지와 분산형 에너지로 전환해 가고 있다. 독일과 이탈리아는 후쿠시마(福島) 1차 원자력 발전 사고를 보고 탈원전으로 방향을 바꿨다.

경제산업성은 '원자력 발전 르네상스'라고 환호하며 국내의 원자력 발전을 점점 더 늘려갔으며, 원자력 발전 수출을 경제 성장 전략으로 삼고 있었다. 그러나 후쿠시마 제1 원자력 발전 사고로 커다란 장벽에 부딪혔다. 원래대로라면 세계를 상대로 원자력 발전 사업으로 돈을 벌려는 성장 전략은 당장 그만두어야 한다. 그러나 아직도 미련을 버리지 못하고 계속 이어가고 싶어 한다.

원자력 발전으로 재미를 보는 산업이나 관료단체, 업계의 기득권 무리들이 그것을 허용하지 않고 있다. 하지만 이것은 큰 착오이며, 도시바(東芝)의 원자력 발전 파트의 파탄이 보여주듯이 절대 장기적으로 계속될 수 없다. 선진국들의 안전 기준은 점점 더 엄격해지고 있으며, 원자력 발전은 적자만 늘어날 뿐 이득이 없는 사업이 되고 있다. 개발도상국에서도 주민들의 원자력 발전에 대한 시선은 매우 엄격하고 비판적이며, 앞으로 원자력 발전 반대 운동은 더 거세질 것으로 예상된다. 현재 일본 원자력 발전의 대부분은 가동이 정지되었으며 제로에 가까운 상황이다. 정치가 탈원전이라는 대담한 방향성을 제시한다면, 일본은 반드시 원자력 발전에 의존하는 나라가 되지 않아도 된다.

현재 가고시마현(鹿児島県)의 규슈(九州)전력 센다이(川内) 원자력 발전, 후쿠이현(福井県)의 간사이(関西)전력 다카하마(高浜) 원자력 발전에 이어 에이메현(愛媛県)의 시코쿠(四国)전력 이카타(伊方) 원자력 발전을 재가동하고 있다. 다카하마 원자력 발전 3, 4호기는 오츠(大津) 지방 재판소에서 운전 중지 명령이 내려졌으나, 고등재판소에서는 재가동을 인정했다. 일본은 전국 각지에 활단층(活断層)이 있어서 지진 가능성이 큰 지리적 환경을 가지고 있다. 즉 일본은 원자력 발전 입지에 매우 부적합한 나라다. 후쿠시마 원전 사고에서 알 수 있듯이 원전 사고의 여파는 지리적, 시간적으로 파악되기 어려울 정도로 심각하다. 일본은 한시라도 빨리 원자력 발전을 포기하고 원전에 의존하지 않는 나라가 되는 쪽으로 방향성을 제시해야 한다. 그 방향성에 따라서 일본 정부는 원자력으로 이익을 보는 기득권 무리들로부터 벗어날 수 있다.

또한 각 지역의 에너지 산업과 재생 에너지 산업은 성숙 국가 일본을 지탱하는 산업으로 거듭날 수 있다. 특히 태양광 발전이나 풍력 발전같이 화석연료와 원자력을 대체할 수 있는 재생 에너지는 일본에서도 충분히 적합하다. 이 에너지들은 최근 몇 년간 상당한 발전을 보이고 있으나, 전력회사의 억제 정책으로 인해 성장세가 위축되고 있는 점은 매우 아쉽다. 이 분야의 독보적 선진 국가인 독일이나 최근 정부의 집중 투자로 눈부신 발전을 하고 있는 중국의 태양광과 풍력 발전을 거울삼아 아직 후발 주자인 일본은 재생 에너지의 선진국이 되기 위한 노력을 더 기울여야 한다. 또한 화산국(火山國)인 일본은 지열 발전의 무한한 잠재성을 가지고 있다. 그러나 지자체의 반대로 아직 제대로 활용되지 못하고 있다. 이 자연 에너지들과 함께 에너지원으로 이용되는 식물, 미생물 등의 생물체인 바이오매스(biomass), 수력, 수소 에너지 등의 재생 에너지를 성숙 국가인 일본에 필요한 산업으로 육성해 가야 할 것이다.

일본은 석유와 천연가스를 수입에 의존하고 있다. 지구 온난화 관점에서 보더라도 이 에너지의 대량 수입은 바람직하지 않다. 추상적 예측이지만, 몽골의 고비사막에는 태양력과 풍력 발전 같은 재생 에너지가 아시아 대륙 전체를 충당할 수 있을 정도의 잠재력을 갖추고 있다고 한다. 내몽골에서도 엄청난 양의 에너지 개발이 가능하다.

몽골의 태양광, 풍력 발전, 그리고 러시아 극동 지역의 수력 발전과 같은 자연 에너지 자원을 활용하고 확대하기 위해 각국을 송전망으로 잇는 '아시아 슈퍼 그리드' 구상이라는 것이 있다. 이 구상은 소프트뱅크의 손정의 회장이 중심이 되어 중국, 한국, 러시아 사이에서 진행 중이다. 일본은 전력을 수입하는 법제도 정비가 아직 되어 있지 않다. 하지만 자연 에너지로 전기를 일으키는 전력을 수입한다는 발상은 참 좋다고 느꼈다. 동아시아 지역 내의 전력 공급 지역에서 수요 지역으로 송전망을 통해 에너지를 보낼 수 있게 되면, 이 지역은 에너지 운명 공동체가 되는 셈이다. 이것은 이 지역을 동아시아 공동체로 만들기에 가장 적합한 계획이 아닐까 기대하고 있다.

후쿠시마 제1원전 폭발 사고는 타성에 빠져 원자력 발전에 대한 의존을 계속해 온 일본인들로 하여금 뼈저린 반성을 하게 만들었다. 특히 나를 포함하여 거의 모든 정치 지도자가 원자력 발전으로 얻는 이익에 고취된 채 '안전 신화'에 현혹되어 원자력 발전의 위험성을 과소평가하였다. 그리고 원자력 행정에 대한 감시 능력을 상실하고 있던 점에 대해 마음 깊이 반성해야 한다. 그런 의미에서 정치 선배이신 호소카와 모리히로(細川護熙), 고이즈미 준이치로 두 전 총리가 반(反)원전 운동에 앞장서고 있다는 점에 대해서 나는 진심으로 경의를 표하고 싶다.

국가가 탈원자력 발전의 방향으로 목표를 정한다는 것은 대국의 지표라고 할 수 있는 핵무기 보유를 사실상 단념하는 의지를 명확히 밝히는 동시에, 시대에 뒤떨어진 성장 전략과 결별하는 것을 의미한다.

UN 상임이사국 가입 외교의 단념이 정치적인 탈대일본주의의 선언이라면, 원자력 발전 포기는 경제적인 탈대일본주의의 선언이라고 할 수 있다. 이 두 가지는 일본이 앞으로 대일본주의의 길을 걸을 것인지, 아니면 탈대일본주의의 길을 걸을 것인지의 중요한 판단 기준이 될 것이다.

동아시아 공동체의 도약

　　　　　　　　　나는 탈대일본주의는 필연적으로 동아시아 공동체의 길로 이어진다고 생각한다.

나의 내각 퇴진 이후, 일본 정·관계는 동아시아 공동체 구상을 추진하려는 힘을 잃은 채 현재에 이르고 있다. 그 사이 역사 문제, 중국 위협론, TPP와 같은 동아시아 공동체 형성을 방해하는 요인들이 나타나고 있다. 최근에는 영국의 EU 탈퇴 문제가 지역 통합에 대한 회의감을 증대시키고 있다.

그러나 한편으로 이와 같은 정치적 저해 요인이 빈발하고 있음에도 불구하고 동아시아 지역의 경제적 통합은 더 강력하고 긴밀하게 확대되고 있다. ASEAN 10개국은 2015년 12월 동남아시아 경제공동체(AEC)를 발족했고, 일본, 중국, 한국은 각각 ASEAN과 FTA를 맺고 있다. 앞으로 한·중·일 세 나라 사이에 FTA가 체결되면 ASEAN+한·중·일은 FTA로 연결될 것이다.

이미 동아시아 지역 내 무역 비율은 EU에 필적하는 60%로, 지역 내 직접 투자 비율은 70%에 달했다. 그리고 이 지역에는 수십억 명에 이르는 중간층이 발생하고 있다. 중간층은 자동차 한 대를 구입할 수 있는 소득층을 말하는 것으로 최근 10여 년 사이 동아시아는 '세계의 공장'에서 '세계의 시장'으로 변모했다.

아시아 경제위기 때 '금융 공동체'로 출발한 동아시아 공동체 구상은 이제 '생산과 통상의 공동체'로 발전하고 있다. 나아가 '개발과 건설의 공동체'로 도약하려고 하고 있다.

동아시아 지역에는 일본의 자본과 기술을 필요로 하는 방대한 산업 인프라 수요가 존재한다. 아시아 인프라 투자은행(AIIB)은 시진핑 주석이 주장하는 일대일로 구상을 구체화하는 기관으로, 중국 주도로 설립되었다. 동아시아 발전의 역사적 추세에 부응하기 위한 기관임에도 불구하고 단지 '중국'이 주도했다고 해서 이를 기피하는 것은 일본의 국익에 전혀 도움이 되지 않는다.

일본도 AIIB에 가입해서 아시아 국가뿐만 아니라 영국, 독일, 프랑스 등 서방 국가와도 협력하여 동아시아 '건설' 공동체를 유라시아 규모로 활동을 발전시켜 가는 역할을 해야 한다고 생각한다.

발흥기에 있는 중국의 팽창적인 에너지를 동아시아 및 유럽 각국과 함께 경제 개발 방향으로 유도하여 중국의 행동을 온건하게 만들도록 AIIB 내부에서 힘을 쓰게 하는 방법이다. 이것은 내가 AIIB의 자문위원으로 취임을 한 이유이기도 하다. 나는 AIIB가 유라시아 국가 사이의 연결성을 중시하여 개발도상국의 발전을 위한 프로젝트를 지원하고, 지구 환경을 위해 그린 인프라에 주목하며, 민간으로부터 자금을 조달받아 지역 인프라를 정비하는 한편 지역의 평화에 공헌하는 기관이 되도록 키워 가고 싶다.

같은 관점에서, 일본은 RCEP의 체결을 위해서 주도적인 역할을 해야 한다. 제2장에서도 언급했지만, 이는 중국 주도의 구상이 아니다. 물론 중국이 큰 틀을 만들었지만, 일본이 주장한 ASEAN+6(한·중·일과 인도, 호주, 뉴질랜드)으로 하는 것으로 양보함으로써 ASEAN 주도의 구상으로 출발한 것이다. 이것이 동아시아 지역에서 의미하는 것은 TPP처럼 지역 국가들을 친미파, 친중파로 나누지 않고 호주, 인도를 추가하여 중국의 영향력에 일정한 제동을 걸 수도 있다는 점이다. 정치적, 경제적, 지리적으로도 동아시아 경제 통합을 위해서 적절한 틀이라고 할 수 있다.

단, RCEP가 TPP처럼 다국적 기업에만 일방적인 이익을 가져오게 하거나, 선진국이 지적재산권 보호 등의 명목으로 개발도상국 국민들의 생활을 위협해서는 안 된다고 생각한다. 어디까지나 포섭적이며, 우애의 이념에 근거한 RCEP가 되어야 한다.

중국에 대한 적당한 억지 정책을 부정하는 것은 아니지만, 현재의 아베 정권처럼 오로지 중국 포위망 형성에 전념하는 것은 중·일 양국에도 동아시아 지역 국가들에도 좋은 일이 아니다. 발흥기에 있는 중국의 팽창적 경향에 관해서 말하자면, 외부로부터의 군사적 봉쇄는 효과적이지 않다.

다국 간 합의와 공동사업을 추진하는 과정에서 이뤄지는 내부에서의 영향력 행사야말로 유효하다고 생각한다. 공동사업으로 베이징의 하늘을 다시 푸른 하늘로 만드는 프로젝트라든지, 과거에 원자바오 총리와 약속한 동중국해 가스 공동 개발 등이 적절하다.

지금 가장 필요한 것은 중국을 적대시하는 정책을 전환하여 중·일 양국과 동아시아 지역의 신뢰 구축을 위해 노력하는 것이다. 또한 현재 진행하고 있는 동아시아 경제 공동체를 '전쟁 없는 공동체(不戰共同體)'로 발전시키는 것이다. 이를 위해 동아시아 각국이 교육, 문화, 과학, 경제, 금융, 무역, 환경, 에너지, 의료, 복지, 재해 대책, 안보 보장 등 모든 분야에서 언제든지 논의를 할 수 있는 동아시아 공동체 회의 같은 기구를 창설해야 한다. 그리고 회원국 간의 신뢰 양성을 도모해야 할 것이다. 또한 중·일 평화우호조약이나 동남아시아 평화우호조약의 원칙에 따라 유럽안전보장협력기구처럼 조기 경계, 분쟁 예방과 같은 측면에 중점을 두고, 동아시아 안전보장회의를 창설하는 것을 일본 외교의 새로운 목표로 삼아야 할 것이다.

나는 이 기구를 오키나와나 한국의 제주도에 만들면 어떨까 생각했다. 왜냐하면 오키나와는 현재 미군기지가 존재하는 군사적 요충지 기능을 담당하고 있다. 하지만 미래에는 기지의 섬이 아니라 동아시아 공동체의 기지로, 평화의 요충지로서의 기능을 수행해야 하기 때문이다. 마찬가지로 제주도는 과거에 남북통일을 주장하던 많은 사람이 생명을 빼앗긴 지역이다. 동아시아의 안전보장에 있어서 북한 문제가 최대 과제인 것은 말할 필요도 없다. 제주도 역시 동아시아의 평화를 위한 발신지가 될 것을 기대하고 싶다.

일본 외교의 새로운 목표는 일본이 전후의 국제협조주의를 발전적으로 계승하고, 나아가 미국과 중국 사이에서 정치적·경제적 자립을 유지해 나가기 위한 필수 조건이라고 생각한다. 이를 위해 일본은 미·일동맹이라는 신화와 중국 위협론이라는 속박에서 스스로 벗어나야 한다.

국익을 위한 정치의
올바른 역할

　　　　　　　　　나는 군사 전문가도 아니며, 경제 전문가도 아니다. 그렇기 때문에 지금까지 말해온 나의 의견은 시민의 상식에 근거한 의견이다. 관료 같은 전문가들이 봤을 때, 나의 이런 아마추어적인 의견들은 너무 비현실적이라고 일축할지도 모른다. 그러나 국가의 방향성에 관련된 중요한 정책적 판단을 국민들의 선택으로 당선된 정당 정치가들이 자신의 철학과 안목에 따라 책임을 지는 것이 민주정치다. 즉 의회제 민주주의란 관료와 군인들과 같은 전문가보다 선거에서 당선된 아마추어들이 오히려 종합적 판단력이 더 뛰어나다는 암묵적인 전제에 의해 성립된다. 많은 역사적 사실이 이를 입증하고 있다.

　관료나 군인 등의 전문가들은 때때로 터무니없는 오판을 하기도 한다. 물론 그들도 국가를 위해 생각하고 행동하는 것이지만, 가장 큰 결함은 관료조직의 본능적인 습성인 조직의 이익을 국익과 동일시한다는 것이다. 자신이 소속된 관료기구의 유지·발전이 곧 국익에 부합된다고 생각한다.

　일본이 전쟁에서 패하는 과정에서 육군 참모본부의 군사 엘리트들은 "일본 본토 결전에서 이길 수 있다"고 주장했다. 패전을 인정하면 군부 조직은 해체되기 때문에, 그들은 무의식적으로 일본의 존망보다 자신들 조직의 존망에 더 중점을 두고 있었던 것이다. 이에 대해 쇼와 천황은 "교전을 계속하게 되면 결국 우리 민족의 멸망을 초래한다"는 상식적 판단에 따라 그들의 주장을 일축했다.

문화훈장 수상자이자 일본 정치사의 태두인 미타니 다이이치로(三谷太一郎) 도쿄대 명예교수가 아베 내각이 전후 70년 담화나 집단적 자위권 행사 용인을 위해 헌법 해석을 변경할 때, "아베 내각은 전문가들이 지배하는 내각으로 편중되어 있다"고 비판했다. 그리고 "일본은 다양한 분야에서 전문가들에 대한 민간인들의 통제 시스템이 매우 약하다. 민주적 지도자는 스페셜리스트 또는 전문가를 통합할 수 있는 제너럴리스트여야만 한다. 태평양 전쟁의 개전도 군부에 의해 결정됐으며, 결과적으로 전문가들의 판단에 맡겨 버린 것이 큰 실수였다(마이니치신문, 2016년 8월 15일)"라고 말하고 있다.

나 역시 아베 정권의 '전문가들에 의한 지배'를 우려하고 있다. 경제와 외교, 방위, 심지어 황실에 이르기까지 중요한 문제의 결론을 지식인이라고 불리는 전문가에게 모두 맡기고 있다. 국회는 거의 죽어버린 느낌마저 든다. 소위 지식인이라는 전문가들은 본인은 뒤로 숨은 채, 관료라는 전문가들이 희망하는 결론을 이끌어주는 방패막이와도 같은 존재다. 정치적 책임을 지지 않는 지식인과 관료들이 나라의 중요한 방향에 관한 실질적인 결정권을 쥐고 있는 점에 대해 미타니 교수뿐만 아니라 많은 사람이 위기감을 느끼고 있다.

1930년대와 1940년대의 일본은 군부와 혁신 관료가 지배하는 전문가 지배의 시대였다. 결국 정당 정치의 약화가 이런 비정상적인 시대를 초래한 셈이다. 제국주의가 한계를 드러내고 민족 해방 운동이 고양되기 시작한 시대에, 기존의 발상을 가진 군사 합리주의를 정의라고 생각하는 군사 관료들에게 이끌려 만주사변이 시작되었고, 결국 미국, 영국과 전쟁을 치른 역사를 잊어서는 안 된다.

　정권 교체 당시 하토야마 정권이 구상했던 다섯 가지 원칙은 다음과 같다. ①관료 주도 정치에서 집권당이 책임지는 정치가 주도의 정치로, ②정부와 여당을 구분하는 이원 체제에서 내각을 기준으로 정책 결정이 이뤄지는 일원화로, ③각 부처의 이익 중심에서 정부 주도의 국익 우선으로, ④수직적인 이권 사회에서 수평적인 유대 사회로, ⑤중앙 집권에서 지역 주권 중심으로다. 나와 민주당의 힘이 너무나 약했기 때문에 이렇게 다섯 가지 원칙을 목표로 하면서도 그 실현을 위한 길은 너무나 험난했다고 말할 수 있다. 그러나 지금은 그때와는 정반대의 길을 가고 있다고 생각되는 만큼, 이 다섯 원칙은 현재도 여전히 중요성이 강조되고 있다.

'안보 마을'이 존재하는 까닭

프랜시스 후쿠야마(Francis Fukuyama)는 국가가 쇠퇴하는 요소로 '하나는 새로운 상황에 국가의 제도가 대응할 수 없는 것, 또 하나는 이익집단이 국가를 점유해 버리는 것(『정치

의 기원』)'을 지적하고 있다. 후쿠시마 원전 사고 때, 원전을 둘러싼 정·관계와 학계의 합작, 언론의 거대한 유착 구조가 결국 '원자력 마을(む ら)'을 탄생시킨 것으로 화제가 되었다.

이렇듯 현재 일본에는 성장 시대를 통해 형성된 다양한 이익집단이 '마을'로 존재하고, 시대에 뒤떨어진 대국 지향에 사로잡혀서 오로지 성장 전략에 집착하고 있다. 미·일동맹의 신화를 고취하는 '안보 마을' 도 그중 하나다.

전문가들이 '변치 않는 현실'이라고 생각하던 것들이 크게 변동하는 시기가 있다. 그 시기를 감지하는 능력은 고정 관념에 사로잡힌 관료나 전문가들보다 아마추어인 서민과 정당 정치가가 더 나은 경우가 많다. 시대 환경의 변화를 감지해서 큰 방향성을 제시하는 것이 정치의 역할 아닐까? 나는 글로벌리즘을 다시 생각하게 만드는 지금이 바로 그 변화의 시기가 아닐까 생각한다. 아마 그 누구도 같은 생각일 것이다.

과연 미래에 일본이 나아가야 할 길을 미·일동맹의 강화와 성장 전략으로 삼아도 괜찮을까. 민족주의와 포퓰리즘에 들떠 있어도 상관없는 것일까, 아니면 리저널리즘(지역주의)을 기반으로 한 자립과 공생의 길을 모색해야 할 것인가. 지금이야말로 탈대일본주의의 길을 선택해야 할 때다. 대일본주의의 환상을 버리고 탈대일본주의의 길을 가야 할 것이다.

탈대일본주의의 길은 일본인의 자립과 공생에 대한 강한 의지만 있다면 험난하지만 나아갈 수 있는 길이라고 확신한다. 그리고 그 길을

한 걸음씩 내디딤으로써 일본이 존엄한 나라로 인정받고, 다른 나라로
부터 존경받을 수 있는 날이 올 것이라 믿는다.

'어색한 공존'의 시대

· 우치다 다쓰루(内田樹) ·

하토야마 씨와 처음 만난 것은 총리로 재직 중이던 2010년 4월이었다. 당시 관방부장관이었던 마쓰이 고지(松井孝治) 참의원 의원의 권유로 다카하시 겐이치로(高橋源一郎) 씨와 총리와 함께 식사 자리를 가지게 되었다. 아카사카(赤坂)의 레스토랑에서 점심을 하면서 한 시간 반 정도 이야기를 했다. 나도 다카하시 씨도 '그런 곳'과 '그런 분들'과는 전혀 무관한(무관하다라기보다는 멀리 해왔던) 사람들이었기에 그 권유는 매우 놀라운 일이었다. 하지만 총리와 서로 이야기를 나눌 수 있는 기회를 놓칠 수 없어서 참석했다.

당시 하토야마 씨는 우리의 조금은 부담스러운 질문에도 하나하나 정성스럽게 답변해 주었다. '좋은 사람이구나'라고 생각했다. 그것이 정치가에게 필수적인 자질인지는 알 수 없다. 정치가를 평가할 때 제일 먼저 나와야 할 말일지도 모른다. 하지만 확실히 이 사람은 '정말 좋은 사람'이라고 생각했다.

그 후 하토야마 씨가 총리를 그만두고 결국 국회의원까지 그만둔 후에도 여러 번 만날 기회가 있었다. 놀랍게도 하토야마 씨는 총리 시절에도, 정권을 떠났을 때에도, 개인으로 돌아왔을 때에도 전혀 변하지 않았다. 대부분의 사람은 지위가 높아지면 잘난 체하고, 지위를 잃으면 자신감도 잃는다. 하토야마 씨는 총리였던 시절에도 전혀 위세를 떨지 않았으며 사람들의 이야기를 듣는 사람이었는데, 개인으로 돌아간 후에도 조금도 변하지 않고 바른 경청 자세로 온화하게 다른 사람의 이야기를 듣는 사람이었다. '지위'는 이 사람의 삶에 거의 영향을 미치지 않는다는 것을 깨달았다. 한때 세간의 이목을 끌었던 사람이, 두 번째 경력에서도 '평상심(恒心)'을 유지한다는 것은 쉬운 일이 아니다.

과거, 내가 주재하던 고베(神戸)시의 가이후칸(凱風館)에서 개최된 대담을 위해서 하토야마 씨를 초대한 적이 있다. 하토야마 씨가 도쿄 역에서 신고베(新神戸) 역까지 비서도 동행하지 않고 혼자 신칸센을 타고 왔다는 소식을 듣고 깜짝 놀랐다. 일본에서는 그를 모르는 사람이 없다. 미디어에서는 상당히 격렬하게 공격하는 사람도 있었고, 그가 타고 있던 차량이 우익의 거리 선전 차량에 둘러싸인 적도 있었다. 그런 전 총리가 작은 트렁크 하나만 들고 신칸센을 타고 혼자 왔다. '담력이 있는 사람'이라고 생각했다. 만약 길 한복판에서 낯선 사람에게 봉변을 당하더라도 조용히 잘 받아넘기거나, 아니면 온 마음을 다해서 설득할 수 있는 자신감이 없다면 불가능한 일이라고 생각했다. 지금까지 이런 사람을 만난 적이 없다.

하토야마 씨에게 이번에 책을 내는 데 해설을 써 주었으면 한다는 전화를 받았을 때, 나는 바로 쓰겠다고 대답했다. 하토야마 씨가 어떤 문체로 책을 썼을지 궁금했다.

총리 시절에도 인상 깊었던 몇 개의 연설이 있었다. 하지만 그 연설문은 작성자가 따로 있었다. 앞서 이야기한 마쓰이 씨와 극작가 히라타 오리자(平田オリザ) 씨다. 물론 그들은 하토야마 씨의 인품을 잘 알고 있고, 그의 말투를 최대한 살리려고 노력했겠지만 어쨌든 '다른 사람이 쓴 말'이다. 하토야마 씨 본래의 문체가 어떤 것인지 알고 싶었다. 어떤 리듬으로 쓸 것인지, 어떤 문자열을 좋아하는지, 어떤 예시를 들어 자신의 주장을 뒷받침하는지, 어떤 논리로 반대 의견에 대해 반박할 것인지에 관심이 있었다.

초고를 읽고서 먼저 느낀 것은 '문장의 온도가 낮다'는 것이었다.

이 책은 현대 일본의 정치 과정을 논한 것이고, 그중에는 하토야마 씨 자신이 당사자로 참가한 사례도 여러 개 포함되어 있다. 자신의 입장을 옹호하고, 정치계의 적과 방해자의 단점을 부각하는 것을 피하기는 어렵다. 하지만 하토야마 씨는 그런 식으로 담론의 온도를 올리는 것을 가능한 한 피하려고 했다. 아마 기질적으로 그런 것을 싫어하는 것 같다. 정치가이지만 '선동하는 것'을 싫어하는 것 같다.

본인도 등장인물 중 한 사람으로 등장하여 현대사의 사건을 설명하고, 자신이 내걸었던 정치 강령의 적합성을 논의하고, 앞으로 일본이 나아갈 길에 대한 비전을 이야기하면서 이렇게 감정이 억제된 문체를 유지할 수 있다는 사실에 다시금 이 사람의 자질이 예외적이라는 것을 느꼈다. 이것은 정치인의 회고록도 아니고, 논쟁적인 문서도 아니고, 정당 강령에 대한 설명도 아니다. 나의 느낌을 가장 정확히 밝힌다면, '일본 사정에 능통한 제3국의 정치학자가 작성한 일본의 정치 과정에 대한 연구 논문'이다.

물론 하토야마 씨는 여기에서 논의되고 있는 정치적 사건의 당사자이기 때문에, 곳곳에 개인 감정이 드러날 때도 있다. 부조리에 대한 분노를 억제하지 못할 때도 있다. 그러나 최대한 냉정하고 중립적으로 일본의 정치에 대해 이야기하려고 노력하고 있다. 거듭 말하지만, 이 정도로 감정을 억제하는 것은 힘든 일이다. 이 책의 수십 페이지는 저자 이름을 숨기고 "이것은 영국의 정치학자가 쓴 논문의 일부다"라고 말해도 믿을 것이다. 이 조건을 만족시킬 만한 책을 쓸 수 있는 정치가가 일본에 몇 명이나 있을까? 독자들은 아마 이 사실에 더 놀랄 것이다.

영원히 정치대국은 될 수 없다
/

이 책에서 많은 이론을 다루고 있지만 핵심이 되는 것은 '일본이 미들 파워로서 동아시아 공동체의 핵심 플레이어가 되어야 한다'는 제안이다. 동아시아의 다자 간 안전보장의 틀을 만들어 동아시아의 긴장을 완화시키고 지역 패권국가가 신중하게 행동하도록 함으로써 일본을 포함한 중규모 국가의 자립을 확보하는 길이다. (p.38 참조)

탈대일본주의라는 것은 정치대국이 되고자 하는 욕망의 환상에서 깨어나는 것이다. 일본은 경제대국이기는 하지만(그것도 언제까지 계속될지 알 수 없지만), 정치대국이 될 만한 힘은 없다. 전후 한 번도 정치대국이었던 적이 없었고, 앞으로도 없을 것이다. 무엇보다도 일본이 미국의 속국이기 때문이다.

하토야마 씨가 인용한 대로, 2012년 아미티지 보고서는 "일본은 일류 국가로 남고 싶은가? 아니면 이류 국가가 되어도 상관없는가? 일본의 국민과 정부가 이류 상태에 만족한다면, 이 보고서는 필요 없을 것이다"라는 위협에서 시작된다. 이런 위협에 위축된 채 "일류 국가이고 싶다"라고 불안에 떠는 국가에 대해 다른 나라들은 결코 '일류 국가'로 인정하지 않을 것이라는 생각이 머리에서 떠나지 않을 정도로, 일본 지도층 사이의 종속 근성은 뿌리 깊다.

일본의 안보리 상임이사국 가입에 찬성한 국가가 거의 없었던 이유는 '일본이 상임이사국이 되어도 미국의 표가 하나 늘어나는 것뿐'이었기 때문이다. 그에 대해 "아니, 일본은 미국의 잘못된 국가 행동에 대해 반대할 때에는 단호히 반대해 왔다"고 반박했던 외교관은 한 명도 없었다. 그 실례를 단 하나도 꼽을 수 없었다.

일본은 정치대국이 아니며, 또한 영원히 될 수 없다. 만약 정치대국이 되고 싶다면 우선 대미 자립을 이루어서 주권국가가 되어야 한다. 오키나와의 미군기지를 축소 철수시키고, 지위협정을 개정하고, 수도 상공의 주권을 회복해서 속국 '신분'에 만족하고 있지 않다는 기개를 보여준다면 혹시 국제사회가 일본을 '대국'이 될 만한 자격이 있다고 인정해 줄지도 모른다. 하지만 '대미 종속을 통한 정치대국화'를 목표로 하는 동안은 아무도 상대하지 않을 것이다.

일본은 중규모 국가 중 하나이며, 그곳이 일본이 있을 자리다. 중규모 국가라는 자리에 만족한다면 아미티지 같은 사람들의 협박에 겁먹지 않고 '동아시아 협력에 힘쓰고 안으로는 저성장 경제 체제에서 새로운 분배 정책을 실현하는 성숙한 국가로서 새로운 국가 모델'을 제시할 수 있다. (p.42-43 참조) 그것이 국제사회에서 일본이 해야 할 일이라고 주장하는 하토야마 씨의 제안에 찬성표를 던진다.

미들 파워로서의 존재감

/

일본이 미들 파워로 나아가야 하는 것은 주체적인 선택일뿐더러 인구통계학적으로도 필연적이다. 일본의 인구 감소는 초스피드로 진행되고 있다. 2100년 인구 예측은 어림잡아 약 5000만 명이다. 앞으로 80년이 지나면 7000만 명이 감소한다. 연간 90만 명의 인구가 감소한다. 그 시점에서 고령자 비율은 41.1%다.

과거에 이 정도로 급격하게 인구가 감소하고 고령화를 경험한 나라는 존재하지 않았다. 그렇기 때문에 앞으로 어떻게 될지는 아무도 정확하게 예측할 수 없다. 사회가 지금과는 완전히 다른 모습으로 바뀔 것이라는 것밖에 모른다.

게다가 인공지능(AI)의 기술도 도입된다. AI에 의한 고용 손실에 관한 다양한 추정이 있다. 전체 고용의 40%가 사라진다는 예측도 있고, 60%의 업종에서 30%의 일자리가 사라질 것이라는 예측도 있다. '엄청나게 줄어들 것'이라는 사실 이외에는 아무것도 모른다.

어디를 봐도 일본의 국력은 내려가는 경우는 있어도 오르는 경우는 없다. 하지만 일본은 풍부한 국민 자원이 있다. 온대 몬순의 풍요로운 자연 덕분에 다양한 동식물이 있고, 깊은 계곡과 아름다운 숲이 있고, 맛있는 물이 있으며, 신사(神社)와 절이 있고, 수많은 관광 자원과 사회적 인프라가 정비되어 있다. 무엇보다 70년에 걸친 평화주의의 성과로 세계적으로 치안 수준이 높다.

2016년 데이터에 따르면 일본에서 연간 총기로 인한 사망자는 6명인데 비해, 미국은 3만 3599명이다. 미국이 '일본 수준의 치안'을 달성하기 위해서는 수십 년에 걸쳐 천문학적인 국가 예산을 투입해야 할 것이다.

이런 축적 가치는 매우 효과적이다. 풍부한 국민 자원을 잘 다룬다면, 앞으로도 일본은 인구 감소와 고령화를 견디면서 미들 파워로서 나름대로의 입지를 유지할 수 있을 것이다.

그러나 현재의 자민당 정권이 목표로 하고 있는 것은 전쟁에 관한 언급과 방위 산업으로의 산업 구조 변화, 올림픽, 엑스포, 카지노 같은 '빵과 서커스' 형태의 탕진적인 소비다. 또한 인구 감소 등의 사회 환경을 고려하지 않은 대형 건설사업과 공공사업에 대한 투자 등으로 끊임없이 문제를 일으키고 있다. 빈털터리가 된 도박꾼이 집안 살림을 전당포에 맡긴 채 '기사회생의 한판 승부'를 노리고 계속 도박을 하는 것과 같다. 패가망신하는 것이 눈에 선하다. 하지만 정치대국을 지향하는 사람들은 '이 길밖에 없다'고 공허하게 외치고 있고, 판단이 흐려진 언론들도 거들고 있다. 이제 정신을 차리고 현실을 직시하면 좋겠으나, 현대 일본에서 '위에 계신 분들'은 현실을 보기보다 꿈꾸기에 바쁘다.

'어색한 공존'과 동아시아 공동체 구상

과연 미들 파워로 연착륙에 성공할 수 있을까? 이것은 일본인들끼리 자기 결정으로 가능한 일이지만, 동아시아 다자 간 안전보장의 틀을 만드는 것은 결국 상대와 관련된 일이다. 과연 이 구상은 실현 가능성이 있을까?

지금부터 20여 년 전, 미국의 미래학자 로렌스 토브(Lawrence Taub)는 동아시아 공동체의 출현을 예견했다. 토브는 중국, 대만, 홍콩, 마카오, 일본, 한국, 북한이 언젠가는 '유교권(Confucio)'을 형성할 것으로 예측했다.

"왜냐하면 이 국가들은 서로 결합이 원활하게 이뤄지는 많은 공통점을 가지고 있기 때문이다. 같은 지역에 있고 공통된 종교와 역사, 언어, 인종, 그 외에도 다양한 문화적 특징을 가지고 있는데, 이 점이 다른 국가들이나 지역들과 명확하게 구별된다. 경제적으로도 조화 가능성이 높다."(로렌스 토브, 『3개의 원칙』, 간다 마사노리(神田昌典) 감역, 다이아몬드사, 2007년, p.163-164)

토브는 유교권 국가 결합이 성립될 가능성이 높은 이유로 역설적이지만 이들 국가와 지역들이 모두 같은 정치 체제를 가지고 있지 않다는 점을 들었다. 일본, 한국, 대만은 같은 그룹에 속하지만, 중국과 북한은 다르다. 그 차이가 오히려 유교권의 존립 가능성을 크게 한다고 토브는 생각했다.

"두 개의 상반되는 경제 체제를 가진 국가를 단일 블록으로 결합함으로써 유교권 블록은 세계적 흐름의 일부가 될 것이다. 냉전시대의 진영을 재편하고, 과거 적대적 관계였던 국가와 균형을 맞춰 하나로 묶는 흐름이다. 이미 남쪽 지역에서 형성된 블록(ASEAN)도 마찬가지이며, 다른 두 개의 북쪽 블록 역시 유교권 블록과 마찬가지로 냉전시대의 공산주의 국가와 자본주의 국가와 같은 조합이 될 것이다."(로렌스 토브, 같은 책, p.170-171)

여기에서 토브가 '다른 북쪽 블록'이라고 말하는 것은 서유럽과 동유럽 국가들이 형성하는 '유럽(Europa)'과 미국과 러시아, 캐나다 및 북유럽 국가들이 형성하는 '북극권(Arctica)'이다.

처음 토브의 주장을 알게 된 것은 2000년대 초였다(원저가 출판된 것은 1995년. 캐나다에 사는 지인이 '동아시아 공동체'라는 주장을 하는 특이한 미국인 학자가 있다고 알려줘서 흥미를 가지고 책을 구입했다). 당시에는 미국과 러시아가 동일 권역을 형성할 것이라는 토브의 아이디어는 황당무계 그 자체였다. 그러나 현재 미국과 러시아의 관계는 냉전시대와 같은 단순한 대립 도식으로는 설명할 수 없게 되었다. 정치 문화도 정치 체제도 서로 다른 미국과 러시아 양국이 서로 공통의 이익을 위해 국제사회의 파워게임 안에서 '파트너'로 등장하는 것에 우리는 더 이상 놀라지 않는다.

과거 적대적이었던 국가를 균형 있게 조합하는 흐름은 분명히 존재한다. 그것은 어제오늘 일이 아니다. EU가 그렇다. 독일과 프랑스는 프로이센-프랑스 전쟁 이후 80년 동안 세 번의 전쟁에서 1000만 명의 전사자를 낸 세계 역사상 서로를 가장 많이 죽인 나라였는데, 전후 동맹국이 되어 EU의 토대를 마련했다. 미·일동맹도 그렇다. 일본인 155만명, 미국인 11만 명이라는 건국 이래 최대의 전사자를 낸 적대국이었지만, 지금의 일본은 미국의 가장 충실한 동맹국이다.

역사가 가르쳐 주는 것은 '뜨거운 전쟁' 이후 적대국이 하룻밤 사이에 동맹국으로 변할 수 있다는 사실이다. 그렇다면 '차가운 전쟁' 이후에도 같은 일이 일어나지 않을 것이라고 누가 장담할 수 있을까?

최근 미국 정치학자들의 국제 관계 이론을 살펴보면 '가치관이 다른 국가와의 공생'이라는 주제를 선호하고 있다는 것을 알 수 있다. AllB

에 불참하는 것에 관해 미국 정치학자들의 평가는 상당히 좋지 않았다. "미국의 이익에 부합한다면 중국이 시작한 국제 구상이라도 지지해야 한다(수잔 사크 Susan L. Shirk)"라는 의견에 동조하는 정치가와 정치학자가 적지 않았다. 사실 AIIB와 시진핑이 내세운 '일대일로(一帶一路) 구상'에 대한 대응이나 TPP 이탈 역시 미국이 이 지역의 경제권을 지정학적인 '중국 포위망'으로 만들겠다는 계획을 일시적으로 포기했음을 시사하고 있다.

지금의 미국은 모든 조합에 대한 준비를 시작하고 있는 것으로 봐도 좋다. 영국의 한 정치학자는 "자유주의 국가들은 비자유주의 국가들과의 어색한 공존의 시대, 즉 협력할 수도 경쟁할 수도 있는 시대의 도래를 각오해야 할 것이다"라고 말하고 있다(로빈 니블렛Robin Niblett, 「서양의 몰락과 국제 시스템의 미래」, 『Foreign Affairs Report』 2017년 제1호, p.15). '어색한 공존'이라는 말은 현재 시대의 분위기를 잘 나타내고 있다고 생각한다.

나는 하토야마 씨의 동아시아 공동체 구상 또한 가치관과 정치·경제 체제를 달리하는 국가나 지역과의 '어색한 공존'의 한 형태라고 이해하고 있다.

만약 지역 연대와 동맹을 가치관의 일치와 국민적 공감대를 기준으로 형성해야 한다는 정치인이 있다면, 그 사람은 중학생 수준의 외교 감각을 소유한 사람이라고 볼 수 있다. 국가의 외교에 관한 결단은 국익의 극대화를 위해 이루어져야 하며, 개인의 신념이나 좋고 싫음과는 관계가 없다. 국가의 정책을 운용하는 사람들은 모두 고려할 수 있는 모든 선택지를 심사숙고하는 지적 습관을 가져야 한다. 아마 지금의 일본 정치가와 관료, 언론인들에게 가장 부족한 것은 이러한 지적 습관일 것이다.

하토야마 씨가 말하는 '우애'란 바로 이런 태도라고 생각한다.

하토야마 씨는 그의 정치적 경력에서도 알 수 있듯이 언제나 모든 사람의 이해와 공감을 바탕으로 정치적 조직을 다져온 사람은 아니다. 오히려 대부분의 시기를 정치적 신조가 먼 사람들과 '어색한 공존'을 하면서 살아왔다. 그러나 그런 상황에 크게 불만을 가지고 있지는 않았다. '정치란 원래 그런 것'이라는 자신의 신념이 있었던 듯하다.

자신이 가지고 있는 자원을 여러 방면으로 활용해서 최대의 정치적 성과를 이끌어 내고, 일본의 국익을 극대화하기 위해서는 무엇을 하면 좋을까? 아마 하토야마 씨는 항상 그런 식으로 생각했던 것 같다. 그러나 안타깝게도 '자신이 가지고 있는 자원'이란 인적 자원이든 취사선택이 가능한 정책이든 한정적이다. 그렇다고 "도저히 이것만으로는 이상적인 정치를 할 수 없다"라고 푸념만 해서는 아무것도 안 된다. 현재 가지고 있는 것 내에서 잘 활용할 수밖에 없다.

그는 늘 침착한 자세로 자신이 가지고 있는 한정적 자원 안에서 잠재적 가능성을 살펴보고, 응시한다. 그리고 최대한의 효과를 내기 위한 방법을 생각하고 찾아낸다. 그것이 그의 방법이었다.

'우애'를 통한 실천

/

클로드 레비 스트로스(Claude Lévi-Strauss)가 인류학 현장에서 관찰한 마토그로소 인디오들은 정글에서 이동 생활을 했기 때문에 운반할 수 있는 가재도구가 한정되어 있었다. 그래서 그들은 가지고 있는 것을 활용하는 데 달인이었다. 막대기 하나를 농기구로 사용하기도 하고 무기나 놀이기구로, 그리고 주술도구로도 사용했다. 인디오들은 물건 하나하나가 가지고 있는 잠재적 가능성을 가능한 한 많이 찾아내야 했다. 레비 스트로스는 그런 능력을 '브리 콜라주(재사용)'라고 불렀다.

비슷한 사례가 고대 중국에도 있다. '수천 명의 식객(食客數千人)'으로 유명한 맹상군(孟嘗君)은 막강한 권력으로 세도를 부렸지만, 인재를 귀하게 여겨 수많은 식객을 거두었다고 한다. 그는 정치적으로 두 번에 걸쳐 결정적인 위기가 있었다. 그러나 처음에는 자신이 거둔 식객 중 '도둑의 명인'에 의해서, 두 번째는 '닭의 울음소리를 흉내 내는 명인' 덕분에 위기에서 벗어날 수 있었다. 수천 명의 식객을 먹여 살릴 때, 맹상군은 그들이 어떤 일에 어떤 도움이 될지도 모른 채 언젠가 자신의 생명을 구할 것이라는 것을 직감했던 것이다.

그는 자기가 가지고 있는 것들을 늘 조용히 응시하면서 그것이 가지고 있는 모든 가능성과 그것이 발휘할 수 있는 다양한 힘을 선입견을 배제하고 상상하는 태도의 중요성을 가르쳐 주고 있다. 하토야마 씨가 '우애'라는 정치적 태도를 통해 실천하고 있는 것은 그러한 것이 아닐까 생각한다.

　이야기가 생각보다 길어졌다. 초고를 읽고 여러 가지 생각이 떠올라 하나씩 적다 보니 이렇게 길어졌다. 이것이 과연 '해설'로서 적절할지 불안하지만, 하토야마 유키오라는 사람이 보기 드문 자질을 갖춘 정치 실천가이고, 거의 편견을 가지지 않는 정치 이론가라는 사실을 가능한 한 많은 사람에게 알리고 싶다.

탈대일본주의

초판 1쇄 2019년 6월 10일
　　3쇄 2022년 10월 4일

지은이 | 하토야마 유키오
옮긴이 | 김화영

대표이사 겸 발행인 | 박장희
제작 총괄 | 이정아
편집장 | 조한별

디자인 | 김윤남

발행처 | 중앙일보에스(주)
주소 | (04513) 서울시 중구 서소문로 100(서소문동)
등록 | 2008년 1월 25일 제2014-000178호
문의 | jbooks@joongang.co.kr
홈페이지 | jbooks.joins.com
네이버 포스트 | post.naver.com/joongangbooks
인스타그램 | @j__books

ISBN 978-89-278-1018-6 03340